10^{00}

99j0.9

D1344234

« RÉPONSES »
Collection dirigée par Joëlle de Gravelaine

DU MÊME AUTEUR

LA POUDRE ET LA FUMÉE. Les toxicomanes : prévenir et soigner *(en collaboration avec Pierre Angel et Marc Horwitz)*, Éditions Acropole, 1987.

ENTRE DÉPENDANCES ET LIBERTÉS, LES TOXICOMANIES *(en collaboration avec Pierre Angel)*, Éditions Écho, 1987.

FAMILLES ET TOXICOMANIES. UNE APPROCHE SYSTÉMIQUE *(en collaboration avec Pierre Angel)*, Éditions Universitaires, 1989.

DÉCROCHEZ ! Tabac, alcool, médicaments, drogues, TF1 Éditions / Édition° 1, 1992.

SYLVIE ANGEL

DES FRÈRES
ET
DES SŒURS

Les liens complexes de la fraternité

ROBERT LAFFONT

© Éditions Robert Laffont, S.A., Paris, 1996
ISBN 2-221-08004-1

À ma sœur

REMERCIEMENTS

Je tiens à remercier, pour son aide et ses judicieux conseils, Mme Joëlle de Gravelaine. Elle a toujours trouvé les mots justes pour faire évoluer ce travail.

Je remercie spécialement Nadine Gautier pour sa rigueur, son enthousiasme et ses suggestions.

Parmi mes collègues et amis, nombreux sont ceux qui m'ont fait des remarques pertinentes : Jacques Miermont, Patrick Chaltiel, Françoise Couture, et aussi Bernard Geberowicz pour la partie cinématographique.

Me Éric de La Haie de Saint-Hilaire a accepté de répondre à mes questions concernant l'héritage et les lois de succession, et Françoise Zonabend m'a conseillée dans mes recherches anthropologiques. Alain Malraux a bien voulu relire le chapitre concernant son histoire et m'a donné des précisions importantes.

Sans la patience de Florence Jardinier, qui a assuré la dactylographie de cet ouvrage, je n'aurais jamais pu modifier ce texte aussi souvent.

Enfin, je remercie Pierre Angel, David, Jessica et Olivier qui, quotidiennement, ont écouté parler des frères et des sœurs tout en enrichissant mes idées par de fréquentes discussions ou observations.

Je remercie tout particulièrement mes patients, qui

m'ont appris au fil des ans à mieux comprendre les relations fraternelles.

Les histoires rapportées dans ce livre, les prénoms utilisés ainsi que tous les détails personnels ont été modifiés afin de rendre impossible toute identification.

INTRODUCTION

Mardi. 8 h 30. Les enfants de la petite école maternelle se préparent à entrer en classe. C'est une journée comme une autre, les vacances de Pâques sont déjà loin et le rythme scolaire a repris.

Ce matin, pourtant, Emmanuel, cinq ans, n'est pas comme d'habitude. Il hurle, se roule par terre, refuse de quitter sa mère. Il s'accroche à sa jambe ; elle manque de vaciller. La maîtresse les sépare et permet à la mère de partir rapidement. Mais Emmanuel est inconsolable. Il hoquette, sanglote. La maîtresse fait entrer les enfants dans la classe et demande à une dame de service de les surveiller pendant qu'elle tente de consoler Emmanuel. Elle le prend sur ses genoux, lui parle, le questionne.

Après quelques minutes, Emmanuel arrive à dire : « Mon frère est mort. » Il avait deux ans et il « avait très mal à la tête, puis il est mort ». L'institutrice lui explique qu'elle n'est pas au courant. Elle le rassure, elle lui dit qu'elle parlera avec sa mère lorsqu'elle viendra le chercher.

La matinée s'écoule tranquillement. À l'heure de la sortie, la maîtresse reçoit la maman d'Emmanuel, qui lui confirme, en effet, avoir perdu un fils de deux ans, avant la naissance d'Emmanuel ; celui-ci ne l'a donc pas connu.

La veille, c'était l'anniversaire de sa mort et elle avait passé la journée à pleurer...

Le traumatisme d'Emmanuel n'est pas pour surprendre, et l'on sait que d'illustres personnages (Vincent Van Gogh, Ludwig van Beethoven, Salvador Dali...) ont développé leur créativité et leur génie malgré ou à cause d'une histoire fraternelle tragique.

Tout a été dit sur l'importance des parents, mais les frères et les sœurs restent les grands « méconnus du roman familial ».

Sœurs et frères de l'enfance nous accompagnent durant toute notre vie, ils sont avec nous tout au long de notre existence. Si leur parcours est interrompu par un décès précoce, notre identité se construit par rapport à la culpabilité de survivre.

Qu'est-ce qui peut se passer dans la tête d'un enfant d'une famille de trois garçons, qui devient tout d'un coup enfant unique, ses deux aînés étant morts tour à tour ou simultanément ? Comment comprendre les ruptures familiales ? Comment accepter de vivre à quelques kilomètres d'un oncle avec lequel son père est définitivement fâché ?

Julien, onze ans, élève de sixième, raconte qu'à la cantine du collège il a fait connaissance d'un groupe de « grands » de troisième. Une jeune fille a entendu son nom. Elle le lui fait répéter : « Tu t'appelles X. C'est bien ton nom de famille ? — Oui, réplique Julien. — Eh bien, moi aussi. » Ils discutent et s'aperçoivent que leurs grands-pères sont frères. Julien est heureux de faire la connaissance de sa cousine. Il rentre chez lui, appelle son grand-père pour lui raconter cette histoire, fou de joie. Mais celui-ci répond par un silence gêné et des hésitations. Cela fait près de vingt-cinq ans qu'il est brouillé avec son frère. Il ne l'a jamais revu. « Je t'expliquerai un jour. Je ne savais même pas qu'il avait des petits-

enfants. » Julien est perplexe. A-t-il le droit de reparler à
sa cousine ?

Les séparations retentissent sur l'évolution des enfants.
Divorces, remariages éloignent ou rassemblent les
enfants.

Jane est la deuxième enfant d'une fratrie de quatre. Ses
parents se sont séparés à sa naissance. Pourquoi m'ont-ils
fait ça ? se demande-t-elle. Elle oscille entre ses sentiments d'auto-dépréciation et une jalousie féroce à l'égard
de sa sœur aînée, conçue au moment où les parents
vivaient leur passion. « Elle est l'enfant de leur union, je
suis l'enfant de la séparation. »

Comment comprendre le roman fraternel, issu du
roman familial que nous vivons tous ? Rien de plus banal,
peut-on penser, car la plupart d'entre nous ont des frères
et des sœurs. Mais cet itinéraire commun, ces racines
communes, ces gènes s'inscrivent en nous pour toujours.
Haine, rivalité, passion, jalousie, que d'affects mobilisés...
Similitudes et différences, nous apprenons la socialisation
auprès de nos frères et sœurs. Puis nous évoluons, et
l'éclatement de la fratrie retentit comme un élément du
cycle de vie : les enfants naissent, grandissent, quittent la
maison, vivent en couple, ont des enfants... Comment les
relations fraternelles se modifient-elles lorsque l'on se
marie ou après la mort des parents ?

Depuis le siècle dernier, la famille a évolué de façon
considérable. Elle était fondée sur des règles simples : la
transmission du nom et du patrimoine, mais dans la
société du XXe siècle l'idée de bonheur a pris le dessus.
D'une morale ascétique, on est passé à une morale liber-
taire.

Philippe Ariès[1] a montré que l'idée de l'enfance était
née avec la famille bourgeoise. L'enfance va progressive-

---

1. Philippe Ariès : *L'Enfant et la Vie familiale sous l'Ancien Régime*,
Le Seuil, 1960.

ment être reconnue comme une entité. Il faudra attendre la fin du XXᵉ siècle pour que l'adolescence soit repérée comme telle.

La notion de jeune en danger apparaît à la fin du XIXᵉ siècle. Aucune législation ne protégeait les enfants et, à cette époque, la mortalité infantile était grande. Différentes configurations familiales cohabitent au XIXᵉ siècle :

— le modèle aristocratique, nostalgique de la cour, tourné vers l'extérieur ;

— la famille bourgeoise, où le tutoiement entre parents et enfants fait son apparition ;

— la famille populaire, qui constitue une véritable cellule économique de base.

Les deux premiers modèles reposent sur des relations parents-enfants distantes. Dans le troisième, les enfants travaillent tôt pour subsister.

Les premières lois régissant le travail des enfants sont édictées au début du XXᵉ siècle.

Petit à petit, la famille commence à s'organiser autour de l'enfant et devient un lieu d'échanges et de sentiments. Auparavant, les enfants vivaient aux côtés de leurs parents. Petits, ils vaquaient auprès de leur mère dans la maison. L'école ne prenait guère de temps. À l'âge de l'apprentissage, ils étaient confrontés à des métiers concrets exercés par l'entourage et accompagnaient leur père sur son lieu de travail. Le métier se transmettait souvent par la famille. La vie privée n'était pas séparée de la vie professionnelle. « Il n'existait pas de locaux professionnels, ni pour le juge, ni pour le marchand, ni pour le banquier, ni pour l'homme d'affaires. Tout se passait dans les mêmes pièces où l'enfant vivait avec sa famille [1]. »

---

1. Philipe Ariès : *op. cit*, p. 292.

Aujourd'hui, les enfants sont proches affectivement de leurs parents, mais paradoxalement ils les voient moins. Le père et la mère travaillent fréquemment à l'extérieur de la maison. L'urbanisation, la flexibilité des emplois rallongent la durée des transports. Le syndrome de la « clef autour du cou » se multiplie : après l'école, les enfants se retrouvent seuls en attendant l'arrivée des parents. Certains sont déjà couchés quand ceux-ci rentrent. On se rattrape le week-end, si on n'est pas trop fatigué.

Une des grandes évolutions de la famille moderne réside dans la réduction de la fratrie. L'attention donnée aux enfants, le rôle croissant de la psychologie et de la psychanalyse, qui soulignent l'importance des premières relations dans la petite enfance, et l'évolution de la politique de natalité en sont les facteurs principaux.

La réduction volontaire des naissances s'observe depuis le XVIIIᵉ siècle : la famille, lieu d'échanges affectifs entre les parents et les enfants, souhaite s'occuper de sa progéniture.

Une étude portant sur la génération de 1881 montre que les familles de zéro, un ou deux enfants représentaient 50 % des cas[1]. Daniel Gayet[2] en tire les conclusions suivantes :

— le rôle parental des aînés s'est amoindri. Le fils aîné a perdu les privilèges du droit d'aînesse, et la sœur aînée, véritable substitut maternel, qui secondait sa mère dans les tâches ménagères, ne voit plus qu'exceptionnellement ce rôle lui revenir ;

— la jalousie fraternelle, qui se résolvait plus facile-

---

1. Yves Charbit : « Le passé démographique » in *La France et sa population aujourd'hui*, *Cahiers français*, nº 84, janvier-février 1978.
2. Daniel Gayet : *Les Relations fraternelles*, Delachaux et Niestlé, 1993.

ment puisque la différence d'âge était plus grande entre les enfants qui atteignaient l'âge adulte, est devenue plus importante ;

— la naissance d'un frère et d'une sœur en pleine période œdipienne complique la résolution du conflit œdipien [1] en perturbant le jeu naturel de l'identification [2] aux parents.

Rencontrer de grandes familles (plus de six enfants) devient rare de nos jours. Inversement, être enfant unique ou avoir des demi-frères et sœurs est chose courante.

Par ailleurs, la fécondité a baissé depuis le siècle dernier. L'arrivée puis la diffusion de nouveaux moyens contraceptifs ont accru ce fait.

Le corollaire de cette évolution est « l'étroitesse de la grande majorité des fratries » que décrit Louis Roussel [3]. « Les échanges internes à la famille et les relations entre générations sont en effet influencés par la taille du groupe. [...] On ne peut certes pas davantage choisir un frère ou une sœur qu'on ne peut changer de père ou de mère, mais la présence de collatéraux rend possible d'équilibrer la relation avec les parents par la solidarité avec les frères et sœurs. Sans elle, les attentes réciproques risquent d'être harcelantes et excessives. »

Et il ajoute : « Le "familles, je vous hais" d'André Gide se prononce sans doute le plus souvent dans les groupes

---

1. À partir de la tragédie de Sophocle, *Œdipe roi*, Freud élabore le complexe d'Œdipe ; l'enfant éprouve, entre trois et cinq ans, un désir sexuel pour sa mère et un désir meurtrier pour son père. Par extension, le complexe d'Œdipe désigne les relations de l'enfant avec ses parents. Le conflit œdipien renvoie à l'opposition et à l'ambivalence des sentiments ressentis à cette période.

2. Mécanisme psychique par lequel l'enfant se constitue sur le modèle de l'autre. Le complexe d'Œdipe se résout par ce processus qui permet à l'enfant de se constituer sa propre personnalité.

3. Louis Roussel : *La Famille incertaine*, Éditions Odile Jacob, 1989.

domestiques étroits. Or, c'est précisément ce type de famille restreinte qui se multiplie. »

Rassurons Louis Roussel, la haine familiale et les violences du quotidien existent aussi dans les grandes familles. Les troubles du caractère ou les difficultés psychologiques appartiennent à toutes les organisations psychiques parentales. La multiplicité des grossesses peut entraîner des carences affectives. Trop de paramètres entrent en jeu pour que l'on puisse risquer une corrélation aussi schématique.

Une interrogation se porte sur la Chine du troisième millénaire. L'État chinois oblige les couples à n'avoir qu'un enfant. Dans les campagnes, il est plus facile de « cacher » une deuxième grossesse, mais dans les villes cette limitation des naissances est effective.

La Chine est devenue un vaste laboratoire pour les sociologues et les psychologues, car c'est la première fois, semble-t-il, que toute une société sera constituée d'enfants uniques. Comment imaginer le développement de ce bébé, avec deux parents et quatre grands-parents penchés sur son berceau ? Plus d'oncle ni de tante, plus de cousins ou de cousines, de neveux ni de nièces. En l'absence de liens de sang, les modalités relationnelles se tournent exclusivement vers le groupe social. Cette décision est une décision économique et politique. Ce n'est pas un choix individuel ; bien au contraire, il s'oppose au souhait parental. Toutefois, il semblerait que les modifications politiques récentes retentissent sur ce choix, et qu'un deuxième enfant serait accepté si le premier était une fille. L'infanticide qui existe encore diminuera peut-être et les statistiques qui signalaient plus de naissances de garçons que de filles se rectifieront...

La famille reste le creuset de notre fonctionnement

psychique. Nous avons souhaité montrer, dans ce livre, l'implication du roman fraternel dans l'histoire individuelle, à toutes les étapes de la vie, à partir d'histoires vraies de gens célèbres ou anonymes. Laissons parler les frères et les sœurs.

1

INÉGALITÉS DANS LA FRATRIE

Plus de différences que de ressemblances

Être frère et sœur, c'est être issu des mêmes parents, c'est avoir un patrimoine génétique, social et culturel commun. Les liens consanguins sont plus forts que tous les autres et les Indiens des deux Amériques manifestaient la force de cette alliance en se tailladant le bras pour mélanger leur sang : « À présent, nous sommes frères », disaient-ils à celui qui était ainsi devenu l'ami choisi, l'autre. Cette cérémonie célébrait la quête de la fraternité.

Le frère est le semblable, surtout dans le discours social et dans le roman familial. Nous partageons a priori le même amour parental et le mot fraternité est associé, dans la République française, à ceux de liberté et d'égalité.

Rencontrer les frères et sœurs, c'est rechercher la ressemblance physique. Lorsque les enfants sont petits, on compare, on fait des rapprochements. On s'extasie : ils ou elles se ressemblent, c'est son portrait « craché ».

Un célèbre pédiatre, habitué à recevoir des confidences, déclarait, lors d'un dîner, qu'il s'abstenait de tout commentaire de ce genre. « Actuellement, lorsque la fratrie est supérieure à trois, il y a une chance pour que le suivant soit d'un père différent ! » Et un gynécologue spécialisé dans les problèmes de stérilité assurait que seule la fécondation *in vitro* garantissait que le géniteur soit le père réel !

Judy Dunn et Robert Plomin [1] ont réalisé une synthèse des travaux concernant les différences dans la fratrie. Ils citent des études morphologiques concluant que deux frères (ou deux sœurs) ont des tailles et des poids différents, mais se ressemblent plus que deux individus non apparentés. Ces auteurs insistent sur les expériences intrafamiliales non partagées, à l'origine de la différenciation de la fratrie et détaillent de nombreuses études génétiques : Mendel, à qui l'on doit les premiers travaux sur l'hérédité, établit que des sujets semblables ne génèrent pas un être identique à eux-mêmes, et Ronald Fischer montra que les germains [2] sont pareils génétiquement à 50 %.

La grande question reste celle de l'inné et de l'acquis : pour Judy Dunn et Robert Plomin, les différences dans la fratrie sont liées à l'environnement. « Ce terme englobe tout ce qui ne procède pas de l'hérédité et influe sur le développement. Cela ne se limite pas aux seuls facteurs environnementaux psychosociaux, telles les interactions entre les membres de la famille, souvent au cœur des préoccupations des sciences sociales et comportementales. Selon cette définition quelque peu élargie, le terme environnement (ou milieu) désigne les facteurs biologiques non héréditaires tels que les maladies et les

---

1. Judy Dunn et Robert Plomin : *Frères et sœurs si différents*, Nathan, 1992.
2. Le terme de germain, rappelons-le, est utilisé pour désigner les frères et sœurs nés de même père et de même mère et signifie « qui est du même sang ».

accidents, la nutrition et même certains aspects liés à l'ADN lui-même. »

Avoir deux (ou plusieurs) enfants du même sexe, c'est être assujetti à la comparaison, bien plus que s'il s'agit d'enfants de sexe opposé. En effet, le facteur sexuel prévient, dans bien des cas, les répétitions transgénérationnelles : accoucher d'une fille plutôt que d'un garçon après le décès d'un garçon n'aura pas les mêmes conséquences.

L'âge est le deuxième facteur marquant la différence. Plus l'écart est important, plus on pourra éviter les comparaisons. Celles-ci se produisent habituellement dans des fratries où les naissances ont été rapprochées. Il arrive qu'un aîné soit confondu avec un enfant plus jeune, lorsque ce dernier a grandi plus vite, ou lorsque ses performances scolaires lui ont permis de sauter une classe tandis que son frère ou sa sœur a redoublé. L'âge n'apparaît pas évident au premier coup d'œil : intervertir par erreur l'ordre générationnel est blessant durant l'enfance pour le plus âgé ou à l'âge adulte pour le plus jeune.

Violette et Aurore n'avaient que deux ans d'écart. Violette, la cadette, semblait plus mûre qu'Aurore, et les amis de la famille avaient du mal à imaginer qu'Aurore, plus petite, plus fragile, fût l'aînée. Aurore se sentait complexée. Mais, quelques années plus tard, elle a ressenti une certaine joie à paraître plus jeune que sa sœur.

D'autres éléments peuvent être objectivés : des défauts vécus comme des blessures narcissiques autant par les parents que par les enfants, comme les « taches de vin » qui peuvent défigurer temporairement ou définitivement un enfant, un grand nez ou des oreilles décollées, marquent durement l'individu. Les disgrâces et les malformations sont heureusement atténuées aujourd'hui par les prouesses de la chirurgie plastique, mais il faut parfois plusieurs années avant de pouvoir remédier à ces défauts.

D'autres différences concernent l'intelligence. Cette qualité regroupe de nombreux facteurs : mémoire, rapidité, compréhension, humour, réussite scolaire...

Bruno et Lucas n'ont que dix-huit mois d'écart mais ne se ressemblent guère. Bruno, l'aîné, est timide, anxieux et visiblement peu doué pour les études. Un bilan psychologique, établi à la demande des parents, montre un quotient intellectuel limité, qui explique en partie ses difficultés d'apprentissage. Son père ne supporte pas l'idée que Bruno puisse intégrer un cycle scolaire court et s'acharne à le faire travailler. Lucas, au contraire, comprend tout sans effort et a pris la tête de la classe. Mais on ne valorise jamais ses bonnes notes (« C'est normal »), alors qu'on fête et récompense le moindre progrès de son frère. Lucas sent bien que Bruno souffre de ses échecs et de l'exigence de ses parents qui le harcèlent. Mais la jalousie s'amplifie entre les deux garçons qui subissent une attitude parentale paradoxale : l'un pâtit de ne jamais capter l'attention des parents, l'autre de les avoir constamment sur le dos.

L'intelligence semble un critère pris en compte à partir de la scolarisation. Les années de maternelle permettent d'établir les premiers contacts sociaux. L'entrée au cours préparatoire où la lecture et l'écriture sont enseignées donne les premiers repères.

Si l'intelligence est pointée dès l'école, le comportement et le caractère sont étroitement liés à l'interaction entre les enfants et les parents.

Les enfants turbulents sont moins bien acceptés que ceux qui restent dans leur coin, ce qui n'est pourtant pas un critère de bonne santé mentale. On connaît le syndrome de l'enfant « sage », c'est-à-dire trop adapté, et qui révèle quelques années plus tard sa souffrance par des troubles graves.

Le point de vue des parents

Écoutons Jules Renard évoquer l'enfance de Poil de Carotte.

Poil de Carotte [1] est le dernier d'une fratrie de trois, composée de sa sœur Ernestine, de son grand frère Félix et de lui-même. À de nombreuses reprises, Jules Renard montre les inégalités de traitement, voire les injustices de ses parents.

« Monsieur Lepic arrive de Paris ce matin même. Il ouvre sa malle. Des cadeaux en sortent pour grand frère Félix et sœur Ernestine, de beaux cadeaux, dont précisément (comme c'est drôle !) ils ont rêvé toute la nuit. Ensuite Monsieur Lepic, les mains derrière son dos, regarde malignement Poil de Carotte et lui dit :

— Et toi, qu'est-ce que tu aimes le mieux : une trompette ou un pistolet ? »

À cette question embarrassante, Poil de Carotte répond :

« — J'aime mieux un pistolet, dit-il hardiment, sûr de deviner.

Il va même un peu plus loin et ajoute :

— Ce n'est plus la peine de le cacher : je le vois !

— Ah ! dit Monsieur Lepic embarrassé, tu aimes mieux un pistolet ! Tu as donc bien changé ?

— Mais non, va, mon papa, c'est pour rire. Sois tranquille, je les déteste les pistolets. Donne-moi vite ma trompette, que je te montre comme ça m'amuse de souffler dedans. »

La mère qui assistait à la scène, prend le relais du père : « Alors pourquoi mens-tu ? Pour faire de la peine à ton père, n'est-ce pas ? Quand on aime les trompettes, on ne dit pas qu'on aime les pistolets, et surtout on ne

---

1. Jules Renard : *Poil de Carotte* (1894).

dit pas qu'on voit des pistolets, quand on ne voit rien. Aussi, pour t'apprendre, tu n'auras ni pistolet ni trompette. Regarde-la bien : elle a trois pompons rouges et un drapeau à franges d'or. Tu l'as assez regardée. Maintenant, va voir à la cuisine si j'y suis : déguerpis, trotte et flûte dans tes doigts. »

La naissance du premier enfant permet d'accéder à la parentalité. On n'est pas père ou mère, on le devient, grâce au bébé. C'est cette interaction qui permet de se sentir parents. Les recherches en psychologie soulignent l'importance des relations primaires dans la petite enfance.

La relation qui s'établit entre la mère et l'enfant dépend de facteurs divers : la grossesse est-elle désirée ou non ? Comment s'est-elle effectuée ? Jouent également les conditions de l'accouchement ; la vie du couple durant cette période, sa disponibilité, la famille élargie bien-portante ou en difficulté... Tous ces éléments montrent à quel point il existe des disparités, et on ne le dira jamais assez : chaque enfant est accueilli différemment des autres et les frères et sœurs n'ont jamais les mêmes parents !

La psychanalyse a mis l'accent sur l'interaction précoce mère-enfant.

« Dès la grossesse, le bébé a une double fonction dans la vie mentale de la mère, explique Serge Lebovici[1] : il est l'enfant fantasmatique, marqué par des conflits intra-psychiques, il est l'enfant imaginaire qui se développe à partir de ses pensées latentes. Lorsque l'enfant est né, elle doit confronter le bébé qu'elle tient dans ses bras,

---

1. Serge Lebovici et B. Cramer : *Psychiatrie de l'enfant, Nouvelles Frontières*, Éditions Eshel, 1988.

qu'elle nourrit, qu'elle soigne, avec cette double référence (inconsciente et préconsciente). »

Un nouveau-né disgracieux ou souffrant d'une malformation représente une blessure narcissique pour la mère, mais aussi pour le père, qui éprouvent alors des sentiments ambivalents d'amour et de déception, voire de rejet.

Dès qu'un enfant naît, les parents annoncent le poids et la taille à tout l'entourage : un enfant chétif et petit déclenche de l'anxiété, alors qu'on s'extasie devant un gros bébé, valorisant pour la mère, qui aura le sentiment d'être comblée, d'avoir « réussi » son enfant.

L'exemple suivant illustre les interactions d'une mère à la naissance de ses deux enfants. La grossesse d'Adeline a été difficile en raison d'une hypertension artérielle diagnostiquée au sixième mois. Adeline reste couchée toute la fin de la période de gestation. Lorsque Franck naît, premier-né fort attendu, et de plus de sexe masculin, Adeline, sa mère, éprouve des sentiments mitigés. Franck est atteint d'une malformation congénitale — des pieds-bots. Le handicap de Franck n'est pas visible et un traitement adapté, certes long et contraignant, lui permettra d'acquérir une marche normale. Adeline n'assume pas cette difficulté.

Ingénieur de formation, elle accepte, deux mois après la naissance de son fils, une mission de six semaines à l'étranger. Elle prolonge son séjour d'autant, car les travaux nécessitent une « présence constante ». Aucun lien n'existe ni pour elle, ni pour son mari, entre cette séparation et la souffrance ressentie à la naissance de Franck. Probablement, la distance géographique lui permet-elle de continuer à fantasmer sur un bébé idéal, tel qu'elle l'avait imaginé, et de transférer son agressivité sur les autres ingénieurs du chantier.

Lorsqu'elle revient, le temps lui a permis de faire le deuil de l'enfant idéal et elle instaure avec son fils une relation positive. Mais comment Franck a-t-il vécu cette séparation ? Le père, Robert, s'en occupe beaucoup avec l'aide d'une « nounou » présente dès sa naissance et qui sert de substitut maternel. Adeline et Robert attendent plusieurs années avant de mettre en route un deuxième enfant. La grossesse difficile et les contraintes de la rééducation orthopédique de Franck sont pour beaucoup dans cette décision, mais, sans se l'avouer, les parents craignent l'arrivée d'un nouvel enfant mal formé.

Franck a six ans lorsque Marion naît. La grossesse d'Adeline s'est passée sous une surveillance médicale rigoureuse ; la petite Marion est « parfaite » et comble ses parents. Adeline prolonge son congé de maternité pour profiter de sa fille et s'investit dans les soins maternels. Alors qu'elle n'a pas allaité Franck, elle prend plaisir à donner le sein à Marion.

Adeline est devenue pleinement mère à la naissance de son deuxième enfant. Aujourd'hui, Franck a seize ans. C'est un garçon charmant, aussi brillant au lycée qu'au ping-pong, son sport préféré. Il fait partie de l'équipe nationale junior. Le traitement orthopédique a parfaitement réussi et Franck a mis toute son énergie pour montrer à ses parents qu'il était comme les autres, ou mieux que les autres. Marion a dix ans. Elle est gaie et se développe très bien. Son admiration pour son grand frère témoigne de liens affectifs authentiques. La différence d'âge et de sexe a évité en partie les problèmes de jalousie.

Cet exemple montre à quel point deux enfants peuvent être vécus différemment par leurs parents, mais qu'il faut se garder d'imaginer leur devenir à partir de quelques éléments biographiques.

Alors que le discours parental vise à gommer les diffé-rences, les enfants ne cessent de s'individualiser. « Je vous aime de la même façon. J'ai fait autant pour l'aîné que pour le second. » Ce discours égalitaire est compréhensi-ble, mais contraire à la réalité. Il vient compenser une culpabilité consciente ou inconsciente, comme si accepter la différence voulait dire aimer plus ou moins.

Chaque naissance transforme les parents. Le temps ne s'arrête pas. Mettre au monde un enfant à vingt-cinq ans ou à quarante n'est pas la même chose. Les parents s'extasient moins (la famille aussi) devant le huitième enfant que devant le premier. Comment ne pas laisser voir sa déception lorsqu'on espérait un garçon, et qu'arrive la cinquième fille ?

L'interaction se modifie avec chaque enfant. L'aîné fonde la famille : avant, il y avait deux adultes. Mainte-nant deux générations coexistent. Ce passage ne peut pas être revécu. On s'émerveillera encore à la naissance des autres enfants, mais il ne se produira plus cette transition du couple à la famille.

Nombreux, de nos jours, sont ceux qui n'ont jamais tenu dans leurs bras un nourrisson. Le désir d'enfant se confond parfois avec le désir de grossesse ou bien avec celui d'un enfant plus âgé, déjà autonome sur le plan psy-chomoteur.

Devant la panique ressentie par sa sœur, changeant son fils aîné, âgé d'un an et demi, et berçant son bébé de l'autre main, Marc, célibataire de trente ans, dit en sou-riant : « Moi je veux des enfants, mais qu'ils aient cinq ans à la naissance... Je les veux propres, sans couches, mangeant et s'habillant seuls. »

« Un plus un est supérieur à deux » : cette phrase, sou-vent entendue à l'arrivée du deuxième enfant, montre bien que les parents savent qu'ils auront désormais à gérer les relations fraternelles.

La naissance d'un enfant entre en résonance avec plusieurs éléments constitutifs du couple, dont sa qualité relationnelle.

Prenons l'exemple de la famille du psychanalyste Jacques Lacan, que nous retrouverons à plusieurs reprises dans cet ouvrage. Jacques et Malou Lacan mirent au monde trois enfants, Caroline, Thibault et Sibylle. Puis Jacques Lacan eut une autre fille, Judith, avec Sylvia Bataille. « Caroline fut la préférée de tout le monde, souligne Thibault. De ma mère, de mon père et de mon oncle Sylvain. Elle a vécu ses deux premières années avec mes parents qui s'entendaient encore, avant la liaison de mon père avec Sylvia, ce qui lui a forgé une forte personnalité. Elle a puisé son assurance et son autorité dans les deux ans de bonheur de sa petite enfance [1]. » Thibault est né alors que Jacques Lacan menait une double vie ; quant à Sibylle, sa mère était enceinte de huit mois lorsque Jacques lui apprit qu'il attendait un enfant de Sylvia (qui devint sa deuxième épouse).

Être l'enfant de l'amour ou de la désillusion, voire de la séparation, ce n'est pas la même chose.

Mais le chemin peut être parcouru en sens inverse : Noémie buvait déjà lorsqu'elle a rencontré Guillaume. Leur relation était fondée sur la dépendance : celle de Noémie à l'alcool, et celle de Guillaume à Noémie. Il espérait la sortir de l'« enfer » : l'amour fou qu'il lui portait lui permettrait de renoncer à l'alcool. Un premier enfant, Alain, naquit après deux années de mariage, puis, deux ans après, Olivia. L'alcoolisme de Noémie s'aggrava.

---

1. Entretien de Thibault Lacan avec Élisabeth Roudinesco, tiré de *Jacques Lacan*, Fayard, 1993.

Les conflits avec Guillaume devinrent incessants. Il la quitta, car il se sentait déstabilisé. Noémie toucha « le fond ».

Hospitalisée pour une première cure de désintoxication, elle rechuta peu après. Une deuxième hospitalisation fut salutaire : elle s'intégra dans un groupe d'Alcooliques anonymes et commença une psychothérapie. Guillaume s'occupait des enfants, comme lors des deux séjours de son ex-femme en « milieu spécialisé ». Ils se revirent. Noémie paraissait transformée. Après quelques mois, Guillaume revint vivre à la maison. Quatre ans après, ils décidèrent d'avoir un nouvel enfant. « Je n'ai pratiquement aucun souvenir de mes deux premières grossesses. Avec l'alcool, j'étais dans un état second. Je veux profiter de Clara, ma petite dernière. Avec Guillaume, nous fonctionnons sur de nouvelles bases », raconte Noémie.

Leur relation a été différente vis-à-vis des trois enfants. Alain l'aîné, est en échec scolaire. « Je sais, dit Noémie, ce qu'il a pu vivre. Nous en parlons parfois, c'est douloureux pour moi, pour lui aussi. Je culpabilise beaucoup, mais on ne peut pas réécrire l'histoire. En comprenant la mienne, je lui transmets ma vérité. Je lui ai expliqué que mon père buvait depuis de longues années, qu'il m'a initiée à la boisson. À quatorze ans, mes parents me servaient du vin à table. C'était normal, et cela me rendait sereine : j'étais détendue, je m'isolais dans ma chambre, eux se disputaient. » La relation que Noémie a instaurée avec ses enfants peut permettre de réparer les blessures de leur enfance. Clara est élevée dans une ambiance différente de celle qu'ont connue son frère et sa sœur.

Un couple évolue sur le plan matériel et professionnel : devenir parent lorsqu'on est étudiant est difficile à gérer sur le plan financier. À trente-cinq ans, la situation professionnelle semble définie, l'aisance ou le bien-être donne au père ou à la mère la possibilité d'acheter aux enfants des vêtements, des jouets et de les faire participer à des activités extrascolaires.

Mais c'est parfois l'inverse qui se produit. Une période de chômage modifie l'équilibre financier de la famille ; un changement de carrière a des répercussions sur tout le groupe familial. Janine et René ont trois enfants. Pour éviter un licenciement économique, René doit accepter un poste en province. Les week-ends se passent mal : il arrive fatigué et sa femme l'attend pour qu'il la relaie auprès des enfants. Elle travaille toute la semaine, se soucie de la maison et des devoirs. Lorsque René descend du train, il court embrasser ses enfants, les emmène au supermarché, revient, met la table puis les accompagne à leurs occupations. Le dimanche, le programme est sensiblement le même, agrémenté du déjeuner familial avec les grands-parents. Il reste peu de temps pour le couple, plus du tout pour les amis.

Dans ce cas, on imagine aisément les modifications relationnelles et les tensions conjugales. René et Janine n'arrêtent pas de se disputer. René revient de plus en plus tard le week-end ; du coup, Janine le soupçonne d'avoir une « autre vie » et un des enfants commence à présenter des difficultés. Un thérapeute consulté met l'accent sur les problèmes de couple... Ayant trouvé un lieu pour parler calmement, de nouvelles solutions apparaissent. Ainsi, la mobilité professionnelle n'est pas toujours bien supportée.

L'âge de la parentalité induit lui aussi des interactions variables : schématiquement, les couples jeunes sont moins inquiets, plus spontanés, plus disponibles. Les parents ayant eu des enfants tardivement manifestent une plus grande anxiété, mais sont plus mûrs.

À l'inverse, les parents jeunes restent proches de leur famille d'origine. Ils se sont connus durant leur adolescence, quand ils vivaient chez leurs parents. Ils ont peu (ou pas) rencontré d'autres partenaires sexuels, n'ont pas d'autre expérience de vie commune ou de vie de célibataire.

La constitution du couple s'est réalisée rapidement, engendrant une dépendance affective et parfois financière à l'égard des parents. Lorsque les enfants naissent, ces grands-parents apportent une aide matérielle ou se rendent disponibles pour le baby-sitting. Ce relais naturel est le bienvenu. Mais il arrive aussi que les grands-parents soient peu disponibles pour garder les petits-enfants, parce qu'ils travaillent encore.

Quand il s'agit de couples plus âgés, les grands-parents, entrés dans la dernière phase de vie, représentent parfois pour leurs enfants une charge financière ou psychologique, plutôt qu'une aide.

Christine raconte : « Ma première fille a passé beaucoup de temps avec mes parents, chaque année elle partait dans leur maison et nous avions quelques jours pour nous retrouver. Lorsque ma seconde fille est née, la situation a été autre : Cynthia est turbulente, casse-cou. Mes parents ont vieilli, ils s'inquiètent des risques d'accident. Deux enfants, cela leur fait trop de travail. Alors, pour ne pas faire de différence, ils les voient à la maison, aux repas de famille. »

Les relations avec les petits-enfants jouent un rôle considérable. La préférence est clairement énoncée dans certaines familles, alors que, dans d'autres, les grands-parents se veulent équitables.

La disponibilité de la mère est un facteur influent. De nombreuses femmes cessent de travailler pour s'occuper de leur enfant pendant les premiers mois ou les premières années. Ce renoncement est souvent mal accepté et déclenche une agressivité latente vis-à-vis de ce nourrisson grincheux et pleurnichard, très éloigné du « poupon rose des rêves ». Le sentiment d'être enfermée entre quatre murs, de n'avoir rien d'autre à raconter que la durée des biberons et des rots renforce l'insatisfaction et développe une relation inadéquate avec le nourrisson.

Le contraire est tout aussi fréquent ; telle mère, harassée par un travail peu gratifiant, épuisée par les transports, trouve son épanouissement à s'occuper de son ou de ses enfants et de sa maison. La société encourage les femmes à interrompre leur travail à la naissance du deuxième enfant grâce au congé parental qui, auparavant, n'était proposé qu'après l'arrivée du troisième.

Lorsqu'ils eurent leur deuxième enfant, Élisabeth et son mari ont fait leurs comptes. C'était trop juste pour qu'elle cesse de travailler. De formation comptable, elle courait entre deux emplois à mi-temps, n'ayant pas pu obtenir de temps plein. Au troisième enfant, elle a pris un congé parental et sa vie a changé. Les deux premiers bébés ont été élevés en crèche ; Élisabeth, épuisée, s'affairait en rentrant du travail, mais elle manquait de disponibilité. Quand Vincent est né, ses deux frères allant à l'école, il a eu sa mère pour lui seul.

Comment évaluer, dans ce cas, l'impact de ce changement de situation ? Trop de paramètres entrent en jeu pour établir un rapport de cause à effet certain. Vincent a vécu avec sa mère une relation positive, plus complète que ses frères, mais peut-être trop fusionnelle. Gardons-nous de généraliser trop vite : la mère est absente ou étouffante. Winnicott parle de mère « suffisamment bonne [1] », ce qui nuance considérablement la situation que l'on voudrait idéale.

---

1. Donald Winnicott : *L'Enfant et sa famille*, Payot, 1957.

La place dans la fratrie

Le rang dans la fratrie représente un des points importants des relations fraternelles et parentales.

À la question, apparemment simple : « Y a-t-il une place meilleure qu'une autre ? », les réponses sont complexes. Jadis, le premier garçon né était effectivement privilégié. Il portait le nom, reprenait les traditions et héritait du patrimoine. Tous les espoirs reposaient sur lui. À l'aîné, les titres, la fortune, l'éducation. De nos jours, ces traditions ont disparu [1].

Dans l'île grecque de Karpathos [2], les rapports de domination opposent, non pas les hommes aux femmes, mais les aînés aux cadets. Ainsi, « dans chaque famille, le premier-né des garçons héritait de son père et la première-née des filles, de sa mère. Les autres enfants étaient exhérédés. Les cadets émigraient pour la plupart, tandis qu'une majorité de cadettes restaient sur place, célibataires à vie. Elles servaient de bonnes et d'ouvrières agricoles aux couples des aînés ».

Le cadet vient après l'aîné, mais par extension, ce peut être le deuxième ou le dernier. D'après Martine Segalen et Georges Ravis Giordani [3], le mot *cadet* vient du gascon « capdet » qui signifiait, au XVe siècle, chef de bande. « La distinction aîné/cadet apparaît comme un puissant opérateur social qui organise le temps biologique et social, la position et le statut, l'ordre des générations. [...] Toutefois, quel que soit le terme dont on la nomme (ou ne la nomme pas), la réalité de la discontinuité et de l'inégalité

1. Cf. chapitre « Histoires d'héritage ».
2. Bernard Vernier : *La Genèse sociale des sentiments*, Éditions des Hautes Études en Sciences sociales, 1991.
3. Martine Segalen et Georges Ravis Giordani : *Les Cadets*, Éditions du CNRS, 1994.

d'âge qui marque les fratries existe bien et semble reconnue de façon quasi universelle [1] ». Ainsi, le rang de la fratrie reste prévalent dans l'organisation de la famille.

« L'usage de la notion de cadet est associé à l'étude des systèmes de transmission et d'héritage : dans les régimes préciputaires [2] où l'on a le droit de prélever une somme d'argent avant le mariage, cette place au sein de la fratrie fait de lui un exclu de l'héritage, voire du mariage, un être social au statut second s'il reste dans sa communauté d'origine, ou bien un être promis à l'exclusion et au rôle d'étranger s'il quitte ces lieux inhospitaliers. Brefs, à l'heureux aîné privilégié, héritier ou gérant-dépositaire de tout le patrimoine symbolique et social, s'opposerait un cadet dépouillé. À l'inverse, dans les régimes égalitaires, il jouirait des mêmes droits que ses frères aînés, et la distinction liée à l'ordre de naissance n'aurait pas lieu d'être [3]. »

Ainsi, le cadet se retrouve souvent exclu de l'héritage familial, mais il est parfois mieux éduqué que l'aîné et plus proche affectivement de ses parents, surtout s'il est le dernier de la fratrie.

Dans certains cas, il les a en charge. « Le cadet et, plus encore, le benjamin deviennent le bâton de vieillesse des parents et, par-delà leur mort, le jardin de la mémoire familiale, le catalyseur de la solidarité de la fratrie [4]. »

Cette place privilégiée dans le cœur parental est discutable du point de vue psychologique, car associée à d'autres représentations.

Ainsi, celui qui s'occupe de réunir la famille après le décès des parents a parfois été désigné implicitement par

---

1. Martine Segalen et Georges Ravis Giordani : *op. cit.*, p. 13.
2. *Préciput :* Droit reconnu à une personne de prélever avant tout partage une somme d'argent sur certains biens de la masse à partager, *Le Robert.*
3. Martine Segalen et Georges Ravis Giordani : *op. cit.*, p. 11.
4. *Ibid.*

son caractère plutôt que par son rang. En fonction des rivalités et des jalousies existantes, ce peut être un autre enfant que l'aîné : la personnalité à l'âge adulte apparaît déterminante.

Les privilèges liés au sexe sont plus longs à disparaître, et pour les filles, on compte encore sur le mariage : « C'est moins grave si elles échouent à l'école, un bon mari fera l'affaire. »

Sur le plan affectif, des traditions persistent : « l'aîné ouvre les portes », il « essuie les plâtres », mais il est le « grand » ; le petit dernier semble le plus choyé. Mais aucune place n'a été repérée comme « à risque ». Aucune statistique ne mentionne qu'être le cadet ou l'aîné, ou celui du milieu, prédispose à une pathologie particulière. C'est le vécu subjectif qui laisse supposer que « l'autre » a eu plus de chances d'être aimé. Presque tous les aînés rêvent d'un grand frère ou d'une grande sœur idéalisés, substitut parental parfait. Presque tous les enfants du « milieu » voudraient être plus grands ou rester bébés comme leur petit frère ou petite sœur par nostalgie des moments privilégiés passés avec les parents.

Un écart d'âge important recrée le statut d'enfant unique. Joyce est née alors que les aînés avaient douze et quatorze ans. Ses parents s'étaient mariés jeunes ; voyant la quarantaine arriver, ils ont souhaité un petit dernier. Joyce a été élevée comme une enfant unique, les grands ayant quitté la famille après le baccalauréat.

L'écart d'âge

L'écart d'âge est un facteur important de la relation fraternelle : s'il est restreint, les enfants seront plus proches et cette proximité entraînera des jeux communs, une complicité, mais aussi une rivalité et de la jalousie — surtout si les enfants sont du même sexe.

Lorsque le cadet naît un ou deux ans après son aîné, la rivalité est importante. Elle s'atténue proportionnellement dès que l'écart d'âge augmente. À six années ou plus de différence, l'aîné a été en partie élevé comme un enfant unique et sera jaloux de l'arrivée du petit frère ou de la petite sœur, mais il est autonome, va à l'école et s'est constitué un réseau d'amis. L'atmosphère de compétition existe toujours, surtout entre enfants de même sexe, mais elle est moins violente.

Les faibles écarts d'âge ont tendance à lier plus fortement les frères et sœurs, mais les conflits n'en demeurent pas moins fréquents.

Aux siècles précédents, l'importance de la mortalité infantile réduisait la taille des fratries et, par là, modifiait les relations : les enfants survivants avaient ainsi de grandes différences d'âge.

Dans les familles ayant de nombreux enfants, les naissances sont rapprochées. Si les parents ne souhaitent que deux ou trois enfants, l'intervalle entre le premier et le dernier peut s'accroître.

L'ordre d'arrivée frère-sœur ou sœur-frère

Dans le langage courant, le mot frère est placé avant celui de sœur. On dit : « Avez-vous des frères et des sœurs ? » plutôt que « des sœurs et des frères ».

Seul, le numéro de la revue *Autrement*[1] renverse cet ordre, peut-être parce que ce recueil a été rédigé à l'ini-

---

1. *Des sœurs, des frères. Les méconnus du roman familial,* in *Autrement,* n° 112, 1990.

tiative de femmes. Françoise Héritier, interrogée à ce sujet, assure cependant qu'il est en effet juste de dire frère avant sœur, car il existe traditionnellement une suprématie du frère sur la sœur. Elle l'a exposé dans un ouvrage[1] où elle développe la relation asymétrique frère-sœur, marquant le « principe sans doute universel de dominance du masculin sur le féminin ». La relation frère-sœur est une relation d'identité, mais en même temps une relation de différence absolue.

La disparition des familles nombreuses

Qu'appelle-t-on familles nombreuses ? Aujourd'hui trois enfants suffisent pour obtenir la carte de famille nombreuse et les quelques privilèges qu'elle confère. La diminution du nombre d'enfants a contribué au développement d'une politique d'incitation à la procréation par le biais d'aides financières aux familles.

Dans les pays occidentaux, le nombre d'enfants diminue à chaque génération. S'il était courant, il y a trente ans, de rencontrer des familles de six enfants et plus, elles sont rares aujourd'hui. Quant aux fratries de dix et plus, elles sont exceptionnelles, même dans les groupes les plus religieux, où la contraception est proscrite et la sexualité liée à la procréation.

Dans une société individualiste comme l'est celle de la fin du XXe siècle, où les familles tendent à réduire le nombre des enfants (1,8 en moyenne), l'idéologie dominante est à la créativité et à l'unicité et se traduit par l'autonomisation précoce des enfants.

---

1. Françoise Héritier : *L'Exercice de la parenté*, Gallimard, Le Seuil, 1981.

Dans des familles nombreuses, les enfants se définissent autrement : « J'étais l'aîné des petits, raconte Robert. Je suis arrivé en cinquième position, mais quatre enfants m'ont succédé. Comme j'avais trois ans de différence avec la sœur juste au-dessus de moi, j'étais plus proche du frère né à peine un an après moi. À table, il y avait deux services : les grands d'abord, puis les petits. Ce qui m'a le plus pesé, c'est la comparaison : j'étais *plus* sage ou *moins* studieux. On fait toujours le rapport avec un autre enfant. Et puis, je n'avais jamais ma mère pour moi tout seul. »

Dans les familles nombreuses, il faut des règles de groupe, une solidarité et des lignes générales. Pas question, lorsqu'on est mère de huit enfants, de courir dans huit endroits différents pour récupérer les enfants dans leurs activités extrascolaires. Jusqu'à quatre ou cinq, on peut arriver à jongler, mais à plus, il faut deux voitures... Vive les maisons avec jardin !

Une mère de neuf enfants à qui l'on demandait : « Comment faisiez-vous pour sortir tous les enfants au jardin ? » répondit avec humour : « Je ne les sortais pas, on ouvrait les fenêtres. »

Les vêtements sont portés jusqu'à l'usure par les bambins car, à de rares exceptions près, il faut compter et maintenir un budget serré.

Pas question non plus d'avoir un espace à soi, on dort à trois ou quatre dans la même chambre. Mais on apprend le partage, les jeux, la notion de clan...

Les familles nombreuses ont un fonctionnement radicalement différent des familles d'un ou deux enfants. Quelquefois, les aînés s'occupent des petits mais, dans tous les cas, participer aux tâches matérielles est une obligation ; les cris et les disputes alternent avec les fous rires. L'animation est proportionnelle au nombre d'enfants.

Des groupes se forment fréquemment avec les frères et sœurs les plus proches par âge mais aussi par affinité.

Des alliances se font jour entre une aînée et une cadette ou entre deux garçons passionnés par le football. Certaines familles délèguent à un « grand » le soin de s'occuper d'un petit.

Une autre particularité réside dans un fonctionnement assez fermé, voire autarcique, et cela se comprend : vous inviter avec trois enfants, c'est recevoir cinq personnes, mais si vous avez huit enfants, cela fait dix couverts de plus... En général, les familles nombreuses accueillent plus facilement qu'elles ne sont conviées. Encore faut-il avoir de la place, et, la plupart du temps, elles en manquent.

Martine est la seizième et dernière enfant de la fratrie. « La maison était grande, cinq chambres et une vaste cuisine où nous mangions, mais c'était quand même un peu juste. Été comme hiver, nous étions dehors, comme cela on salissait moins. Peu importaient les maladies, la fièvre : nous étions dehors ou à l'école. Quand je suis née, certains étaient déjà partis de la maison. Les grands, je les voyais peu. »

Aujourd'hui, Martine travaille à Paris comme une de ses sœurs. Le plus dur, c'est la solitude, alors qu'avant elle n'avait jamais d'intimité. C'est une des caractéristiques des grandes familles : l'isolement est difficile, mais pas toujours souhaité. Les liens sont étroits, mais les rapports parfois superficiels.

On retrouve dans ces familles des configurations variables mais toujours une dynamique de groupe propre à chaque système.

Certaines familles ont une richesse et une créativité exceptionnelles, telle cette famille de huit enfants qui formaient un orchestre. Les parents avaient eu l'idée de leur apprendre des instruments complémentaires et ils avaient des loisirs en commun. Mais la pierre angulaire reste le couple parental : pour que ces systèmes fonctionnent, les parents ont intérêt à rester unis...

2

LES FRATRIES DE MÊME GENRE FRÈRES/FRÈRES, SŒURS/SŒURS

Certaines fratries unisexuées sont célèbres, d'autres moins, mais la « duplication » de plusieurs enfants du même sexe nous paraît, par expérience clinique, importante à mentionner. Les cas cités illustrent la variété de l'organisation des familles, et ne présentent apparemment pas d'autre point commun que celui d'une solidarité entre les enfants. De la convivialité à la violence, en passant par l'humour et la dérision, se manifestent des tonalités affectives repérables.

L'histoire de la famille March est joliment racontée dans le célèbre roman de Louise May Alcoot [1], sans cesse réédité et qui évoque l'histoire de Meg, Jo, Beth et Amy, quatre jeunes Américaines du XIXᵉ siècle.

L'auteur retrace l'histoire de sa famille et se dépeint sous les traits de Jo, le garçon manqué du groupe.

Margaret, surnommée Meg, l'aînée, a seize ans. Joséphine, « Jo », en a quinze, Élisabeth ou Beth treize et Amy onze. Ces adolescentes vivent avec leur mère, car leur père combat depuis de longs mois dans l'armée nordiste lors de la guerre de Sécession.

---

1. Louise May Alcoot : *Les Quatre Filles du docteur March* (1868).

Famille unie, traditionaliste, où les valeurs morales sont affirmées, les March témoignent de la vie quotidienne de l'époque. Pique-nique, tricot, promenade en barque égaient les journées. Viennent les premières amours. Laurie, le jeune voisin, noue une relation tendre avec les quatre filles, mais sa préférence pour Jo est marquée.

Les difficultés financières engendrent une solidarité intrafamilliale. Après une année d'absence, le père est blessé au combat. Mme March se rend au chevet de son mari et y reste plusieurs semaines, mais Beth attrape la scarlatine et Mme March est rappelée auprès d'elle en catastrophe. La fin de cette histoire permet au lecteur de rencontrer enfin le docteur March qui revient chez lui après plus d'un an d'absence.

Le débat est centré autour de la position des femmes à cette époque : interdiction de voter, de s'inscrire à l'université, de choisir son métier, tel était leur lot au XIXe siècle. Cette famille adopte des idées avant-gardistes et Jo, en voulant devenir écrivain, rompt avec la tradition.

À travers cette histoire, le lecteur assiste à la naissance du sentiment amoureux. Si Laurie n'est pas indifférent à la fille aînée Meg, sa compagne de jeux préférée reste Jo. Mais la petite Amy grandit et son regard change. À la fin du livre, Meg épouse le précepteur de Laurie ; Jo et Laurie entrevoient l'avenir ensemble, mais Laurie, rejeté par Jo, épousera finalement Amy, comme si le plus important pour lui était bien de faire partie de cette famille.

Autre fratrie féminine, tristement célèbre, cette fois : celle des sœurs Papin. Christine et Léa Papin font parler d'elles le 2 février 1933 lorsqu'elles accomplissent un double crime en tuant leur patronne, Mme Lancelin, et sa fille.

Cette histoire fera la une des journaux de l'époque. En

fait, les sœurs Papin étaient trois : l'aînée, Émilia, entrée au couvent à l'âge de neuf ans, Christine la deuxième, et Léa la troisième. Émilia a vraisemblablement subi un inceste de la part de son père. Christine et Léa travailleront ensemble dans la famille Lancelin.

Différents textes rédigés par des auteurs renommés évoquent ce fait divers, et tout d'abord celui de Paul Éluard et Benjamin Péret[1] : « Les sœurs Papin furent élevées au couvent du Mans. Puis leur mère les plaça dans une maison "bourgeoise" de cette ville. Six ans, elles endurèrent avec la plus parfaite soumission observations, exigences, injures. La crainte, la fatigue, l'humiliation, enfantaient lentement en elles la haine, cet alcool très doux qui console en secret car il promet à la violence de lui adjoindre, tôt ou tard, la force physique. Le jour venu, Léa et Christine Papin rendirent sa monnaie au mal, une monnaie de fer rouge. Elles massacrèrent littéralement leurs patronnes, leur arrachant les yeux, leur écrasant la tête. Puis elles se lavèrent soigneusement et, délivrées, indifférentes, se couchèrent. La foudre était tombée, le bois brûlé, le soleil définitivement éteint. »

Jean Genet s'inspira de ce crime pour sa pièce de théâtre, *Les Bonnes*.

Trois mois après le procès aux assises, Jacques Lacan donne un éclairage différent à ce crime. Les trois experts psychiatres nommés lors de l'audience avaient conclu à l'entière responsabilité des deux sœurs, mais Jacques Lacan montre l'importance des éléments paranoïaques chez elles : « Tel est ce crime des sœurs Papin, par l'émotion qu'il soulève et qui dépasse son horreur, par sa valeur d'image atroce, mais symbolique jusqu'en ses plus hideux détails : les métaphores les plus usées de la haine : "Je lui arracherais les yeux", reçoivent leur exécution lit-

---

1. Paul Éluard et Benjamin Péret in *Le Surréalisme au service de la Révolution*, n° 5, 1933.

térale. La conscience populaire révèle le sens qu'elle donne à cette haine en appliquant ici le maximum de la peine, comme la loi antique aux crimes des esclaves. [...] La pulsion meurtrière que nous concevons comme la base de la paranoïa ne serait en effet qu'une abstraction peu satisfaisante, si elle ne se trouvait contrôlée par une série d'anomalies corrélatives des instincts socialisés, et si l'état actuel de nos connaissances sur l'évolution de la personnalité ne nous permettait de considérer ces anomalies pulsionnelles comme contemporaines dans leur genèse [1]. »

Il évoque le délire à deux et la pathologie de Christine, qui décompense en prison et le convainc de sa fragilité. Il montre que la psychanalyse permet de comprendre le fonctionnement psychique et les troubles instinctifs comme l'homosexualité, la perversion et le sadomasochisme. Pour cela, il s'appuie sur un texte de Freud [2] : « Freud dans un article admirable, sans nous donner la clef de ce paradoxe, nous fournit tous les éléments pour la trouver. Il nous montre en effet que, lorsqu'aux premiers stades maintenant reconnus de la sexualité infantile s'opère la réduction forcée de l'hostilité primitive entre les frères, une anormale inversion peut se produire de cette hostilité en désir, et que ce mécanisme engendre un type spécial d'homosexuels chez qui prédominent les instincts et activités sociales. »

Et Jacques Lacan ajoute : « L'observation prolongée de cas multiples de paranoïa [3], avec le complément de

1. Jacques Lacan : « Motifs du crime paranoïaque : le crime des sœurs Papin », *Le Minotaure*, n° 3, décembre 1933.

2. Sigmund Freud : « De quelques mécanismes névrotiques dans la jalousie, la paranoïa et l'homosexualité », *La Revue de psychanalyse*, 1932, n° 3, pp. 391-401.

3. *Paranoïa* : Psychose chronique caractérisée par un délire plus ou moins bien systématisé, la prédominance de l'interprétation, l'absence d'affaiblissement intellectuel, et qui n'évolue généralement pas vers la

minutieuses enquêtes sociales, nous avait conduit à considérer la structure des paranoïa et des délires voisins comme entièrement dominée par le sort de ce complexe fraternel. »

Revenons à des histoires moins dramatiques. Les admirateurs des frères Marx, la fratrie la plus célèbre du cinéma américain, continuent de rire aux éclats en regardant leurs films, qui prouvent qu'on peut avoir du génie quand on est cinq garçons : Léonard dit Chico, Arthur dit Harpo, Julius dit Groucho, Milton dit Grummo, Herbert dit Zeppo. Tous joueront la comédie, mais ils ne seront que quatre à connaître la célébrité.

Ils passèrent leur enfance à Yorkville, près de New York. Leur père était tailleur et, comme le raconte Groucho [1], « sa réputation de plus mauvais tailleur de Yorkville n'a jamais été égalée à ce jour. [...] Notre voisinage regorgeait de clients de papa. On les repérait facilement dans la rue à leur costume d'origine, manche plus courte l'une que l'autre, jambes de pantalons inégales ou col de veste qui remontait. Conséquence logique et inévitable : mon père n'avait jamais deux fois le même client ».

Leur mère ne travaillait pas, mais « comme beaucoup de femmes, ma mère avait horreur de la cuisine ».

Écoutons Groucho parler de ses frères : « J'ai toujours été étonné de voir un couple donner naissance à des enfants aussi différents les uns des autres. Chico, par exemple, était capable de calculer aussi vite et bien qu'une machine. [...] Il aurait pu suivre les traces d'Euclide ou d'Einstein, mais tout comme nous autres,

---

détérioration. Définition tirée du *Vocabulaire de la psychanalyse* de Laplanche et Pontalis.
    1. Groucho Marx : *Les Mémoires de Groucho Marx*, L'Atalante, 1959.

l'école ne lui disait rien. Harpo était le plus sérieux de la famille. Il avait hérité de toutes les qualités de ma mère : gentillesse, jugeote, sens de l'amitié et ne m'avait laissé que le reste. »

Groucho obtint un premier contrat de comédien, à l'âge de quinze ans en répondant à une annonce et put quitter l'école, qui ne l'intéressait guère.

En fait, c'est Mme Marx qui eut l'idée de les réunir sur scène. « Ma mère finit par en conclure que le meilleur moyen de nous faire une place au soleil et un nom au théâtre était, non pas de nous y propulser individuellement, mais en gros. [...] "Je vais vous mijoter un numéro qui va faire sensation", déclara-t-elle. » En 1909, elle négocia les contrats du groupe « Les Quatre Rossignols » (Harpo, Groucho, Grummo et Chico).

Zeppo ne faisait pas partie de cette formation, probablement parce qu'il était trop jeune, mais il remplaça Grummo lorsque celui-ci partit pour le front en 1916.

La notoriété vint progressivement. Le premier grand succès fut *I'll say she is* à Broadway, en 1924. Pour la première de cette comédie où quatre de ses fils tenaient l'affiche, Mme Marx essaya sa nouvelle robe. Elle glissa de la chaise sur laquelle elle était montée et se cassa une jambe. « Je crois qu'un tel désastre aurait découragé beaucoup de femmes de se rendre au théâtre, mais pas ma mère. À la limite, la soirée de première n'en serait que plus excitante. Je doute que quiconque ait jamais fait une entrée plus triomphale dans une salle de théâtre. Adressant de petits saluts de la main aux spectateurs, souriante, elle descendit l'allée centrale sur une civière et se fit installer au premier rang. Ce fut sa victoire personnelle. L'aboutissement de vingt ans d'intrigues, de privations, de flagorneries et de luttes. » La pièce connut un triomphe et fut jouée trois ans.

D'autres comédies suivirent, puis les frères Marx tournèrent en 1929 leur premier film, *Noix de coco*. Leur carrière dura de façon ininterrompue jusqu'en 1946, année de *Une nuit à Casablanca*.

À propos de ce film, citons un extrait de la correspondance de Groucho Marx avec les frères Warner, d'Hollywood, qui avaient produit *Casablanca*, avec Humphrey Bogart et Ingrid Bergman, cinq ans auparavant. Le bureau juridique de la Warner Bros contestait l'utilisation du nom « Casablanca » par les Marx. La lettre commence par un trait d'humour de Groucho sur l'utilisation du nom de la ville.

> *Apparemment, il est plus d'un moyen de conquérir une ville et d'en faire sa propriété. Ainsi, jusqu'à ce que nous envisagions de faire ce film, je ne savais pas que la ville de Casablanca appartenait en exclusivité aux Frères Warner.*

Mais l'intérêt de ce texte concerne la notion de fratrie. N'oublions pas qu'il s'agit d'une lettre de frères célèbres à d'autres frères célèbres.

> *Et que faites-vous de « Frères Warner » ? Est-ce que c'est aussi votre propriété exclusive ? Vous avez sans doute le droit d'utiliser le nom de Warner, mais le mot « FRÈRES » ? Professionnellement parlant, nous étions frères bien avant vous. Nous nous produisions sous le nom des frères Marx alors que le Vitaphone n'était qu'une vue de l'esprit ; et même avant nous, il y avait d'autres frères : les frères Smith, les frères Dan (des joueurs de base-ball de Detroit), les frères Karamazov, sans oublier le fameux : « Mon frère, t'as pas cent balles ? » À l'origine, la phrase disait : « Mes frères, z'avez pas cent balles ? », mais comme cent balles c'est pas grand-chose (même dans une*

famille unie), on a évincé un des frères, l'autre a empoché l'argent, et l'expression est devenue : « Mon frère, etc. »

Et Groucho de poursuivre :

*Tout ceci peut vous paraître le discours d'un homme aigri, mais je vous assure que tel n'est pas mon état d'esprit. J'adore les Warner. Certains de mes meilleurs amis sont des frères Warner. [...] J'ai dans l'idée que toute cette cabale est issue du cerveau tortueux d'un avocat marron à visage de fouine, et qui fait un stage de quelques jours dans votre service juridique. Je connais bien ce genre d'homme : frais émoulu de la faculté de droit, affamé de succès, trop ambitieux pour attendre de gravir normalement les échelons de la réussite. Ce triste clown empoisonne certainement la vie de vos avocats, lesquels sont gens charmants aux cheveux noirs bouclés, costumes à revers croisés, etc., etc., pour les convaincre de nous poursuivre. Eh bien, ça ne se passera pas comme ça ! Nous le traînerons devant la Cour Suprême ! Ce n'est pas un aventurier au teint terreux qui va semer la zizanie entre les Frères Warner et les Frères Marx ! Nous sommes tous frères et nous le resterons jusqu'à la fin de la dernière bobine d'*Une nuit à Casablanca.* »

Cette lettre plongea les frères Warner dans un profond embarras. Ils demandèrent l'idée générale du scénario. Groucho leur écrivit à nouveau :

Chers Warner, je ne peux pas vous en dire bien long sur le scénario. Je joue le rôle d'un docteur en théologie qui porte la bonne parole aux indigè-

nes et qui, accessoirement, colporte des ouvre-boîtes et des vestons à pois aux sauvages, tout le long de la Côte de l'Or africaine.

« La première fois que je rencontre Chico, il travaille dans un bar et vend des éponges aux ivrognes incapables d'absorber eux-mêmes une goutte d'alcool de plus. Harpo est un caddie arabe qui habite une petite urne grecque dans les faubourgs de la ville.

« Quand le film commence, Porridge, une autochtone sensuelle, aiguise les flèches pour la chasse. Paul Hangover, notre héros, allume sans cesse deux cigarettes en même temps, ignorant la pénurie de tabac.

La dernière missive aux frères Warner raconte un scénario hilarant qui mit fin à la querelle.

Bien chers frères, depuis ma dernière lettre, je suis au regret de vous apprendre qu'il y a eu quelques modifications au scénario original de notre film, Une nuit à Casablanca. *Dans la nouvelle version, je joue le personnage de Bordel, la fiancée d'Humphrey Bogart. Harpo et Chico sont deux marchands de tapis ambulants, fatigués d'ambuler et qui entrent au couvent en coup de vent, histoire de rigoler. Mais le couvent est vide depuis vingt ans.*

« À côté du couvent, tout près d'une jetée, il y a un hôtel en bord de mer, peuplé de damoiselles aux joues couleur de pommes. La plupart d'entre elles ont d'ailleurs été censurées par l'Office national des Couvents pour racolage. À la cinquième bobine, Gladstone prononce un discours qui met la Chambre des communes en émoi, et le roi lui demande sa démission sans retard. Harpo épouse

le détective de l'hôtel ; Chico fonde un élevage d'autruches. Bordel, la fiancée d'Humphrey Bogart, finit ses jours dans un Bacall.

« C'est une esquisse sommaire, comme vous pouvez le constater. La seule chose qui puisse nous sauver de l'oubli, c'est la pénurie de films intéressants.

Groucho Marx renonça progressivement au cinéma, comme ses frères, vers la fin des années 50, après une carrière exceptionnelle où quatre des cinq frères restèrent unis.

Les frères Warner peuvent d'une certaine façon se comparer aux frères Marx, puisqu'il s'agit de quatre garçons qui connurent eux aussi une notoriété internationale. Il semble toutefois qu'ils aient eu moins d'humour.

Cette famille de producteurs de cinéma se composait de Harry, Jack, Samuel et Albert. Ils débutèrent tous les quatre dans le commerce de bicyclettes et créèrent en 1903, à New York, l'une des toutes premières salles de cinéma. Les Warner rachèteront successivement d'autres sociétés de production et l'arrivée du cinéma parlant fit leur fortune. La compagnie Warner continue de produire de grands films.

D'autres frères célèbres ont fait parler d'eux, mais cette fois ils sont sortis de l'imagination de Morris et Goscinny : les Dalton de la célèbre bande dessinée Lucky Luke, traduite en plus de vingt langues, représentent une remarquable caricature de frères. Les frères Dalton apparaissent dans de nombreux albums, face au justicier Lucky Luke et à son chien Rantanplan.

Joe, William, Jack et Averell Dalton sont représentés par ordre de taille, en fonction de leur âge ; ils se ressemblent « comme deux gouttes d'eau » et sont habillés de la même façon, mais le lecteur les distingue sans problème. Ils sont quatre, mais ne font qu'un tant ils sont proches. Cette proximité est renforcée par leurs propos : une seule bulle est parfois dessinée pour les quatre.

La généalogie des Dalton est évoquée par la présence de leur mère, « Ma Dalton », personnage omniprésent, modèle identificatoire. « Ma Dalton terrorise la région, elle est partout à la fois. » Cette mère délinquante a servi de modèle psychopathique, tout comme le père, délinquant également.

Le groupe fraternel est autarcique et se suffit à lui-même. De plus, ajoute Jean-Bernard Chapelin [1], « un des phénomènes récurrents chez les Dalton, c'est celui de la duplication spéculaire de la fratrie. Les Dalton ne sont en fait que la réplique parfaite de leurs cousins (Emmett, Bill, Grat et Bob) qui apparaissent et meurent dans "Hors-la-loi". Ils sont donc le groupe survivant d'un groupe jumeau mort ».

L'humour dégagé par la représentation des Dalton est lié à leur stupidité qui les conduit, grâce à Lucky Luke, à des mises en échec répétées. Par exemple, Lucky Luke découvre le vol de trois chevaux, or les Dalton sont quatre, mais Averell, de loin le plus idiot, confond chevaux et vaches. Il a volé une vache. Trois chevaux et une vache, le compte est bon pour Lucky Luke.

Les Dalton, à un autre moment, veulent se battre : « Nous allons attaquer Rightful Bend, dit Joe. — Mais nous ne sommes que quatre, répond William. — Oui, mais nous sommes les Dalton », insiste Jack. Averell réfléchit : « D'ailleurs, si on compte nos quatre revolvers, nous sommes sept. — Huit, imbécile », corrige Joe [2]. Cet échange montre l'ordre régulier, presque immua-

---

1. Jean-Bernard Chapelin : « Groupes de frères et le syndrome des Dalton », in *Visages de la fratrie, Adolescence*, 1993, tome 11, n° 2.

2. *Sur la piste des Dalton*, Dupuis, 1987.

ble, d'intervention des quatre frères, du plus petit et plus intelligent au plus grand et plus idiot. Aux lecteurs peu familiarisés avec l'univers de Lucky Lucke, nous ne saurions trop conseiller la lecture de *La Guérison des Dalton*[1] où le Pr Otto von Himbeergeist va tenter de psychanalyser nos héros pour les guérir de leurs actes de délinquance... En vain.

Ces fratries célèbres fonctionnent bien comme des groupes et donnent un exemple de synergie : tout se passe comme si le fait d'être plusieurs enfants, de surcroît du même sexe — et avec un faible écart d'âge — entraînait une complicité qui se rapprocherait des mécanismes gémellaires sans leurs inconvénients. Mais ce n'est pas une généralité et il peut exister des dissensions.

Tout parent ayant engendré des enfants des deux sexes s'étonne devant cette évidence de la nature : ils sont différents.

Si des petites filles jouent parfois aux voitures, rares sont les garçons qui s'intéressent aux « Barbie », et un intérêt précoce pour les poupées risquerait d'inquiéter les adultes.

Généralement, les parents souhaitent avoir des enfants des deux sexes, mais décident plus rapidement d'en faire un troisième quand les deux premiers sont de même sexe.

Évoquer une préférence, avant la naissance, est mal perçu. Lorsque plusieurs filles (ou garçons) se succèdent, les parents « sont ravis », mais une certaine déception peut être décelée après le troisième ou le quatrième. Ces sentiments se traduisent parfois par le choix d'un prénom mixte : Daniel(le), Dominique, Paul(e).

Pouvoir choisir le sexe de l'enfant a été à l'origine de l'engouement pour des régimes alimentaires que les

---

1. Morris et Goscinny : *La Guérison des Dalton*, Dargaud, 1975.

futures mères se contraignaient à appliquer à la lettre avec des résultats discutables (une chance sur deux !).

Parfois, les parents décident de continuer à procréer jusqu'au moment où arrive enfin le petit garçon (ou la petite fille) tant désiré.

Dans des fratries comportant quatre filles et un garçon, on imagine aisément que la motivation du cinquième enfant était liée au fait de « réussir » à avoir un fils.

Roberta racontait qu'à sa naissance son père avait refusé de la voir pendant plusieurs jours, tellement il était déçu d'avoir encore une fille, la quatrième. Elle s'est appliquée toute sa vie à montrer à ses parents qu'ils ne devaient pas regretter de l'avoir conçue. Après des études brillantes, elle crée son entreprise qui se développe de façon fulgurante et aide financièrement toute sa famille. « En quelque sorte, j'avais une dette à régler. Le prénom qu'ils m'avaient attribué reflétait ce désir d'un garçon. Ils n'ont eu qu'à changer d'une lettre leur choix initial pour passer de Robert à Roberta. »

Répondre aux attentes parentales fait partie du contrat implicite établi à la naissance. Lorsqu'un cultivateur n'a que des filles, celles-ci vont reprendre très tôt le travail destiné aux garçons. Conduire le tracteur, participer aux moissons, tondre les moutons sont des tâches qui nécessitent force physique et énergie.

Son père mort dans un accident de voiture, Gilbert se retrouva prématurément chef de famille. Sa mère, restée avec les cinq garçons, dut travailler. Gilbert, l'aîné, prit en charge les tâches domestiques (ménage, cuisine, linge). Il devint à la fois le confident de sa mère et son ami. Cette situation retentit sur ses choix affectifs, car il resta longtemps seul avant de vivre avec un ami.

Bien que les oppositions existent et que les conflits soient parfois violents, la complicité mère-fille se développe naturellement. Mais la mère, la personne la plus présente à la maison (même si elle travaille) vit tout autrement son lien avec ses fils et se trouve souvent en périphérie de l'alliance père-fils. Dans une fratrie unisexuée, un des garçons devient inévitablement le confident de sa mère, alliance utile pour celle-ci afin de ne pas être disqualifiée. L'autorité naturelle ne suffit pas toujours pour contrer un groupe de garçons et une mère rapportait comment elle s'était sentie dépassée au moment de l'adolescence, ses cinq fils ayant grandi simultanément ou presque, puisqu'ils avaient un à deux ans de différence. Elle se regardait assise, à côté de « ses » six hommes (en comptant son mari) qui buvaient maintenant des bières et fumaient : « Nous n'avions plus grand-chose en commun : ils parlaient foot et batterie, je rêvais de transmettre mon intérêt pour la cuisine et les fleurs. »

Le désir de donner naissance à un enfant de l'autre sexe se résout dans certaines sociétés par une construction étonnante, comme celle rapportée dans les travaux de Bernard Saladin d'Anglure sur les Inuit [1].

Chez les Inuit, un « troisième sexe » est créé pour pallier les aléas de la prévalence masculine ou féminine, et en fonction des attentes parentales : pour ces tribus, le fœtus pourrait changer de sexe à la naissance. Il existe donc un rituel pour tenter de fixer le sexe du nouveau-né lorsqu'on craint qu'il ne change.

Ce changement de sexe peut être dû à la volonté d'un défunt dont le nom va constituer l'identité du nouveau-né. La question se pose d'une particularité à la naissance

---

1. Bernard Saladin d'Anglure : « Du fœtus au chamane : la construction d'un "troisième sexe" inuit », *Études/Inuit/Studies*, 1986, et « Penser le "féminin" chamanique, ou le "tiers-sexe" des chamanes inuit », *Recherches amérindiennes au Québec*, vol. XVIII, n° 2-3, 1988.

chez ces enfants (hypotrophie des organes génitaux), d'un transexualisme développé par les exigences sociales et parentales, ou plus simplement d'un déguisement du corps. Durant l'enfance, l'initiation à des tâches soit masculines soit féminines, le rang de naissance des enfants, marquent la personnalité des sujets.

La logique simple de ce désir d'un enfant de sexe défini répond à la notion de division sexuelle des tâches : il faut des hommes et des femmes pour les accomplir. Lorsque, dans une famille, on n'a que des enfants du même sexe, on décide d'en spécialiser un dans les tâches du sexe opposé. Ainsi, quand on n'avait que des filles, on en choisissait une ou deux à qui l'on donnait une identité sexuelle masculine en la travestissant, en lui donnant l'apparence d'un homme — ou l'inverse si on n'avait que des garçons.

Ces exemples confortent nos hypothèses concernant l'importance du désir parental. Mais il faudrait affiner ces descriptions en fonction de l'histoire réelle et fantasmatique du père et de la mère pour se représenter leur vécu et sa répercussion sur la fratrie. Frédéric racontait qu'il avait des difficultés, mais aussi beaucoup d'avantages à éduquer ses cinq filles, lui qui avait été l'aîné de quatre garçons : cet univers féminin l'étonnait à tout instant.

Gilberte est la dernière après quatre garçons et, lorsqu'elle enfanta successivement quatre vigoureux fils, elle se sentit à nouveau écrasée comme durant son enfance. L'adolescence de ses enfants la rendit dépressive et sa mère reprit les rênes de la famille, la disqualifiant encore davantage.

Elle n'émergea de cette situation que lorsque son aîné se maria : la relation complice qu'elle noua avec sa belle-fille modifia son statut au sein de sa famille. Elle fut certainement meilleure grand-mère que mère.

3

LE CHOIX DES PRÉNOMS

« Nommer, c'est agir sur celui qu'on désigne. »
Françoise ZONABEND [1]

Dans toutes les sociétés, l'individu reçoit dans les jours ou les mois qui suivent sa venue au monde un ou plusieurs noms indiquant son statut natal, son rang dans la fratrie ou sa place dans le groupe parental.

Dès les premiers jours de la grossesse, les futurs parents commencent à imaginer des prénoms et se représentent leur enfant, le visualisent. Le choix du prénom constitue la marque des parents qui nous accompagne tout au long de notre vie — mais les temps changent et les traditions s'estompent.

Dans la Bible, chaque personnage possède un seul prénom ; c'est la tradition chez les Hébreux. Chez les Égyptiens, on donne un prénom à la naissance, parfois deux, assorti ou pas d'un surnom. La filiation est ainsi indiquée. Chez les Romains, tout comme chez les Grecs, l'usage donne aussi un prénom. Le christianisme incite à choisir ceux des martyrs et le baptême consacre le prénom de l'enfant.

---

1. Françoise Zonabend : « Temps et contre-temps », in *Nom, prénom, Autrement*, n° 147 (1994).

C'est alors le seul nom en usage. L'augmentation de la population et sa mobilité vont contraindre l'Église à leur ajouter un surnom, qui se transforme peu à peu en patronyme (c'est-à-dire en nom de famille). « Le concile de Trente (1545-1553) impose définitivement son usage. Mais la fixation des patronymes ne se généralisera qu'avec le développement de l'Inquisition[1]. »

Le surnom[2] (le roux, le grand, le fort) ajouté au prénom constitue dès le XIe siècle l'origine du nom de la famille. L'état civil est créé au XVIe siècle mais la Révolution modifie la mode des prénoms : le choix se fait parmi les personnages célèbres de l'histoire, puis s'étend à d'autres domaines. Après la Révolution, les saints du calendrier reviennent à l'honneur et servent de référence.

Les noms étaient mentionnés sur des registres confiés aux paroisses, jusqu'à ce qu'une ordonnance de François Ier, en 1539, établisse les premières règles de ce qui deviendra l'état civil.

Le choix des prénoms appartient aux parents, dans les limites de la loi. Celle du 1er avril 1803 a fixé un cadre, élargi depuis par les circulaires de 1966 et de 1982. Que dit la loi ?

Outre les prénoms normalement recevables dans les strictes limites de la loi d'avril 1803, c'est-à-dire acceptant « les noms en usage dans les différents calendriers et ceux des personnages connus dans l'histoire ancienne », sont éventuellement admis[3] :

— certains prénoms tirés de la mythologie (Achille, Diane, Hercule...),

— certains noms propres, ou prénoms étrangers ou vocables pourvus d'un sens précis (Olive, Violette...),

1. Frédéric Révérend : « L'ineffable » in *Autrement*, n° 147, 1994.
2. Pierre Le Rouzic : *Un prénom pour la vie*, Albin Michel, 1978.
3. Jean-Marc de Foville : *Le Livre de nos prénoms*, Hachette, 1988.

— les prénoms composés, à condition qu'ils ne comportent pas plus de deux vocables simples.

Le champ s'élargit à certains diminutifs (Ginette pour Geneviève), certaines contractions de prénoms doubles (Marianne pour Marie-Anne), certaines variations d'orthographe (Margot ou Margaux).

Mais la loi se veut restrictive dans le dessein « d'épargner aux enfants l'attribution de prénoms fantaisistes ». Il est noté que « devraient être systématiquement rejetés les prénoms de pure fantaisie ou les vocables qui, en raison de leur nature, de leur sens ou de leur forme, ne peuvent normalement constituer des prénoms : noms de famille, de choses, d'animaux, ou de qualités, vocables utilisés comme noms ou prénoms de théâtre ou pseudonymes, vocables constituant une onomatopée ou un rappel de faits politiques ».

En fait, rares sont les cas litigieux : de nouveaux prénoms sont acceptés régulièrement, et en général le choix des parents est prudent afin de ne pas faire peser sur l'enfant un handicap.

Le prénom peut attirer l'attention sur l'enfant et le différencier du groupe, ce qui sera bénéfique ou défavorable en fonction de sa personnalité. S'appeler « Gracieuse » si l'on est très jolie, cela passe, mais si la jeune fille est laide, elle peut développer une agressivité légitime à l'égard de ses parents. Tenter d'individualiser précocement l'enfant par un prénom rare peut avoir des conséquences catastrophiques. Nos patients nous le rappellent tous les jours, se souvenant du ridicule de leur prénom, ou évoquant leur malaise, lorsqu'ils étaient repérés d'emblée par leur professeur, en classe. Un prénom inusité ou imprononçable les amenait parfois à se nommer différemment.

Nombreux sont les adultes qui choisissent un autre prénom que celui qui figure sur leur acte de naissance. Fragile secret, vite dévoilé par les amis d'enfance ou les papiers administratifs.

On change également de nom pour exprimer une originalité que l'on cherchait : le monde du spectacle en offre de nombreux exemples. Que Johnny Hallyday s'appelle banalement Jean-Philippe Smet, tout le monde le sait, mais qu'un comédien célèbre ait choisi pour nom de scène le prénom de son père ou de son fils, on peut y voir un sens différent : il prend d'une certaine façon la place du père ou du fils...

Prénoms et acculturation

Le choix du prénom apparaît comme un processus d'acculturation[1]. Claude Lévi-Strauss a publié de nombreux travaux sur l'anthroponymie[2] et a dégagé trois fonctions principales du nom de personne : la première est la fonction d'identification qui permet de différencier les individus, la deuxième classe les gens dans leurs groupes d'appartenance, la troisième est liée à la signification du nom, à son pouvoir d'évocation.

Jean-Pierre Hassoun montre, à propos des Hmong du Laos venus vivre en France, comment le choix du prénom reflète le niveau d'intégration dans la société où ils se sont établis.

Le choix peut se faire à partir d'un prénom de l'ethnie ou du pays d'origine ; il peut se modifier en fonction du souci d'adaptation par rapport à une proximité sémantique ou phonétique.

Il cite comme exemple le prénom Gonord, accepté par l'état civil, proposé par les parents à partir de « demoi-

---

1. Jean-Pierre Hassoun : « Choix du prénom et acculturation », in *Générations*, n° 3, 1995.
2. Science des noms de personnes.

selle du froid : nkanj » signifiant demoiselle et devenant Go, et « No » voulant dire froid.

La coutume qui consiste à traduire des prénoms étrangers en choisissant un prénom connu dans la nouvelle culture est un procédé d'assimilation couramment employé, même si le prénom n'est pas modifié sur l'état civil. Monica devient Monique ou Peter Pierre, car le prénom étranger interroge sur les origines, plus ou moins acceptées selon le contexte. Quand on cherche un emploi, mieux vaut proposer un prénom francisé, pour obtenir un rendez-vous...

Le prénom des parents ou des grands-parents

Certaines familles proposent plusieurs prénoms pour élargir le champ des témoignages affectifs. Le prénom est sélectionné pour sa consonance, ou parce qu'il évoque un personnage célèbre et admiré ou un ancêtre qu'on veut honorer.

Sigmund Freud raconte comment il a choisi les prénoms de ses enfants, en hommage à des personnages qu'il admirait : Mathilde pour Mathilde Breuer, Martin pour Jean-Martin Charcot, Olivier pour Oliver Cromwell, Ernst pour Ernst Brücke, Sophie pour Sophie Hammerschlag et Anna pour Anna Hammerschlag. Mais Anna était également le nom de sa sœur, qu'il n'aimait pas beaucoup.

On sait aussi que c'est lui qui choisit le prénom de son dernier frère, en accord avec son père. Alexandre Freud fut ainsi nommé en souvenir d'Alexandre le Grand par le petit Sigmund, âgé de dix ans.

Certaines traditions font usage du prénom du grand-père ou de la grand-mère, s'il (ou elle) est décédé. Dans d'autres, ce prénom est repris si l'aïeul est vivant. C'est là une façon de perpétuer l'identité de la famille.

Porter le prénom du père est un fait coutumier pour l'aîné : aux États-Unis, on le fait suivre de « junior » pour indiquer le rang généalogique. Ainsi John Kennedy a appelé son fils John Kennedy junior. En France, cette habitude existe encore, mais elle tend à se raréfier, d'autant qu'aucun adjectif ne marque la différence générationnelle, vestige du droit d'aînesse.

L'exemple suivant montre une façon peu courante de prénommer un enfant.

Pascal et Simone eurent deux fils, à quelques années d'intervalle. Ils choisirent les deux prénoms d'un commun accord. Le premier était celui d'un ancêtre, le second celui d'un saint du calendrier... Après quelques années d'harmonie, le couple se mit à battre de l'aile et Simone découvrit que son mari avait une liaison avec une certaine Élisabeth. Des disputes éclatèrent, Simone menaça de divorcer. Après trois années de relations tumultueuses, le couple parvint à un *modus vivendi*. Progressivement, les disputes cessèrent et l'équilibre revint. Le projet d'un troisième enfant se fit jour. Lorsque la petite fille naquit, Pascal et Simone décidèrent de l'appeler Élisabeth, comme la maîtresse de Pascal.

Quelques hypothèses psychologiques se dessinent là, mais le peu d'informations que nous avons sur cette histoire incite à la prudence. Le déplacement d'une situation de rivalité conjugale se porte sur une triangulation œdipienne. Pascal montre qu'il maintient dans la famille son objet fantasmatique (alors qu'il avait rompu sa liaison dans la réalité), s'interdisant ainsi d'en faire le deuil. En donnant ce prénom à sa fille, il lui donne en fait le nom que sa maîtresse aurait porté s'il l'avait épousée. Simone, en incluant sa rivale dans sa famille comme objet d'amour, témoigne de son homosexualité latente. Mais peut-être donner ce nom à son enfant est-il aussi pour elle une marque de puissance. En assignant la maîtresse de son mari dans une position filiale, elle évite le risque d'une nouvelle relation avec cette femme, qui serait vécue sur le plan fantasmatique comme une relation quasi incestueuse.

Dernière hypothèse : la relation de Pascal et Simone ressemblait plus à une relation conjugale de « type fraternel » qu'à une relation sexuée. L'objet d'amour de Pascal était partiellement accepté (même s'il y avait eu des menaces de divorce). Choisir ou accepter ce prénom peut s'interpréter ainsi : je suis comme une sœur, mais je porte l'enfant que tu aurais voulu avoir avec Élisabeth et nous la prénommons ainsi, comme si elle était Élisabeth junior.

Comment cette enfant vivra-t-elle l'histoire de son prénom ? Qu'en saura-t-elle ? Probablement rien. Et ses frères aînés ? Ce secret sera-t-il actif dans l'histoire familiale ? Une des clefs de cet épisode réside dans la compréhension de la généalogie des parents, de leurs relations avec leurs propres familles d'origine, éléments dont nous ne disposons pas.

Les enfants « de remplacement », que nous évoquerons ultérieurement, portent parfois le prénom de leur aîné décédé. Ludwig van Beethoven, Vincent Van Gogh et Salvador Dali en sont les exemples les plus célèbres et ont beaucoup souffert de cette situation.

Actuellement, il est de bon ton de se différencier de ses parents et l'on porte moins leurs prénoms ou ceux des grands-parents.

Des frères et des sœurs

Les prénoms mixtes

Dominique, Claude, Camille, autant de prénoms attribués aux garçons comme aux filles, sans modification d'orthographe : une lettre portant en en-tête « Dominique Dupond » ne dit rien du sexe de l'auteur. D'autres prénoms mixtes sont plus précis par leur orthographe, tels Daniel (ou Danielle), Rafael (ou Rafaelle), Stéphan (ou Stéphane), Ariel (ou Arielle)...

Une des interprétations psychanalytiques concernant le choix d'un prénom mixte donnerait pour signification le désir inconscient des parents d'avoir un enfant du sexe opposé, désir qui pouvait entraîner une ambivalence, voire des troubles de l'identité. Par exemple, un père rêve d'avoir un garçon et nomme sa fille Gabrielle. Celle-ci fera de son mieux pour répondre aux souhaits de son père en devenant un « garçon manqué ». Mais il faut éviter toute généralisation.

Les prénoms « originaux »

Les prénoms du calendrier des saints restent les plus souvent choisis. Même « Fêt Nat » et « Ascension » ont été attribués ! Certains prénoms moyenâgeux sont redevenus à la mode — comme Geoffroy, Astrid, Bérangère — alors que d'autres ne sont plus utilisés (Germaine, Adèle, Alphonse...) car ils font « vieillot ».

Certains parents recherchent l'originalité à tout prix et sont prêts à se battre avec l'état civil pour imposer un nom de fruit, d'objet ou un néologisme. Que penser du poids ainsi mis sur les épaules du bébé qui vient de naître ? Quel combat se cache derrière cette attitude ? Est-ce le déplacement d'un problème de couple ou bien un compte à régler avec l'histoire, l'administration, la famille ? Ce combat dure parfois des années...

Dans d'autres cas, l'originalité rappelle un épisode douloureux de l'histoire familiale et possède un sens caché : ainsi, des parents ayant attendu longtemps avant d'avoir un enfant l'appellent Désiré, Victoire, ou Bienvenu.

Des interprétations parfois troublantes transparaissent dans un contexte précis, associé à une problématique de deuil ou de réparation : René signifie *re-naît*, Sylvie *s'il vit*.

On a vu récemment apparaître des prénoms d'origine astronomique, comme Lune, Véga, Polaire... Des prénoms orientaux ou océaniens (Tao ou Maeva) sont désormais enregistrés dans les bureaux de l'état civil. Les pierres précieuses sont aussi à l'honneur : Béryl, Agate, Émeraude...

On cite le cas du prénom Kalache, diminutif de la célèbre mitraillette Kalachnikov. Dans certains pays africains, cette arme symbolise la « liberté », aussi le diminutif est-il donné à de nombreux enfants.

Des noms rendus célèbres par des personnages historiques peuvent être valorisés à une époque et décriés un peu plus tard. Il ne fait pas bon, depuis la dernière guerre, s'appeler Adolphe. Par contre, Salomé, César et Pénélope reviennent à la mode.

Il ne faut pas confondre prénoms originaux et prénoms rares (rares dans notre culture, mais coutumiers dans d'autres contrées). On assiste à une internationalisation des prénoms : le cinéma et la télévision américaine nous familiarisent avec des héros dont on reprend le nom.

Le lien avec l'origine culturelle ou ethnique de la famille est marqué : ainsi Mohammed ou Jamila évoquent un pays du Maghreb d'où seraient originaires les parents. De même Wilfried ou Gunther sont des prénoms allemands, ou Swen un prénom suédois... Les prénoms marquent généralement l'attachement aux ascendants. Toutefois, les prénoms russes ont eu beaucoup de succès en France ; Vladimir, Igor, Boris, Natacha se rencontrent souvent sans pour autant renvoyer à une généalogie russe.

Quelques prénoms sont quasiment imprononçables dans notre langue, il faut y songer...

L'influence des prénoms

Notre prénom est prononcé des millions de fois au cours de notre existence. Son influence est fonction de différents paramètres : sa sonorité d'une part, sa signification et son étymologie d'autre part. L'influence sonore est liée au nombre de syllabes, ainsi qu'au nombre de voyelles et de consonnes. Les prénoms courts, comme Franck ou Paul, laissent peu de possibilités aux variations tonales. Les prénoms longs prêtent à plus d'intonation, mais leur apprentissage dans la petite enfance est difficile et donne lieu à des contractions ou des diminutifs.

Ceux-ci sont apparus vers le XVIIIe siècle au moment où se développait le sentiment de famille. « L'usage le plus répandu du diminutif correspond à une plus grande familiarité et surtout à un besoin de s'appeler autrement que les étrangers, à souligner ainsi par une sorte de langage initiatique la solidarité des parents et des enfants et la distance qui les sépare de tous les autres[1]. »

À l'école — premier moment de la socialisation —, le prénom devient une sonorité amicale qui signe notre identité sexuelle, alors que le nom évoque le clan familial,

---

1. Philippe Ariès : *L'Enfant et la Vie familiale sous l'Ancien Régime*, Le Seuil, 1960.

sans préciser l'ordre générationnel. Dans le même temps, les enfants apprennent à s'appeler par leur nom de famille. C'est une intrusion dans l'univers adulte, un premier pas dans le monde du travail, qui s'explique aussi par le fait que l'homonymie est fréquente et fonction des modes : dans un groupe, plusieurs enfants portent fréquemment le même prénom.

Lorsque le maître fait l'appel, l'enfant rêve de se faire oublier grâce à un prénom classique, surtout quand son nom présente déjà une difficulté de prononciation.

Les prénoms doubles

Il s'agit d'une construction de deux prénoms, accolés pour des raisons diverses. Les plus courants sont Marie (Marie, Anne, Claire, Claude...) et Jean. Notons que Marie se porte parfois comme deuxième partie du prénom double chez les garçons (Jean-Marie, Louis-Marie...). Cette coutume s'est répandue à partir du XIXe siècle ; son but était d'établir un lien ancestral tout en préservant l'individualité du sujet. Cette mode diminue actuellement. Si le prénom double dépasse trois syllabes, l'enfant et la famille choisiront l'un des deux, ou trouveront un surnom.

Il arrive parfois que le couplage de deux prénoms reflète les positions parentales : les parents, ne s'étant pas mis d'accord pour choisir un prénom, en choisissent deux.

Le vrai problème des prénoms doubles est la longueur (par exemple, Maximilien-Guillaume) ou l'euphonie : le prénom le plus court sonne mieux s'il est placé avant, et des prénoms redoublant la même syllabe incitent à un surnom peu valorisant (Arnaud Noël = Nono).

On rencontre aussi des jeux de mots, plus ou moins inspirés : un psychanalyste a appelé sa fille, Anna-Lise...

Disons aussi que le prénom doit s'accorder avec le nom patronyme. Éviter les allitérations ou les cacophonies fait partie du devoir des parents.

Fratrie et prénom

Le prénom est un choix des parents, mais il arrive parfois (on l'a vu avec l'exemple de Freud) que ce rôle soit dévolu aux enfants. Souvent, les parents proposent à l'aîné, pour l'impliquer dans la grossesse en cours, de trouver le prénom du petit frère ou de la petite sœur.

Cette attitude qui part d'un bon sentiment peut aboutir à des situations difficiles à gérer pour le bébé qui va naître, car les personnages de bandes dessinées, centre de l'univers de l'enfant, servent de support à son choix : Goldorak, ou Michel Angelo, Donatello, Raffaello, Leonardo, les quatre tortues Ninja, ou Casimir et Léonard sont des prénoms dont raffolent les bambins d'aujourd'hui. Comment gérer l'agressivité éventuelle du petit Goldorak, ainsi nommé par son frère avec le consentement des parents ?

Autres difficultés dans les fratries : les duos fracassants, du genre David et Goliath, Roméo et Juliette, Jules et César, Paul et Virginie...

Le choix des prénoms appartient aussi aux mythes (ou références) familiaux, culturels, historiques. Après Mai 68, un couple appela ses deux fils Régis (comme Régis Debray) et Daniel (comme Daniel Cohn-Bendit).

Parfois l'euphonie inverse dans le langage l'ordre générationnel ; il est d'usage de prononcer Pierre et Paul, plutôt que Paul et Pierre. Comment Paul, s'il est l'aîné, ressent-il cette inversion ?

Deux cousines germaines, très liées, furent élevées ensemble. Marie se maria la première et eut deux fils qu'elle prénomma Marc et Henri. Jeannette, plus jeune que sa cousine, accoucha peu de temps après d'un enfant auquel elle donna le nom d'Henri. Quand son deuxième fils vint au monde, il reçut le prénom de Marc. D'un côté, on avait Marc et Henri, de l'autre Henri et Marc... La relation fusionnelle de ces deux cousines avait pour but d'annuler leurs différences en montrant qu'elles faisaient la même chose, ou encore qu'elles étaient pareilles et formaient une sorte de double. Ce choix venait de Jeannette, puisque les fils de sa cousine étaient déjà nés, mais on peut imaginer que cette dernière ne s'y est pas opposée. Pourquoi inverser par les prénoms le rang de la fratrie ? Une hypothèse transgénérationnelle, dans ce cas, peut être proposée : Jeannette avait une sœur aînée. Leurs relations étaient marquées par l'amour et l'ambivalence. Jeannette souffrait de l'ascendant de cette sœur et, en renversant l'ordre générationnel des enfants de sa cousine, elle marquait la possibilité de réécrire son histoire : un cadet peut devenir un aîné. Henri, le fils aîné de Jeannette, n'arriva jamais à trouver sa place dans la fratrie et fut constamment en échec professionnel. Aussi Marc devint-il par sa personnalité le véritable successeur de son frère, le fils aîné.

4

L'ENFANT UNIQUE
OU DEVENU UNIQUE

Parler de la fratrie sans évoquer la situation de l'enfant unique constituerait une lacune.

Être enfant unique représente le fantasme de nombreux enfants qui rêvent d'être l'objet d'amour exclusif de leurs parents, tout comme, à l'inverse, l'enfant unique souhaite partager ses jeux et imagine des relations fraternelles idéalisées, sans rivalité ni égalité. Mais la réalité est plus complexe : avoir des frères et des sœurs apporte des contraintes et des plaisirs.

« J'ai toujours rêvé d'avoir des frères et sœurs, disait une jeune femme, mais quand j'entends combien mes amis souffrent, l'un d'avoir un frère délinquant, l'autre une sœur intéressée par l'héritage familial, eh bien, je me dis que je n'ai rien à leur envier. Je m'ennuyais à la maison lorsque j'étais petite, mais personne ne prenait mes jouets et j'avais beaucoup de camarades. »

Pourquoi une famille n'a-t-elle qu'un seul enfant ? Est-ce un enfant unique ou devenu « unique » après un décès ?

Gaël est fils unique, mais sa mère a eu un premier bébé décédé de mort subite. Très affectée, elle a attendu trois années avant d'avoir un autre enfant.

Un jeune homme, dont la sœur était morte accidentellement, avait coutume de dire qu'il était enfant unique pour éviter de répondre à d'autres questions qui l'auraient amené à évoquer le drame. La réponse : « J'avais une sœur, mais elle est morte » suscitait des interrogations qu'il supportait mal.

Certaines familles se réjouissent d'avoir eu un enfant après des années de combat mené contre la stérilité. Le premier-né était un miracle, le deuxième n'est jamais arrivé. Dans d'autres cas, des fausses couches ont précédé ou suivi la naissance de l'enfant, ou encore l'un des parents s'est retrouvé stérile après un traitement chimiothérapique ou une complication gynécologique. Ou bien encore la rupture précoce du couple (mésentente, accident, deuil) rend impossible l'arrivée d'un second enfant.

Karine a eu son fils à l'âge de trente-quatre ans. Elle s'est séparée de son mari quatre ans après. Dès la naissance de Cyrille, les difficultés conjugales se sont aggravées. Karine a rencontré son deuxième mari à quarante ans. Elle souhaitait un deuxième enfant, mais elle n'a pas réussi à être enceinte.

L'unicité est toujours la résultante d'une histoire qu'il faut connaître. Ne pas avoir pu donner le jour à une fratrie n'est pas la même chose que le choix d'un seul enfant. Dans le premier cas, les parents accomplissent un travail de deuil vis-à-vis d'autres enfants qu'ils ne peuvent engendrer. Dans le second cas, la cellule familiale correspond à celle qu'ils avaient souhaité.

Peu de travaux ont été publiés concernant l'enfant unique, cette situation ne suscitait probablement guère d'interrogations. Daniel Marcelli propose cependant une interprétation intéressante du mythe d'Œdipe dont la légende a permis à Freud de conceptualiser la notion fondatrice de la psychanalyse.

Une des particularités d'Œdipe est d'être fils unique, fait exceptionnel dans la mythologie grecque. Ulysse serait peut-être un autre fils unique, mais on lui attribue parfois une sœur (Timéné). Œdipe est un enfant adopté :

élevé par Polybe et Mérode, il ne connaît pas ses origines. Pour Daniel Marcelli [1], « en proposant le mythe d'Œdipe, destin d'un enfant unique, ce que Sigmund Freud tue d'abord, ce n'est pas le père, c'est la fratrie. Car c'est l'émergence de la fratrie qui éveille colère, frustration et déception envers la mère, puis c'est sur la fratrie que se déploie la haine et la jalousie protégeant la figure des parents. C'est par la fratrie et à cause d'elle que Sigmund Freud découvre le chemin de l'Œdipe, mais c'est parce qu'il a une fratrie qu'il échappe au destin d'Œdipe ».

Rappelons brièvement, selon la tragédie de Sophocle *Œdipe Roi*, l'histoire du héros. Laïos, roi de Thèbes, ayant appris par un oracle qu'il serait assassiné par son fils, a décidé de faire tuer le fils qu'il avait eu de son épouse Jocaste. Celle-ci a confié l'enfant — après lui avoir mutilé les pieds — sans révéler son origine, à un berger qui l'a amené à son tour à ses maîtres : Polybe, roi de Corinthe, et sa femme Mérode. Ce couple royal, ne pouvant pas avoir de descendance, a élevé Œdipe jusqu'au jour où celui-ci, accusé par un ivrogne d'être « un enfant supposé » décide, malgré le démenti de Polybe et Mérode, de consulter l'oracle au sanctuaire d'Apollon pythien. Là, il apprend qu'il lui faudra devenir le meurtrier de son père, s'unir à sa mère, et qu'il exhibera aux yeux des hommes une postérité monstrueuse. Pour éviter que cette malédiction ne s'accomplisse, il quitte ceux qu'il croyait être ses parents. À la croisée de trois chemins, une querelle de priorité entre deux chars se termine par une violente altercation : Œdipe tue Laïos, sans savoir qu'il est son père. Il arrive devant les portes de Thèbes où il résout l'énigme de la Sphinge qui lui barrait le chemin — en

---

1. Daniel Marcelli : « Œdipe, fils unique », in *Visages de la fratrie, Adolescence*, 1993, tome 11, n° 2.

fonction de quoi les Thébains le choisissent pour roi et lui offrent la main de Jocaste. Il règne longtemps et aura avec sa mère deux filles, Antigone et Ismène, et deux garçons, Polynice et Étéocle.

Œdipe montre combien un enfant peut satisfaire sa mère et combien le désir incestueux est fondamental. Selon Marcelli, une fratrie importante protège de ces fantasmes et situe le père à son niveau générationnel : « Être fils unique représente la condition de réalisation du destin œdipien dans sa double visée verticale : ascendante et descendante. Ascendante, c'est la condition d'émergence du complexe d'Œdipe, l'unicité confirmant l'enfant dans la conviction qu'il est l'unique objet d'amour de la mère, le père devenant de ce fait l'unique rival. Descendante, c'est le contre-Œdipe parental et surtout maternel, la mère se satisfaisant totalement d'un seul enfant qui, à lui seul, comble ses désirs et ses besoins, signifiant par là même que l'époux-père occupe désormais le second rang. En revanche, la naissance d'un second enfant replace ipso facto l'époux-père au premier rang des investissements de la mère, la lignée des enfants venant en second [1]. »

Cette hypothèse est intéressante en ce qu'elle situe la fratrie comme nécessaire à une meilleure construction individuelle et propose une nouvelle lecture du mythe d'Œdipe.

La plupart des travaux concernant ce sujet décrivaient l'enfant unique comme à la limite de la pathologie : il serait égoïste, peu sociable, et ce, avec une connotation moraliste prononcée.

---

1. Daniel Marcelli : *op. cit.*

Tout en valorisant clairement la fratrie, Winnicott[1] se montre plus modéré : l'enfant unique a un environnement simplifié qui peut lui donner un équilibre, mais les compagnons de jeux lui font défaut. Aussi, il s'invente des plaisirs ludiques, fait preuve de précocité et préfère la compagnie d'adultes. Il lui manque l'expérience de la « haine » ressentie à la naissance de l'autre enfant.

Winnicott envisage de façon pragmatique la fin de vie des parents : la charge est moins lourde s'il existe plusieurs enfants ! Cependant, ces propos sur l'enfant unique, publiés il y a près de quarante ans témoignent d'une excessive simplification.

L'article de J. Burstin[2], paru en 1966, expose l'évolution de la compréhension des troubles de l'enfant et conclut à l'étroite corrélation entre les difficultés de l'enfant et « l'éclosion des attitudes réactionnelles inadéquates chez les parents, en particulier la surprotection et les conduites qui en découlent ». Les dispositions individuelles, constitutionnelles et le milieu naturel de l'enfant infléchissent ses potentialités. L'unicité n'est qu'une variable de plus dans l'histoire de l'individu. On comprend bien qu'un enfant unique élevé dans un milieu aisé avec des parents dévoués a plus de chances de réussite que celui qui souffre de la mésentente conjugale de ses parents dont l'un est alcoolique et l'autre chômeur !

À l'adolescence, les moments de révolte s'expriment chez les enfants uniques comme chez les autres, mais certains marquent une tendance au conformisme ou à la dépendance familiale. Ils restent « petits » aux yeux de leurs parents qui acceptent mal de les voir grandir.

---

1. Donald Winnicott : *L'Enfant et sa famille*, Payot, 1957.
2. J. Burstin : « Dispositions caractérielles et milieu familial dans l'évolution de l'enfant unique », in *Psychiatrie de l'enfant*, P.U.F., fasc. 2, 1966.

Notre expérience clinique nous a conduit à rencontrer des cas variés montrant une multitude d'attitudes.

Walter Toman [1], en s'appuyant sur ses travaux concernant la position fraternelle, explique que de nombreux paramètres différencient un enfant unique d'un autre, en particulier la place dans la fratrie des parents. « Par exemple, si le père est un aîné de frères, grâce à l'identification à son père, le fils unique peut prendre aussi des attitudes, des préférences d'un aîné de frères. Si sa mère est une cadette de frères, la fille unique devient un mélange d'enfant unique et de cadette de frères. Elle peut donc se montrer moins égoïste et avoir une humeur moins désagréable que telle autre fille unique. Si le parent du même sexe est lui-même un enfant unique, alors son enfant unique tend à présenter à un degré encore plus marqué les caractéristiques et le comportement social correspondant à cette position. »

Nous reprendrons plus en détail les thèses de Walter Toman dans le chapitre sur les relations fraternelles à l'âge adulte. L'hypothèse du retentissement de la fratrie sur le couple est juste, mais la connotation morale se retrouve à l'arrière-plan.

Autre concept, celui d'enfant unique « fonctionnel » qui décrit comme uniques des enfants présentant un écart d'âge important avec leurs frères ou sœurs.

On voit aussi des généalogies d'enfants uniques, mais c'est plus rare. Indira Gandhi, ancien Premier ministre de l'Inde, en est un exemple, mais elle eut un frère mort à la naissance, et qui survécut longtemps dans l'imaginaire familial. Elle devait réussir pour deux, et en étant femme.

Son père, Jawaharlal Nehru, occupa le pouvoir de 1947

---

1. Walter Toman : *Constellations fraternelles et structures familiales : leurs effets sur la personnalité et le comportement*, Éditions E.S.F, 1987.

à 1964. Son grand-père l'avait détenu avant lui. Le fils d'Indira, Rajiv Gandhi, lui succédera et finira assassiné comme elle.

« Indira Gandhi grandit relativement isolée et vécut tout d'abord dans un entourage d'adultes ; elle devint très rapidement la confidente de son père. Elle avait le sens d'une mission à accomplir et celui des responsabilités, typique de l'aîné. Comme leader, tel un enfant unique, elle était autoritaire et mena une existence plutôt solitaire, elle gardait ses projets pour elle-même. Il est intéressant de noter que son père et son grand-père paternel étaient tous deux enfants uniques (fonctionnels). Son père, Jawaharlal Nehru, était de onze ans plus âgé que son frère, et son propre père, Motilal Nehru (aussi un leader en Inde), était beaucoup plus jeune que ses frères et sœurs et avait été élevé dans le foyer de son frère aîné parce que son père mourut avant même sa naissance. La maladie de la mère de Jawaharlal ainsi que de celle d'Indira peuvent également avoir accentué l'indépendance de leur rôle comme enfant unique [1]. »

Indira Gandhi est un exemple un peu particulier d'enfant unique, car l'engagement politique et social de sa famille transcende l'histoire individuelle. La thèse d'une généalogie d'enfants uniques semble contestable ; en effet cette notion de « fonctionnel », lorsqu'il existe une grande différence d'âge, ferait entrer dans ce groupe beaucoup de frères et sœurs ! Il vaut mieux, en l'occurrence, parler de généalogie politique.

À l'âge adulte, les enfants uniques réalisent parfois leur rêve : devenir parent d'une fratrie nombreuse, mais cela n'est pas toujours facile comme en témoigne le récit de

---

1. Monica Mac Goldrick et Randy Gerson : *Génogrammes et entretiens familiaux*, Éditions E.S.F., 1985.

Sabine et Grégoire, tous deux enfants uniques. Ils ont eu quatre enfants, deux filles et deux fils, car, ayant souffert de solitude durant leur enfance, ils souhaitaient une grande famille. Les naissances ont été rapprochées, puisque l'aînée avait à peine huit ans quand la cadette est née. Chaque fois qu'éclatait une dispute entre les enfants, Sabine et Grégoire étaient paniqués : ils avaient imaginé pour leurs enfants une relation parfaite, sans heurts ni jalousie, bien éloignée de la réalité.

L'histoire d'Anne-Marie illustre le problème de l'enfant devenu unique en raison de traumatismes majeurs dans sa famille.

À cinq ans, elle ne cesse de demander à ses parents un petit frère ou une petite sœur. Martha, sa mère, paraît gênée et ne répond pas. Les années passent et Anne-Marie insiste. Martha décide de lui dire la vérité. Cinq ans avant la venue d'Anne-Marie, elle a été enceinte, mais le bébé est décédé deux jours après sa naissance. Anne-Marie éclate en sanglots, bouleversée par la confidence de sa mère. Elle commence à poser des questions : « Était-ce un garçon ou une fille ? — Un garçon. — Comment était-il ? » Sa mère répond qu'elle ne l'a pas vu car elle était souffrante après l'accouchement, et le bébé a été emmené en réanimation dans un autre hôpital. Chaque question d'Anne-Marie déclenche une émotion forte. Mais la plus pénible sera celle-ci : « Où est enterré ce petit frère ? » demande Anne-Marie. La mère bredouille, car elle ne s'en est jamais préoccupée et répond à sa fille : « C'est à l'hôpital que les médecins s'occupent de tout cela. »

Martha ne dort pas de la nuit, s'interroge et se culpabilise de ne pas avoir organisé d'obsèques pour ce nouveau-né. Quelques jours après, elle décroche le téléphone, appelle l'hôpital où elle avait accouché, dix ans auparavant, et retrouve la surveillante de la maternité, qui lui explique qu'habituellement les enfants mort-nés sont incinérés. Cette réponse va soulager Martha ; elle ne reparle pas à Anne-Marie de cet événement majeur, mais elle se sent en paix.

Il est vrai qu'elle n'avait pas pensé à donner à cet enfant une sépulture. Les conditions de l'accouchement avaient été dramatiques avec une césarienne pratiquée en urgence à la suite d'une grave hémorragie. Pendant plusieurs heures, on n'avait pas su si on allait sauver la mère et l'enfant. À son réveil, on lui avait dit qu'elle avait un petit garçon, mais qu'il était en réanimation : il était prématuré, pesait à peine un kilo et demi et n'a pas survécu.

Martha a fait ensuite deux fausses couches ; elle eut peur de ne pas garder l'enfant qu'elle porta par la suite. Quand Anne-Marie est née, elle fut accueillie comme un miracle, mais les médecins ont conseillé d'éviter toute autre grossesse qui mettrait en péril la santé de la mère.

5

JUMEAUX ET TRIPLÉS

Si les relations fraternelles ont inspiré peu de recherches, il n'en est pas de même pour les grossesses multiples. La gémellité continue de fasciner petits et grands. Des congrès réunissent des jumeaux venus réfléchir à leurs ressemblances, tandis que les spécialistes de gémellogie [1] confrontent leurs travaux dans des domaines multidisciplinaires, et les parents d'enfants multiples se regroupent en association pour échanger idées et landaus à deux places.

Une documentation abondante traite des différents aspects biologiques, génétiques, gynécologiques, psychologiques sans oublier la théologie, l'anthropologie et la littérature.

Les grands mythes fondateurs des civilisations mettent en scène des histoires de jumeaux, reflets de sentiments fraternels opposés, la symbiose et la haine. Certaines légendes font entrevoir l'amitié idéalisée, d'autres relatent des fratricides.

Ouvrons d'abord la Bible :

Jacob et Ésaü sont les enfants d'Isaac et de Rébecca et les petits-fils d'Abraham. Rébecca était stérile, mais

---

1. Terme créé en 1952 par Luigi Gedda, et désignant la science et l'étude des jumeaux.

Dieu accorda à Isaac d'avoir des enfants. Déjà, dans le ventre de leur mère, les jumeaux se bagarraient, aussi Rébecca consulta-t-elle Dieu qui lui dit qu'elle engendrerait deux enfants, à l'origine de deux peuples ; l'aîné devrait dominer l'autre.

Deux jumeaux naquirent : le premier à voir le jour — et considéré dans la Bible comme l'aîné — fut appelé Ésaü, et le second Jacob.

Jacob retenait Ésaü par le talon pour l'empêcher de sortir, et l'étymologie de son nom le souligne. Rébecca avait un faible pour Jacob, qui menait une vie paisible, alors qu'Ésaü préférait la chasse. Leur rivalité aurait été en partie induite par la mère.

Un jour, Ésaü rentra de la chasse affamé, alors que Jacob cuisinait. Ésaü céda à Jacob son droit d'aînesse contre un plat de lentilles. Dans le récit biblique, Ésaü mérita sa déchéance, car il avait sacrifié l'héritage spirituel de ses ancêtres pour un plaisir oral.

Un peu plus tard Jacob obtint, avec la complicité de sa mère, la bénédiction paternelle réservée à l'aîné. Avec l'âge, Isaac, devenu aveugle, voulut faire les promesses rituelles à son fils aîné, mais Ésaü était absent de la maison. Les deux frères ne se ressemblaient guère (d'où l'hypothèse de faux jumeaux), Ésaü étant très velu et Jacob plutôt imberbe. Rébecca recouvrit de poils de bête les mains et les bras de Jacob et l'habilla des habits de son frère. Isaac avait demandé qu'Ésaü lui apportât un produit de sa chasse et Rébecca fit préparer des chevreaux comme les aimait Isaac qui ne s'aperçut pas de la supercherie et bénit Jacob.

Jacob dut fuir la colère d'Ésaü, dépossédé. Il alla chez son oncle, Laban, frère de Rébecca. En chemin, il fit le fameux songe de « l'échelle de Jacob », renouvelant les Promesses entendues par ses pères.

Jacob tomba amoureux de sa cousine Rachel, fille de

Laban. Pour obtenir la main de Rachel, il lui fallut sept années de labeur équivalant à la dot.

Le jour du mariage arriva. Rachel était voilée comme le voulait la coutume, mais, au matin, Jacob se rendit compte que la femme qui partageait sa couche n'était autre que Léa, la sœur aînée de Rachel. Laban avait ordonné l'échange, car la tradition voulait qu'on mariât l'aînée avant la cadette.

Toujours amoureux de Rachel, Jacob proposa à nouveau sept années de travail pour l'épouser. Toutefois, de son mariage avec Léa il eut sept enfants (six fils et une fille).

Notons au passage que Ruben, le fils aîné, profana le lit paternel en couchant avec Biha, la première concubine de son père, ce qui attira sur lui sa malédiction et la perte de son droit d'aînesse.

Jacob eut deux fils de Biha, la servante de Rachel, et deux autres fils d'une autre concubine, Zilpa, la servante de Léa. Enfin Rachel, longtemps stérile, engendra Joseph et, juste avant sa mort, Benjamin, le douzième fils de Jacob.

Encore une fois, ce sont les parents qui exacerbent les sentiments fraternels en montrant de façon exagérée leur préférence, comme dans l'histoire de Joseph vendu par ses frères, autre exemple de jalousie et de haine fraternelle.

Mais revenons à Jacob, qui avait fui son frère, Ésaü, pendant vingt ans. La réconciliation semblait difficile, mais Jacob était intelligent et usa de la prière : « Dieu de mon père Abraham, Dieu de mon père Isaac, délivre-moi de la main de mon frère. » Ésaü fit alors la paix avec Jacob.

Plusieurs récits des mythologies grecque et romaine témoignent également de l'ambivalence fraternelle.

La légende des Dioscures — Castor et Pollux — est étonnante, car ces jumeaux[1] seraient nés de deux pères différents : leur mère à tous deux est Léda, mais Castor avait pour père Tyndare et Pollux serait l'enfant de Zeus. Cette fécondation par deux pères différents est exceptionnelle, mais possible : on l'appelle « superfécondation[2] ». Castor et Pollux sont inséparables et participent à de nombreux exploits. Leur dernier combat les opposa à un autre couple de jumeaux, leurs cousins. Castor fut tué, et Pollux ne pouvant accepter l'immortalité sans son frère, Zeus leur permit de demeurer chacun un jour sur deux parmi les dieux ou, selon une autre version, les plaça ensemble dans la constellation des gémeaux.

D'autres jumeaux sont au contraire symboles de haine et de violence, tels Atrée et Thyeste, ou Protéos et Acrisios, dont la rivalité est moins sanglante, mais manifeste.

Rome est symbolisée par l'image de la louve allaitant deux bébés, image idéalisée de la gémellité effaçant la violence fraternelle du mythe.

Cette légende situe la naissance des jumeaux Romulus et Rémus vers le milieu du VIIIᵉ siècle avant J.-C. Le dieu Mars aurait mis enceinte Rhea Silvia (ou Ilia), une vestale, fille du roi Numitor détrôné par son frère Amulius. L'oncle de Rhea, s'apercevant de sa grossesse, l'emprisonna.

Peu après leur naissance, les enfants furent déposés dans une corbeille sur les bords du Tibre, au pied du Palatin. Une louve les nourrit de son lait. Un berger du roi, Faustulus, les éleva ensuite au sein de sa famille.

---

1. En fait, Castor et Pollux avaient deux sœurs, Hélène et Clytemnestre, et seraient donc des quadruplés.
2. Jean-Claude Pons et René Frydman : *Les Jumeaux*, « Que sais-je », édition P.U.F., 1994.

Un jour, lors d'une bagarre, Rémus fut fait prisonnier. Faustulus ayant révélé à Romulus le secret de sa naissance, celui-ci partit à la recherche de son frère, retenu dans le palais d'Amulius, le délivra, tua Amulius et redonna alors le pouvoir à son grand-père Numitor.

Romulus et Rémus partirent fonder une ville et choisirent l'endroit où la louve les avait trouvés. Comme ils ne connaissaient pas bien l'emplacement du lieu, ils décidèrent d'interroger le ciel, car ils avaient deux projets différents. Romulus gagna et traça une enceinte pour fixer les limites de la ville. Rémus franchit le sillon, ce qui représentait un véritable sacrilège aux yeux de Romulus, qui le tua. Romulus aurait ensuite songé à se tuer de désespoir... Il se contenta d'enterrer son frère sur l'Aventin et régna trente-trois ans sur Rome, s'éteignant à l'âge de cinquante-quatre ans.

Cette histoire se termine mal, mais n'oublions pas qu'elle avait commencé dans un contexte de violence familiale. Le fratricide n'est pas l'exclusivité des jumeaux, il se retrouve aussi dans de nombreux mythes fondateurs tels ceux de Caïn et Abel, Isis et Seth...

Toutes ces légendes symbolisent la rivalité et, à travers elle, la lutte pour le pouvoir, mais il s'agit toujours de couples de garçons : la souveraineté reste l'apanage des hommes.

De Plaute à Giraudoux en passant par Molière, la littérature abonde en récits mettant en scène des jumeaux. Une autre histoire est née de l'imagination, mais aussi de la généalogie, du dessinateur Hergé.

Les deux jumeaux Dupont et Dupond — célèbres détectives des histoires de Tintin — sont présents dans l'ensemble de ses ouvrages, au même titre que Milou, le capitaine Haddock et le professeur Tournesol.

Ils se ressemblent comme deux gouttes d'eau : chapeau

melon et parapluie sont leurs ornements principaux, et leurs vêtements sont similaires. Seule l'orthographe de leur nom les distingue sur le papier : les Dupond et Dupont ont une lettre de différence, ce qui est incompatible avec l'état civil des jumeaux. Cette particularité a conduit Serge Tisseron[1] à s'interroger sur la filiation d'Hergé.

Les Dupond(t) ont certainement été imaginés par Hergé en référence à son père et à son oncle, de vrais jumeaux qui cultivèrent leur ressemblance.

Les Dupond(t), personnages caricaturaux, incarnent la bêtise. Enquêteurs ratés, ils arrivent toujours en retard, se font piéger et sont manifestement incompétents. Leurs attitudes, leur souci de ressemblance, leurs tics verbaux : « Je dirais même plus », provoquent le rire du lecteur. Un clin d'œil est donné par le dessin de leurs moustaches, seule distinction physique : l'une est tournée discrètement vers le haut et l'autre vers le bas.

Il ne fait aucun doute aujourd'hui qu'Hergé a puisé dans son histoire familiale pour créer ses personnages. Serge Tisseron[2] émet une hypothèse osée, mais remarquablement étayée : les Dupond et Dupont seraient porteurs du secret de famille d'Hergé. Les jumeaux Alexis et Léon Rémi, c'est-à-dire l'oncle et le père d'Hergé (R.G. initiales de George Rémi devenu Hergé), auraient eu pour père un noble et non pas M. Rémi, qui les a reconnus.

Leur mère, Marie Dewigne, travaillait chez la baronne de Dutreel, qui offrit à Léon et à Alexis de beaux habits jusqu'à ce qu'ils aient quatorze ans. Cette baronne avait œuvré pour que Marie Dewigne épouse l'ouvrier Rémi,

---

1. Serge Tisseron : *Tintin et les Secrets de famille*, Librairie Seguier, 1990.
2. Serge Tisseron : *Tintin chez le psychanalyste*, Éditions Aubier, 1995.

qui, ignorant du secret de leurs origines, donna son nom aux jumeaux. « On ne vous dira pas qui était votre grand-père, cela vous tournerait la tête [1]. »

La démonstration de Serge Tisseron est passionnante et il interprète de nombreux passages de l'œuvre d'Hergé qu'il connaît bien, pour étayer ce « drame familial » et développer la notion de secret de famille. Notons que les deux jumeaux inspirés par l'oncle et le père d'Hergé sont bien avancés en âge ; ils ont une génération de différence avec Tintin, éternel adolescent.

Mais revenons aux origines de la gémellité.

Les jumeaux monozygotes, ou « vrais jumeaux », proviennent d'un seul ovocyte fécondé par un seul spermatozoïde. Cet œuf se scinde par accident en deux embryons de même patrimoine génétique.

Les jumeaux dizygotes, ou « faux jumeaux », sont issus de deux ovocytes différents, provenant d'une double ovulation, fécondés par deux spermatozoïdes différents. Les faux jumeaux ne se ressemblent pas plus que des frères et sœurs, et c'est parmi eux que l'on retrouve les couples fille-garçon.

Les enfants nés de grossesses multiples peuvent provenir d'une polyovulation ou de la scission d'un œuf : ils sont « vrais » ou « faux » triplés, quadruplés, quintuplés...

On se souvient de la naissance au Canada, en 1934, des sœurs Dionne, des quintuplées [2]. Dans ce cas, l'œuf initial se serait scindé en deux, puis l'une des divisions se serait à nouveau partagée : ces cinq filles proviendraient de trois niveaux de fission cellulaire. Les sœurs Dionne fascinèrent l'opinion publique et participèrent à de multi-

---

1. Thierry Smolderen et Pierre Sterckx : *Hergé, biographie*, Casterman, 1988.
2. Frédéric Lepage : *Les Jumeaux*, Robert Laffont, 1980.

ples campagnes publicitaires vantant les marques de langes ou d'aliments pour bébé. Véritables phénomènes de foire, elles furent utilisées comme des objets médiatiques, ce qu'elles vécurent de façon très douloureuse.

L'épidémiologie des deux types de grossesses gémellaires est différente :

— la fréquence des grossesses gémellaires dizygotes serait de une sur quatre-vingts. Les faux jumeaux sont trois fois plus nombreux que les vrais. De multiples facteurs influencent ces grossesses : l'hérédité, l'origine ethnique, les facteurs saisonniers et nutritionnels, l'âge parental et les traitements de la stérilité ;

— les grossesses monozygotes sont de fréquence stable et peu influencées par les facteurs énoncés précédemment. L'ovulation tardive prédispose à la survenue d'une grossesse monozygote.

Les grossesses multiples sont encore plus rares : on retrouve des triplés dans un cas sur sept mille environ ; des quadruplés une fois sur sept cent mille ; les quintuplés et les sextuplés sont exceptionnels. Un cas de sextuplés s'est produit en France, en 1989, et, bien entendu, a fait la une des médias.

Les grossesses gémellaires inquiètent, car elles présentent différents risques repérés par les obstétriciens[1]. La prématurité concerne environ 50 % de ces accouchements et est à l'origine de décès précoces ou de handicaps. Le retard de croissance intra-utérin aboutit à un faible poids de naissance, responsable de complications. Les mères souffrent trois fois plus d'hypertension artérielle que lors des grossesses uniques. Mais d'autres risques plus spécifiques ont été décrits et auront des retentissements psychologiques, tel le syndrome transfuseur-

---

1. Jean-Claude Pons et René Frydman, *op. cit.*

transfusé. Cette complication peut être due à une compétition entre les deux territoires placentaires et à une mauvaise communication entre les vaisseaux sanguins des
deux fœtus. Durant la grossesse, le transfuseur peut mourir, mais cette situation peut aussi donner à la naissance
un bébé gros et rouge, l'autre étant pâle et anémié. On
imagine alors aisément les sentiments des parents :
« Déjà, à la naissance, il avait tout pris à son frère » ou,
au contraire : « Pas étonnant qu'il soit si peu doué, lorsqu'on se souvient de lui bébé. »

D'autres complications spécifiques retentiront toute la
vie, telles les malformations ou la mort d'un des jumeaux.
Les risques médicaux et psychologiques pour celui ou
celle qui survit sont importants.

L'accouchement gémellaire, considéré par les gynécologues comme à haut risque, nécessite un encadrement
médical. Souvent, les nouveau-nés sont placés en unité
intensive et séparés de leur mère. Les difficultés, on le
devine, sont encore plus importantes pour les triplés ou
autres grossesses multiples. L'accouchement par césarienne est alors systématique. Si les sœurs Dionne survécurent, dans un tiers des cas de grossesses de quintuplés,
les complications aboutissent à la mort. Les bébés issus
de grossesse multiple supérieure à cinq ne survivent
qu'exceptionnellement ; ces grossesses sont d'ailleurs tellement rares qu'elles sont répertoriées nominativement
dans la littérature scientifique mondiale.

Les grossesses multiples représentent un risque vital
pour la mère et pour les fœtus. Aussi existe-t-il aujour-
d'hui, grâce aux techniques modernes, une possibilité de
réduire les embryons, car l'échographie permet d'en
connaître le nombre exact.

La réduction embryonnaire consiste en la suppression
d'un ou plusieurs embryons au cours du premier trimes-
tre de la grossesse de quadruplés, ou plus, pour permettre
à ceux qui restent de mieux se développer et diminuer

ainsi les risques énoncés précédemment. Mais cet acte n'est pas anodin. Sur le plan médical, il peut entraîner des fausses couches et, sur le plan psychologique, il faut gérer cet avortement thérapeutique partiel. Comment l'accepter lorsqu'il s'agit de patientes traitées pour stérilité ? Et si cet acte entraîne l'arrêt de la grossesse ? Les parents raconteront-ils un jour aux enfants nés le début de leur histoire ? Comment les fantasmes de jumeau mort qui ne manqueront pas d'apparaître dans certaines situations s'élaboreront-ils ? Il ne faut pas banaliser cet acte, si nécessaire soit-il, et apprécier son retentissement psychologique sur la famille ultérieurement.

Ainsi, dès la naissance, des différences importantes apparaissent, alors que le terme de jumeaux évoque l'idée du semblable, du miroir.

En fait, la grande aventure gémellaire consiste à permettre à des individus de se forger leurs propres personnalités.

Définir l'aîné a moins d'importance qu'auparavant, car les privilèges liés au rang ont disparu dans notre société, mais cette question intéresse encore certains parents. Dans le droit romain, le premier enfant qui voit le jour est considéré comme le cadet, car il aurait été conçu après l'autre, alors que les Anglo-Saxons pensent que le premier-né est l'aîné. En cas de naissances multiples, la définition du rang se révèle plus compliquée, et c'est l'ordre inscrit par l'état civil qui fixe la place de chacun.

On s'aperçoit que le jumeau, qui cumule le double handicap d'être de faible poids et considéré comme le cadet, risque d'être dominé par l'autre.

L'arrivée de jumeaux, et plus encore de triplés, modifie radicalement l'équilibre familial, ce qui amène à nommer parfois ces familles « gémellaires ». Un ou plusieurs enfants peuvent précéder la venue des jumeaux ou des triplés, et on imagine facilement la révolution qui se produit alors. Toutes les familles s'accordent à dire que les premières années sont difficiles : le regard du voisinage, sans doute admiratif, sous-estime l'ampleur des tâches quotidiennes — six tétées ou biberons par jour et par enfant, agrémentés de pleurs des bambins insatisfaits qui attendent leur tour.

Une mère de quadruplés expliquait : « Quatre enfants égalent seize heures de maternage par jour, c'est-à-dire vingt-quatre biberons à préparer, à donner... Et vingt-quatre changes par jour représentent près de huit cents couches par mois. Financièrement, c'est un gouffre. »

C'est pourquoi l'annonce d'une grossesse multiple n'est pas toujours bien acceptée.

Rafaelle raconte comment elle a eu « trois enfants en deux ans ». La formule utilisée montre aujourd'hui un certain recul par rapport à cette situation, car l'aînée, Carole, a douze ans et les jumeaux Alban et Claire onze ans. Mais les premières années furent terribles. Fatiguée par la césarienne, la mère n'arrivait pas à faire face et se sentait seule. Elle avait cessé de travailler pour s'occuper des enfants, et son mari voyageait souvent pour son travail. Leurs conditions matérielles étaient précaires ; ils n'avaient pas pu déménager et les trois enfants dormaient dans la même chambre et se réveillaient fréquemment. « J'avais le sentiment de ne profiter d'aucun de mes enfants, car les repas et les changes prenaient tout mon temps. J'étais inquiète, car les jumeaux étaient petits et fragiles. Je ne compte plus les rhinopharyngites, les toux la nuit... Avec le recul, je me rends compte que j'étais déprimée. Ma mère venait de temps en temps m'aider, mais elle me critiquait plus qu'elle ne me soutenait, et j'étais encore plus mal après. Nous ne sortions plus. J'étais trop fatiguée pour inviter. Je ne voyais plus personne. J'ai émergé lorsque Claire et Alban sont entrés au cours préparatoire. À partir de cet instant-là, j'ai vraiment profité de mes enfants. »

Les mères décrivent bien le sentiment d'affolement qu'elles ressentent devant l'ampleur des tâches matérielles et le peu de moments de plaisir ou de jeux qui leur reste. Les sollicitations des enfants sont telles que leur mère éprouve une frustration et une réelle souffrance à leur égard, car elle a l'impression de ne pas bien faire ou de ne pas faire assez.

Une mère de quadruplés racontait comment elle avait réussi à trouver quatre « marraines » pour ses enfants, de façon à leur offrir un lien privilégié qu'elle ne pouvait leur assurer. « Mais c'était terrible, car j'étais jalouse de ces marraines qui avaient ce que je rêvais d'avoir : un moment d'intimité avec chaque enfant. »

Le choix du prénom des jumeaux montre encore la tendance à souligner la ressemblance par des consonances euphoniques comme Marianne et Viviane ou, comme l'écrit René Zazzo[1], des prénoms composés inversés Marie-Louise et Louise-Marie ou encore les jumeaux, Victor et Hugo.

Michel Tournier appelle les héros de son roman, *Les Météores*, Jean et Paul d'où la contraction « Jean-Paul ». « Ils s'ébrouent, et les deux visages répondant différemment à l'appel de la vie extérieure deviennent ceux de deux frères, celui de Paul, sûr de lui, volontaire, impérieux, celui de Jean, inquiet, ouvert, curieux.

« Jean-Paul se dresse sur son séant et dit : "J'ai faim." C'est Paul qui a parlé, mais Jean, tapi derrière lui, tendu

---

1. René Zazzo : *Le Paradoxe des jumeaux*, Stock/Laurence Pernoud, 1992.

comme lui vers Maria-Barbara, a accompagné cet appel lancé ainsi conjointement[1]. »

Le jumelage des prénoms, explique René Zazzo, se retrouve deux fois sur dix, « mais beaucoup plus fréquent, et sans doute plus lourd de conséquences, est l'accoutrement identique des jumeaux. Les jumeaux sont habillés pareils dans la proportion de 98 % jusqu'à quatre ans, de 93 % à onze-treize ans. On en comptait encore 34 % à l'âge adulte, alors que dans ces effectifs figurait une proportion notable de gens mariés[2] ! » Et il ajoute : « Même chez les jumeaux bisexués, 50 % portent des vêtements semblables jusque vers sept ans. »

En fait, cette attitude peut s'inverser. Tout comme certains parents « gémellisent » à outrance, d'autres « dégémellisent » au maximum et préfèrent distinguer leurs enfants. La psychologie moderne insiste beaucoup pour que l'on donne le plus tôt possible à chaque enfant des signes distinctifs, car accentuer les ressemblances augmente les difficultés d'identification.

Mais il ne faut pas oublier que les enfants aiment parfois entretenir la confusion et cultiver leur ressemblance. Jacques et Marc racontaient avec malice comment ils se faisaient passer l'un pour l'autre à l'école en échangeant leurs habits à l'heure du déjeuner. Ils accentuaient les détails marquants comme le port de bretelles rouges ou un foulard bariolé, que les professeurs prenaient comme repères le matin lorsqu'ils les voyaient arriver.

Les jumeaux développent entre eux un langage spécifique appelé la « cryptophasie ». Michel Tournier, qui avait lu les travaux de René Zazzo, en parle dans *Les Météores* : « L'un des plus beaux fleurons de notre "monstruosité" c'était à coup sûr cette cryptophasie, l'éolien, ce jargon impénétrable, qui nous permettait de nous entre-

---

1. Michel Tournier : *Les Météores*, Gallimard, 1975.
2. René Zazzo : *op. cit.*

tenir des heures sans que les témoins pussent percer le sens de nos paroles. La cryptophasie que créent entre eux la plupart des vrais jumeaux constitue certes une force et un motif de fierté pour eux vis-à-vis des sans-pareil. Mais cet avantage se paie lourdement dans la majorité des cas, puisqu'il apparaît clairement que ce jargon gémellaire se développe aux dépens du langage normal et donc de l'intelligence sociale[1]. »

Ce langage, Michel Tournier le décrit fort bien et le surnomme de façon poétique l'« éolien » : « La langue gémellaire — tout entière commandée et structurée par la gémellité — ne peut être assimilée à une langue singulière. Ce faisant, on néglige l'essentiel pour ne retenir que l'accident. Or dans l'éolien, l'accident c'est le mot, l'essentiel, c'est le silence. Voilà ce qui fait d'une langue gémellaire un phénomène absolument incomparable à toute autre formation linguistique[2]. »

L'Italien Luigi Gedda, qui a créé le terme de gémellogie, a ouvert le champ des recherches psychologiques sur les jumeaux, dont une des particularités réside dans son interaction, que René Zazzo appelle l'« effet de couple ». Il montre que les jumeaux, en dépit d'un même patrimoine génétique et malgré un environnement similaire, présentent des dissemblances. Il reprend et développe les travaux de Dorothy Burlingham, puis de Helmut von Bracken « qui considèrent dans la vie du couple gémellaire deux grandes fonctions : d'une part, la direction des affaires privées et d'autre part, la représentation du couple auprès d'autrui[3] ».

Ainsi les rôles de ministre des Affaires extérieures et

1. Michel Tournier : *op. cit.*, p. 180.
2. *Ibid*, p. 181.
3. René Zazzo : *op. cit.*

de ministre de l'Intérieur sont attribués dès la naissance et le rapport de dominance s'établit. Il peut toutefois varier au cours des ans. Dans le cas de couples de sexe différent, c'est la fille qui domine le plus souvent en assumant les deux ministères. Les critères de dominance varient selon le sexe : la force physique est un facteur de domination chez les garçons, alors que les filles rivalisent par la réussite scolaire.

René Zazzo élabore une nouvelle méthode qu'il désigne comme « méthode du couple gémellaire qui vise à mettre en évidence les effets de couple. La loi du couple est d'organiser les rôles des partenaires et donc de les différencier. [...] Tout couple est structuré et structurant [1] ».

Il énonce ainsi les deux idées fondamentales de ses recherches : « Les jumeaux sont des couples excessifs et non d'exception, l'individuation des jumeaux est un paradoxe puisqu'elle s'affirme en dépit des pouvoirs de l'hérédité [2]. »

Un des sujets, jusque-là tabou, auquel s'est intéressé René Zazzo est la sexualité des jumeaux.

L'attitude parentale montre que de nombreux jumeaux partagent durant de longues années le même lit, même à l'adolescence. Il s'agit aussi bien de jumeaux de même sexe que de sexe opposé. Nombreux sont les témoignages recueillis évoquant leurs jeux érotiques. On peut penser que la situation gémellaire favorise pour ces raisons l'expression de tendances homosexuelles, latentes en général à l'adolescence. La sexualité entre jumeaux représente la relation endogamique parfaite, et c'est probablement pour cela que le taux de célibataires est plus

1. René Zazzo : *op. cit.*, p. 28.
2. *Ibid.*, p. 44.

élevé chez les jumeaux. Gedda explique qu'établir une relation conjugale avec un partenaire extérieur à sa famille est un test de personnalité témoignant pour le jumeau de son unicité psychique, de son autonomie. L'arrivée d'un beau-frère ou d'une belle-sœur brise le couple gémellaire et déclenche fréquemment de fortes tensions et une jalousie féroce.

Concernant les relations incestueuses entre jumeaux, René Zazzo précise quelques points :

« — En dépit d'une asymétrie presque toujours constatée, les partenaires expriment, à quelques nuances près, une même modalité affective. [...]

— Les modalités sont grosso modo de trois sortes. [...] Le simple plaisir physique, un sentiment de tendresse accompagnant le plaisir mais qui n'accepte pas de s'identifier à l'amour, enfin l'attirance amoureuse, plus ou moins ouvertement avouée.

— Le sentiment de culpabilité paraît nul ou faible dans le cas du simple plaisir et à son maximum pour l'attirance amoureuse [1]. »

Le partage fréquent du même partenaire, au courant ou non de l'identité du jumeau ou de la jumelle, appartient à un raccourci incestueux, soit à un inceste de deuxième type décrit par Françoise Héritier [2] ou à un jeu défensif par rapport à l'émergence d'un désir incestueux. Une illustration nous en est fournie par le remarquable film *Faux-semblants* réalisé en 1988 par David Cronenberg, et dans lequel Jeremy Irons interprète les rôles d'Elliot et Beverly Mantle, deux jumeaux gynécologues qui partagent le même appartement, la même clinique et les mêmes femmes. Malgré leurs personnalités diffé-

---

1. René Zazzo : *op. cit.*, p. 192.
2. *Op. cit.* Cf. chapitre 7 : « L'amour excessif et les relations incestueuses ».

rentes, ils ne peuvent vivre séparés et se retrouveront unis dans la mort.

La sexualité des jumeaux n'a d'ailleurs pas fini d'interroger les cliniciens, les cinéastes, les romanciers ou les journalistes.

Frédéric Lepage[1] explique l'importance du célibat chez les jumeaux par la richesse du système clos ainsi créé. Le bonheur gémellaire dans sa plénitude se suffirait à lui-même. La qualité et la densité des échanges affectifs rendent superflue la recherche d'échanges extérieurs. Il cite Michel Tournier dans un autre roman, *Le Vent Paraclet* : « Y a-t-il une sexualité proprement gémellaire ? Sans doute, mais il faut se garder de l'interpréter en termes singuliers. [...] L'inceste et l'homosexualité constituent pour ces jumeaux, non leur état gémellaire naturel, mais les premières concessions au monde singulier et des étapes vers la sexualité mixte, c'est-à-dire l'exogamie et l'hétérosexualité... »

Trouver un partenaire permet de se dégager du lien gémellaire trop exclusif, mais modifie définitivement le duo, et le retentissement sur le jumeau resté seul n'est pas évident : dépression, recrudescence de jalousie. La culpabilité, source de changements, comme le raconte Victoria, amène à des réaménagements : « Avant de me marier avec Fabrice, j'habitais avec ma sœur jumelle, Magalie, chez notre père, car notre mère était décédée depuis fort longtemps. Deux ans après, notre père a été emporté par une crise cardiaque. Magalie ne supportait plus de rester seule dans ce grand pavillon de banlieue, alors que mon époux et moi vivions en centre ville. Nous avons longuement réfléchi et pris la décision de déménager. Fabrice a été d'accord avec moi : nous avons choisi

1. Frédéric Lepage : *Les Jumeaux*, Robert Laffont, 1980.

93

un appartement plus grand et Magalie est venue vivre avec nous. Cela fait jaser, mais tant pis. Nous avons trouvé ainsi un nouvel équilibre. »

La séparation, c'est aussi la mort d'un des jumeaux. Tout ce que nous avons pu écrire sur le décès d'un frère ou d'une sœur est ici amplifié par le fait de perdre un double.

Charles Perrault naquit en 1628 et ses contes, *Barbe Bleue*, *Cendrillon*, *Le Petit Poucet* ou *Riquet à la houppe*, restent des histoires qu'on raconte aux enfants de génération en génération. Il était le cadet de cinq garçons et son frère jumeau, François, mourut à l'âge de six mois. Charles l'avait à peine connu, mais cette gémellité le marqua à tout jamais. Pas moins de neuf contes contiennent au moins une mention de gémellité et la position dans la fratrie reflète la vie de Perrault. Les aînés sont largement favorisés et les cadets méprisés, alors même qu'ils ont toutes les qualités.

Un an avant sa mort, à l'âge de soixante-quatorze ans, Perrault éprouva le besoin de mentionner sa gémellité à peine vécue dans ses *Mémoires* : « Je suis né le douzième janvier 1628, et né jumeau. Celui qui vint au monde quelques heures avant moi fut prénommé François et mourut six mois après. »

Frédéric Lepage conclut : « Dans le cas de Perrault, comme dans d'autres, il est probable que les parents érigèrent le jumeau disparu en modèle pour le survivant, en ravivèrent sans cesse le souvenir et la présence. Le jumeau mort devint ainsi une référence constante, idéalisée et inaccessible pour son double et concurrent naturel en qui se creusa peu à peu l'empreinte d'un manque. Ainsi le vide peut-il prendre vie [1]. »

---

1. Frédéric Lepage : *op. cit.*, p. 75.

L'augmentation des grossesses multiples est récente et liée aux traitements de la stérilité. Ces éléments expliquent le peu d'études sur le sujet. Les témoignages des parents sont toutefois concordants. Tous soulignent l'extraordinaire prouesse physique nécessaire aux soins durant les premières années : il s'agit d'un véritable « travail à la chaîne » et les enfants se débrouilleront très vite pour se laver, s'habiller et acquérir une autonomie minimale.

Cette précocité motrice n'est pas toujours en accord avec le développement psychique, car malgré la sollicitude parentale il y a un déficit d'attention individuelle, et pas d'aîné pour se substituer aux parents, comme cela se fait automatiquement dans les familles nombreuses où les naissances se sont succédé.

La prématurité, on l'a vu, entraîne des soins plus importants et, comme le racontait une mère de sextuplés : « Les maladies infantiles, c'est par six. C'est une horreur. »

Dans les familles nombreuses classiques, l'écart d'âge permet une répartition des tâches et les enfants ont été désirés — c'est du moins ce qu'imaginent les parents d'enfants multiples, eux qui ont vu arriver quatre ou cinq enfants le même jour et sont passés sans transition du couple à une grande famille. Ces parents expriment leur amertume de ne pas avoir pu choisir cette situation et une pointe de culpabilité transparaît chez les mères. Enfin, la question : « Ai-je été désiré ? » que chaque individu se pose à un moment de sa vie résonne ici différemment.

La vie matérielle est difficile à organiser, les soucis financiers multipliés. Dans les familles où les enfants ont des écarts d'âge, les vêtements servent souvent plusieurs fois. Même si ce n'est pas toujours bien accepté, manteaux, pulls et jeans passent de l'aîné au cadet. Lorsqu'on a des quintuplés, tout est multiplié par cinq au même moment. Impossible de temporiser l'achat d'un vélo en disant : « Tu en auras un comme ton frère à son âge. » C'est cinq vélos d'un coup qu'il faut acheter sous peine de déclencher la jalousie, présente et renforcée par le partage obligatoire, systématique de tout, tout le temps...

Les liens sont toutefois très forts, mais les alliances sont souples et fluctuent alors que les jumeaux forment un couple. Ici, il s'agit de clan avec une solidarité maximum vis-à-vis du monde extérieur.

Les enfants racontent comment ils s'entendent avec l'un pour les sports, avec l'autre pour faire des bêtises... et les parents soupirent : « On réfléchit davantage, car chaque décision est amplifiée par le nombre. On n'a pas le droit de se tromper... »

Avoir plusieurs enfants d'un seul coup est assurément un non-choix le plus souvent remarquablement assumé tant par les enfants que par les parents.

6

DE LA JALOUSIE À LA HAINE

> « *La maladie de Paul se compliquait de crois-*
> *sance. [...] Il ne tenait plus debout. Ses jambes*
> *neuves le portaient mal. Élisabeth, profondément*
> *vexée parce qu'il la dépassait d'une bonne demi-*
> *tête, se vengeait par une conduite de sainte. [...]*
> *Paul parait instinctivement la botte. L'attitude*
> *nouvelle de sa sœur l'avait déconcerté tout*
> *d'abord. Maintenant il souhaitait la battre ; mais*
> *les règles du duel qu'ils menaient depuis sa nais-*
> *sance l'instruisirent sur l'attitude opportune. [...]*
> *Cette fois encore, ils innovèrent une lutte, une lutte*
> *sublime, et l'équilibre se trouva rétabli.* »
>
> Jean COCTEAU
> *Les Enfants terribles*

Jalousie et rivalité

La jalousie est le premier mouvement émotionnel
repérable dans la petite enfance. Les théories psychanalytiques la représentent comme un déplacement du conflit
œdipien. Mais certains auteurs distinguent le « fraternel » du « parental », car ils pensent que le déplacement
sur la rivalité œdipienne est réducteur et qu'il est nécessaire de laisser une place plus importante à la dimen-
sion fraternelle.

« L'expérience psychanalytique vérifie régulièrement la

validité de l'interprétation qui ramène la problématique fraternelle au complexe d'Œdipe par le biais d'un simple déplacement du père au frère, de la mère à la sœur, mais elle montre, non moins régulièrement, que la structure œdipienne est tributaire des conjonctures originales de l'expérience infantile dans ses aspects subjectifs et inter-subjectifs fort divers », pense Bernard Brusset, qui ajoute : « Le frère ou la sœur exerce une action sur soi d'autant plus forte que malaisément repérable en tant que telle, mêlée qu'elle est des projections et des phéno-mènes d'identité partagée dans la labilité et l'interchan-geabilité des identifications [1]. »

C'est une chose compliquée que la jalousie, et qu'on ne peut cependant occulter ; elle fait partie de nous, même lorsqu'elle est fortement refoulée, déplacée, sublimée, intellectualisée.

Dès les premiers moments de sa vie, le nouveau-né ressent des émotions. Sa mère, en le nourrissant, déclen-che la satisfaction et le plaisir. Au contraire, lorsqu'il a faim, que ses désirs ne sont pas satisfaits ou lorsqu'il a mal, « la haine et l'agressivité s'éveillent ».

Malénie Klein [2] a décrit la condition affective du bébé, ses relations vis-à-vis de sa mère, premier objet d'amour et de haine, et les conflits familiaux de cette prime enfance. « L'enfant est aussi intensément jaloux de ses frères et sœurs dans la mesure où ce sont des rivaux dans l'amour des parents. Il les aime aussi, cependant, et c'est ainsi que surgissent des conflits violents entre les pulsions agressives et l'amour. Ces conflits engendrent des senti-ments de culpabilité et, là encore, des souhaits de faire bien. Ce mélange de sentiments a une conséquence importante non seulement dans nos relations avec nos

---

1. Bernard Brusset : « Le lien fraternel et la psychanalyse », in *Psy-chanalyse à l'université*, tome 12, n° 45, p. 7, 1987.
2. Mélanie Klein, et Joan Rivière : *L'Amour et la Haine*, Payot.

frères et sœurs, mais aussi, étant donné que nos relations avec les gens en général s'établissent suivant le même modèle, en ce qui concerne nos attitudes sociales, nos sentiments d'amour et de culpabilité, notre souhait de faire bien ultérieurement. »

Dès la naissance du deuxième enfant, l'aîné découvre l'obligation de partage et peut ressentir des désirs de mort vis-à-vis du puîné. L'agressivité est canalisée par les adultes présents qui tentent de limiter les impulsions et de les exprimer, mais n'oublions pas que la jalousie représente une souffrance qui s'exprime sous différentes formes.

L'agressivité peut être une réponse à la conduite parentale qui favorise un enfant par rapport à un autre. Les marques d'amour ne sont pas suffisantes pour rassurer l'enfant. L'amour et la haine ne sont pas opposées, car ces pulsions ont la même origine : le désir et l'insatisfaction. L'agressivité peut être agie (bagarre, violence...), s'exprimer par des conduites symboliques ou être « dite ».

Lorsque Jeremy apprit qu'il allait avoir une petite sœur, il déclara, les larmes aux yeux : « C'est la plus mauvaise nouvelle qu'on puisse m'annoncer. Il n'y aura plus assez d'argent pour moi et, de toute façon, il n'y a pas de place dans l'appartement, il faudra la mettre à la cave. » Il avait six ans et vivait sa situation d'enfant unique avec beaucoup de plaisir. Son agressivité et son anxiété augmentèrent au fur et à mesure que s'arrondissait le ventre de sa mère. Les parents multiplièrent les marques d'affection et les conversations, mais rien n'y fit. Lorsque la mère accoucha, il refusa d'aller la voir à la clinique les premiers jours, puis la curiosité l'emporta et il s'y rendit quelques instant. Les premiers mois de cohabitation avec « l'intruse » furent une escalade de reproches vis-à-vis des parents : « Je vous l'avais bien dit, elle est moche et bête, et la preuve c'est qu'elle ne parle pas... » Heureusement, la mère se souvint alors d'un film qu'elle avait vu récemment avec Jeremy, *Allô Maman, ici bébé,* qui montrait un nouveau-né exprimant ses sentiments, et elle expliqua à son fils que les bébés ne parlaient qu'au cinéma ! Mais il fallut attendre quelque temps pour comprendre à quel point Jeremy comptait sur cette communication : lorsque sa sœur eut six mois, Jeremy la fit rire aux écats et ce fut le début d'une extraordinaire complicité. Au fur et à mesure que Laura grandit, leurs jeux et leur complémentarité se développèrent.

Les exemples de rivalité infantile sont multiples et les parents sentent combien ils doivent rester vigilants pour éviter le pire.

Dominique arrête de justesse son fils qui poursuit sa petite sœur avec une fourchette, Annie entend sa fille expliquer comment elle va mettre le bébé dans le four à micro-ondes, Vincent retrouve ses cahiers d'école couverts de gribouillis réalisés par son petit frère. Les accidents sont toutefois rares, grâce à la vigilance des adultes, mais Robin porte encore la cicatrice des ciseaux que son frère lui a plantés dans l'abdomen. Pauline a cinq ans, devient énurétique et réclame des couches à sa maman qui s'occupe du nouveau-né. Les phénomènes de régression fournissent des preuves supplémentaires de la dualité de nos pulsions : envie et destruction.

La compétition sportive ou scolaire reste un bon moyen de sublimer cette agressivité. Toutefois, l'enfant peut somatiser, régresser, ou manifester une sollicitude exagérée, en réaction aux sentiments violents qu'il éprouve.

Citant les travaux d'Henri Wallon, Jean-François Rabain confirme ses hypothèses : « Les réactions d'hostilité et de jalousie sont maximales lorsque l'écart d'âge séparant les enfants se situe entre deux et quatre ans. Ces études ont montré qu'en dessous de deux ans d'écart d'âge, il s'établit entre les enfants une relation de compagnonnage évoquant celle des jumeaux. En revanche, lorsque cet écart est supérieur à quatre ans, les enfants sont plus indépendants l'un de l'autre et ont peu de réactions agressives entre eux[1]. »

Les réactions des enfants dépendent des parents et de leur relation de couple. Les sentiments de leur enfance sont réactivés par ceux des enfants, d'autant que leur jalousie n'est pas nécessairement liquidée à l'âge adulte.

La capacité de l'enfant d'exprimer ses conflits ou, au contraire, de les refouler compte beaucoup. Marc se souvient d'avoir retrouvé son fils aîné, Jules, balançant violemment une poupée contre le mur de sa chambre. Étonné, il le questionna et ce dernier répondit « qu'il jouait à tuer sa sœur... ». Jules utilisait un objet symbolique pour décharger sa haine.

Cette jalousie peut, comme dans le cas de Jeremy, s'effacer, mais elle peut également s'amplifier si les différences s'accroissent : la réussite de l'un peut renforcer le sentiment d'échec de l'autre.

Haine et violence

La violence fraternelle évoque d'emblée les récits bibliques où le thème de la fratrie se retrouve dans de nombreux épisodes.

La mythologie égyptienne met en avant la haine fraternelle de Seth à l'endroit d'Osiris. Seth complota contre son frère et le tua, puis découpa son corps en quatorze morceaux qu'il dispersa à travers le pays.

---

1. Jean-François Rabain : « L'enfant et la jalousie », in *La Jalousie fraternelle — Lieux de l'enfance*, n° 16, Privat, 1988.

Pourquoi tant de violence fraternelle dans ces mythes fondateurs ? Une première hypothèse serait l'universalité de cette haine, qui s'exprime principalement dans les fratries de garçons, mais une lecture plus approfondie fait comprendre que la rivalité fraternelle a une valeur structurante.

Vincent Edelson [1] explique que « la jalousie est en quelque sorte le moteur sur le plan pulsionnel, structurante dans la dynamique de l'avènement d'une civilisation ou d'un sujet, et elle paraît surtout destructrice quand on s'avise de la dénier ».

Mais la Bible décrit différemment, nous semble-t-il, la haine fraternelle, qu'elle replace dans un contexte d'interaction parentale. La préférence de Dieu ou des parents pour l'un des enfants est à l'origine de la jalousie.

Adam et Ève eurent plusieurs fils, dont Caïn et Abel. Caïn, le laboureur, était l'aîné d'Abel, le berger. Ils avaient pris pour habitude de faire des offrandes à Dieu qui parut insatisfait des produits de la terre alors qu'il s'était réjoui de recevoir les plus beaux agneaux d'Abel. Caïn, jaloux, se jeta sur son frère et le tua. Dieu ne voulut pas que le châtiment du coupable obéisse à la vengeance humaine, aussi décida-t-il que celui qui tuerait Caïn subirait, selon la loi du talion sept fois la vengeance divine. Yahvé condamna Caïn à une longue errance.

L'interprétation de René Girard [2] ouvre le débat concernant la violence fondamentale. « Caïn, écrit-il, cultive la terre et il offre à Dieu les fruits de sa récolte. Abel est un pasteur : il sacrifice les premiers-nés de ses troupeaux. L'un des deux frères tue l'autre et c'est celui qui ne dispose pas de ce trompe-violence que constitue le sacrifice animal. Cette différence entre le culte sacrifi-

---

1. Vincent Edelson : « ...et la jalousie créa le frère », in *La Jalousie fraternelle*, *op. cit.*
2. René Girard : *La Violence et le Sacré*, Grasset, 1972.

ciel et le culte non sacrificiel ne fait qu'un, en vérité, avec le jugement de Dieu en faveur d'Abel. Dire que Dieu agrée les sacrifices d'Abel et qu'il n'agrée pas les offrandes de Caïn, c'est redire dans un autre langage, celui du divin, que Caïn tue son frère alors qu'Abel ne le tue pas. [...] La "jalousie" que Caïn éprouve à l'égard de son frère ne fait qu'un avec la privation d'exécutoire sacrificiel qui définit le personnage. »

Une autre histoire biblique, dans laquelle l'attitude parentale est à l'origine de l'exacerbation des sentiments, témoigne de la haine fraternelle et du désir fratricide.

Joseph n'était pas aimé de ses demi-frères, car leur père, Jacob, lui marquait sa préférence. Ils complotèrent contre lui et décidèrent de le tuer. Son jeune frère, Benjamin, le fils de Jacob et Rachel, ne prit pas part au complot.

Seul Ruben voulut sauver Joseph. Une caravane de marchands passait par là et les frères, finalement, ne tuèrent pas Joseph, mais le vendirent comme esclave contre vingt pièces d'argent. Ils rapportèrent à Jacob son manteau taché de sang et racontèrent qu'il avait été attaqué par une bête féroce.

Vingt ans s'écoulèrent pendant lesquels les frères connurent la culpabilité et le repentir. En supprimant Joseph, ils n'avaient pas réglé leur problème de jalousie, car Jacob ne cessait de pleurer son fils préféré. Pendant ce temps, Joseph, arrivé en Égypte avec la caravane, avait été revendu au chef des gardes de Pharaon, puis jeté en prison, parce qu'on le soupçonnait d'être amoureux de la femme de son maître. Mais Joseph possédait le don d'interpréter les songes. Son compagnon de cellule, l'échanson du pharaon, lui raconta un rêve et Joseph l'interpréta : il allait être libéré et retrouverait sa place auprès du Pharaon. L'échanson sortit de prison et oublia

Joseph jusqu'au moment où Pharaon fit ce rêve : « Il lui semblait être près du Nil : sept vaches grasses sortirent du fleuve et se mirent à brouter. Puis sept vaches maigres apparurent et dévorèrent les vaches grasses. Sept beaux épis bien pleins furent engloutis par sept épis vides et desséchés. » Pharaon fit venir les sages du royaume pour interpréter ces deux rêves, mais aucun n'en fut capable. L'échanson se souvint alors de Joseph et Pharaon l'envoya chercher.

Joseph expliqua que ces deux rêves avaient la même signification : « L'Égypte connaîtra sept années d'abondance puis sept années de famine. Il faudrait garder suffisamment de vivres durant les sept années d'abondance pour pouvoir les distribuer les années suivantes quand il n'y aurait plus rien à manger. »

Pharaon fut subjugué et le nomma vice-roi d'Égypte.

Les sept années de richesse survinrent et Joseph mit de côté beaucoup de nourriture. Lors des sept années de misère, l'Égypte ne manqua de rien et les habitants des pays voisins achetèrent des vivres. Joseph vit ainsi arriver ses frères et leur dit : « Je suis Joseph que vous avez vendu. » Les frères eurent peur qu'il ne se venge d'eux, mais Joseph les rassura : « C'est Dieu qui m'a envoyé ici pour faire en sorte que toute notre famille survive à la famine. Allez chercher notre père, vos femmes et vos enfants et venez vous installer en Égypte. Je vous procurerai le nécessaire, car la famine va durer encore cinq ans. »

C'est ainsi que Jacob et sa famille s'établirent en Égypte. Jacob, très âgé, y vécut encore dix-sept ans. À sa mort, ses fils eurent peur que Joseph n'ait pas oublié leur trahison. Tant que leur père était vivant, ils ne redoutaient rien, mais maintenant ils tremblaient.

Ils allèrent le voir et lui demandèrent son pardon. Joseph répondit : « Ne craignez rien. C'est au Seigneur de distribuer les récompenses et les châtiments. Dieu a transformé le mal en bien, car il vous a maintenus en vie et vous a permis de vous multiplier. »

Ainsi, dans la Bible, des frères ennemis font l'apprentissage de la fraternité et se réconcilient. Joseph apparaît comme un modèle de bonté et de sagesse. Toute sa force, toutes ses actions sont mises au service des autres. Son exil en Égypte est, en fait, une mission de Dieu qui renforce ses capacités d'entraide.

L'entente fraternelle se construit progressivement, car le complot des frères contre Joseph les a unis dans le remords. Joseph leur montre que la clémence remplace la vengeance, que le pardon supplée à la haine.

Les histoires de Caïn et Abel, de Jacob et Esaü, de Joseph et ses frères, signifient à quel point la haine est une réponse à la préférence exprimée clairement par Dieu ou par les parents. L'histoire de Joseph peut aussi être entendue comme un mécanisme de répétition transgénérationnel : il a été chassé de chez lui en raison de la jalousie de ses frères, conséquence de l'attitude trop aimante de son père, lui-même contraint de partir de sa maison à cause de la haine d'Esaü, conséquence de la préférence de sa mère...

La mythologie grecque, à travers l'histoire d'Étéocle et de Polynice, offre une autre version de la haine fraternelle et du fratricide.

Œdipe et sa mère Jocaste eurent ensemble quatre enfants : deux filles, Ismène et Antigone, deux garçons, Polynice et Étéole, ce dernier étant parfois considéré comme l'aîné de Polynice, parfois comme son cadet. Leur rivalité pour s'assurer le pouvoir sur Thèbes entraîna la guerre des Sept Chefs et l'expédition conduite par Adraste contre la ville. On racontait parfois qu'à l'origine de cette rivalité, se trouvait une triple malédiction de leur père.

Lorsque Œdipe se fut crevé les yeux, après avoir découvert qu'il s'était rendu coupable de parricide et d'inceste, ses fils, au lieu d'avoir pitié de lui, l'insultèrent. Œdipe les maudit tous deux, leur prédisant qu'ils ne pourraient plus jamais vivre en paix, ni sur la terre ni dans la mort.

Au cours des combats devant Thèbes, Polynice et Étéocle s'entre-tuèrent. Le roi Créon, l'oncle de Polynice, d'Étéocle et des jeunes filles, accorda des funérailles solennelles à Étéocle, mais défendit qu'on ensevelît Polynice, qui avait appelé les étrangers contre sa patrie. Antigone refusa d'exécuter cet ordre. Considérant l'ensevelissement des morts, et surtout de ses proches parents, comme un devoir sacré, imposé par les dieux et les lois non écrites, elle enfreignit l'interdiction de Créon et répandit sur le cadavre de Polynice une poignée de poussière, geste rituel qui suffisait à remplir l'obligation religieuse. Pour cet acte de piété, elle fut condamnée à mort par Créon et enfermée vivante dans le tombeau des Labdacides, dont elle descendait. Elle se pendit dans sa prison, et Haemon, son fiancé, fils de Créon, se tua sur son cadavre. La femme de Créon elle-même, Eurydice, se suicida de désespoir.

Ce récit exemplaire décrit encore une fois la haine fraternelle qui aboutit au fratricide, mais il témoigne aussi de la loyauté d'Antigone, qui choisit la mort afin de préserver les traditions familiales et rester fidèle à son frère. La loyauté familiale se retrouve dans la famille élargie, et les réactions en chaîne surgissent : mort simultanée d'Étéocle et de Polynice, suicide d'Antigone, puis d'Haemon et Eurydice.

En fait, c'est Antigone qui sortira grandie de cette histoire et restera une source d'inspiration pour de nombreux auteurs, mais la question du devenir d'Ismène se pose, seule survivante de sa fratrie et enfant de l'inceste...

À la différence des histoires bibliques, ce n'est pas ici

la préférence qui est à l'origine du fratricide, mais des choix politiques opposés et un inceste originel qui condamne cette famille à une malédiction en chaîne.

La fiction cinématographique a magnifiquement illustré la violence fraternelle issue de préférences parentales, dans le film *Duel au soleil*, réalisé en 1946 par King Vidor avec Gregory Peck pour interprète. Deux fils, l'un demeurant dans le droit chemin et l'autre devenu un voyou, vont s'entre-tuer pour l'amour d'une jeune femme.

Mais la réalité dépasse souvent la fiction et la violence fratricide fait encore la une des journaux. De nombreux règlements de compte familiaux déclenchent une violence meurtrière. Les frères et sœurs sont souvent au centre de ces conflits.

Un des fils de Marlon Brando tue l'amant de sa demi-sœur, Cheyenne, alors enceinte. Celle-ci se suicidera quelques années plus tard.

En septembre 1994, dans la Sarthe, Christian Leprince, sa femme et ses deux filles sont assassinés à coups de hachoir. Le frère aîné reconnaît le crime, puis se rétracte. Le procès est en cours.

Jean-Claude Chesnais l'avait montré dans son ouvrage *Histoire de la violence* : on a plus de chance de se faire tuer dans sa famille qu'à l'extérieur.

7

L'AMOUR EXCESSIF
ET
LES RELATIONS INCESTUEUSES

> « *Pour toi, ma douce sœur à moi, en ton cœur,*
> *Je me sais sûr, comme toi dans le mien ;*
> *Nous fûmes et sommes — je suis tout comme tu es —*
> *Des êtres qui jamais ne peuvent s'abandonner ;*
> *Et c'est ainsi, ensemble ou séparés,*
> *De l'aube de la vie à son lent déclin*
> *Nous sommes enlacés — que vienne la mort lente ou*
> *prompte,*
> *Le lien le plus durable — le dernier — est toujours*
> *le premier.* »

> Lord BYRON
> *Épître à Augusta*

L'interdit de l'inceste est fondateur du groupe social, et aussi organisateur de la vie psychique. Différentes théories l'expliquent, qui ont permis de mieux comprendre les origines de ce tabou universel.

En 1898, Émile Durkheim, sociologue français, s'interroge sur la prohibition de l'inceste et en récuse les explications biologiques [1].

À la même époque, Sigmund Freud invente la psycha-

---

1. Colette Chiland : « L'interdit de l'inceste », in *Nouvelle revue d'ethnopsychiatrie*, nᵒ 3, 1985.

nalyse et reprend la tragédie de Sophocle, *Œdipe roi*, pour développer ses idées sur les désirs de l'enfant vis-à-vis du parent de sexe opposé. En 1910, il conceptualise le complexe d'Œdipe.

Il faut attendre 1949 pour connaître les théories anthropologiques de Claude Lévi-Strauss. La publication des *Structures élémentaires de la parenté* fait de la prohibition de l'inceste la marque du passage de la nature à la culture, de l'animalité à l'humanité. Interdit planétaire, l'inceste a pour but de développer et d'élargir les groupes sociaux. L'exogamie permet de perpétuer l'espèce. Cette prohibition est une règle sociale généralisée.

Toutefois, le mariage entre frère et sœur existe. Il représente même une institution dans certaines régions du monde, en particulier en Égypte. Les Perses, également, avaient le droit d'épouser leurs mères, leurs sœurs, leurs filles.

Mais l'Égypte reste l'exemple le plus connu qui s'oppose à la règle universelle du tabou de l'inceste. Claude Lévi-Strauss [1] propose comme explication à cette exception une hypothèse de concession du droit d'aînesse de la sœur.

La légende d'Isis et d'Osiris serait à l'origine de la coutume égyptienne du mariage adelphique, qui se propage aussi bien chez les pharaons que dans le peuple, jusqu'au moment où un édit romain, en 285, l'interdit.

Chou, le dieu de l'air, s'immisce entre le ciel et la terre et différencie un autre couple, Geb et Nout. Le soleil va naître. Plus tard, Geb et Nout donnent naissance à Osiris et Isis, puis à Seth et Nephtys (deux garçons et deux filles, soit quatre frères et sœurs).

---

1. Claude Lévi-Strauss : *Les Structures élémentaires de la parenté*, P.U.F., 1949.

Après que les dieux ont régné sur terre et, leur temps accompli, sont retournés en leur royaume, Osiris monte sur le trône au grand dam de Seth, son frère violent et jaloux. Osiris, secondé par sa sœur-épouse, Isis, apporta des améliorations sur la terre. Seth qui rêvait de remplacer son frère, tua Osiris et jeta les morceaux de son corps dans le Nil. Ils se répandirent en différents lieux de l'Égypte sur lesquels on construisit des temples.

La tradition pharaonique est bien connue des historiens. Entre le IIIe et le Ier siècle avant J.-C., huit des quatorze souverains lagides ont épousé leur sœur. « De la mort d'Alexandre à la conquête romaine en 30 avant J.-C., l'Égypte hellénistique constitue un royaume indépendant gouverné par la dynastie ptolémaïque, encore appelée lagide du nom du général macédonien Ptolémée Ier, fils de Lagos qui la fonda[1]. »

L'histoire la plus célèbre est sans doute celle de Cléopâtre, mariée successivement à deux de ses frères. Le mariage entre frère et sœur tel qu'il est pratiqué à cette époque en Égypte a un sens politique certain, principalement chez les souverains : les alliances extérieures constitueraient un danger pour le royaume. Le but est aussi de maintenir la pureté du sang.

Dans le peuple, le mariage entre frère et sœur existe aussi, mais on observe surtout des mariages entre cousins. La polygamie est officielle à la cour, officieuse chez les particuliers.

L'inceste fraternel appartient à différents schémas relationnels et nous distinguerons les relations passionnelles — les relations incestueuses apparemment réciproques — de celles inscrites dans la violence, dans la

---

1. Anne Forgeau : *Histoire de la famille, la mémoire du nom et l'ordre pharaonique*, Armand Colin, p. 176, 1986.

contrainte, que nous désignerons par le terme d'abus sexuels.

La prohibition de l'inceste continue de nous interroger et René Zazzo, en étudiant les relations sexuelles chez les jumeaux, se demande : « Comment le sociologue explique-t-il que la loi de l'échange soit si fortement intériorisée, qu'elle ait une charge émotionnelle si puissante ? » Il évoque les travaux des zoopsychologues montrant dans le règne animal la non-copulation entre frère et sœur chimpanzés. « Les objets d'attachement naturels et premiers (entre mère et enfant, frère et sœur, jumeaux) ne sauraient devenir eux-mêmes des objets sexuels ? La vie commune, l'accoutumance empêcheraient que se développe l'attrait sexuel, tueraient le désir [1] ? »

Les théories biologiques posent la question de l'instinct. Jean-Marie Vidal [2] réfute l'idée d'un déterminisme génétique. Il écrit pour rendre compte de la spécificité humaine de l'interdit de l'inceste : « Les facteurs de proximité-distance et de ressemblance-dissemblance, reconnus déterminants pour régler les motivations et les conduites animales, sont tout aussi déterminants pour régler les motivations et les conduites humaines. »

Il discute deux observations dont se servent les tenants du déterminisme biologique : les enfants élevés dans des kibboutz ne se marient qu'exceptionnellement entre eux lorsqu'ils ont fait partie du même groupe. La cohabitation très précoce inhiberait donc la sexualité. L'autre cas est celui d'un peuple de Taiwan : maris et femmes ont été élevés comme frères et sœurs dès l'âge de trois ans et ils ont recours, une fois adultes, à plus de pratiques extraconjugales que les couples voisins. Les projets cultu-

---

1. René Zazzo, *op. cit*, p. 196.
2. Jean-Marie Vidal : « Explications biologiques et anthropologiques », in *Nouvelle revue d'ethnopsychiatrie*, n° 3, 1985.

rels conscients auraient donc un impact sur les phénomènes inconscients et pourraient renforcer les « proximités-distances » et les « ressemblances-dissemblances ».

À propos de l'éducation donnée dans les kibboutz, il faut citer l'ouvrage de Bruno Bettelheim [1] : même si ces collectivités ont évolué, elles ont représenté une expérience d'éducation communautaire exceptionnelle. Réfléchissant à la sexualité telle qu'elle est vécue par les adolescents élevés au kibboutz, Bruno Bettelheim décrit la distance émotionnelle et physique observée comme un paradoxe : l'éducation donnée voudrait annuler tous les tabous et aboutit, au contraire, à un modèle puritain. Les sentiments sont réprimés et refoulés avec une telle force qu'ils empêchent tout rapprochement. Garçons et filles partagent les mêmes chambres, prennent leur douche ensemble : ils ont été troublés et contraints de réprimer leur attirance. « Lorsqu'on leur demande pourquoi ils ne tombent pas amoureux et qu'ils n'épousent pas ceux ou celles près desquels ils ont grandi, ils prétendent, et telle est aussi la théorie du kibboutz, qu'on ne tombe pas amoureux de celui ou celle qui s'est assis auprès de vous sur le siège des cabinets, quand il était enfant. » Bruno Bettelheim commente cette proposition comme « la cause des sentiments sexuels qui s'y sont éveillés et à l'égard desquels on a éveillé un sentiment de culpabilité et de honte ».

Quelle qu'en soit l'origine, il est clair que la cohabitation des enfants de mêmes parents ou de parents différents instaure un interdit.

Toutefois, l'inceste fraternel est plus fréquent qu'on ne le croit, mais il est souvent assimilé à des jeux enfantins.

---

1. Bruno Bettelheim : *Les Enfants du rêve*, Robert Laffont, 1971.

Les parents ne s'aperçoivent pas de la proximité de leurs enfants et renforcent leurs relations, fiers d'une si bonne entente. Les contacts physiques sont ambigus et l'affectivité confondue avec l'érotisme. Ces jeux peuvent entraîner des relations sexuelles, mais, à part quelques exceptions, elles sont épisodiques et liées à un climat les favorisant.

Chateaubriand ressentit pour sa sœur Lucile un sentiment amoureux qui l'amena à écrire un texte largement autobiographique. René son héros, découvre la passion qu'Amélie, sa sœur aînée, éprouve pour lui, au moment où elle prononce ses vœux définitifs pour le couvent.

« Cependant Amélie n'avait point encore prononcé ses vœux ; et pour mourir au monde, il fallait qu'elle passât à travers le tombeau. Ma sœur se couche sur le marbre ; on étend sur elle un drap mortuaire ; [...] Tout à coup, un murmure confus sort de dessous le voile sépulcral ; je m'incline, et ces paroles épouvantables (que je fus seul à entendre), viennent frapper mon oreille : "Dieu de miséricorde, fais que je ne me relève jamais de cette couche funèbre, et comble de tes biens un frère qui n'a point partagé ma criminelle passion [1] !" »

L'histoire de René et d'Amélie est celle d'un amour coupable qui prend essor dans leur prime jeunesse où, après les décès successifs de leurs parents, leurs liens se resserrent sans pour autant que leurs sentiments soient formulés. René en prend conscience au moment où Amélie laisse échapper son secret lors de la cérémonie d'entrée dans la vie religieuse.

René n'avait pas senti que la tendre complicité qui l'unissait à sa sœur se transformait en une passion secrète : « Timide et contraint devant mon père, je ne

---

1. Chateaubriand : *René* (1802).

trouvais l'aise et le contentement qu'auprès de ma sœur Amélie. Une douce conformité d'humeur et de goûts m'unissait étroitement à cette sœur ; elle était un peu plus âgée que moi. Nous aimions à gravir les coteaux ensemble, à voguer sur le lac, à parcourir les bois à la chute des feuilles : promenades dont le souvenir remplit encore mon âme de délices. Ô illusions de l'enfance et de la patrie, ne perdez-vous jamais vos douceurs [1] ? »

Après leur séparation à l'adolescence, Amélie part secourir son frère suicidaire dont elle a compris les intentions. Il revit grâce à sa présence et lui promet de ne plus jamais tenter de mettre fin à ses jours. Amélie s'enfuit pour le couvent.

La similitude entre René, personnage de fiction, et Chateaubriand est évidente, et de nombreux détails permettent au lecteur de rapprocher l'histoire de René et d'Amélie et celle de François-René de Chateaubriand et de sa sœur Lucile.

« Lucile, la quatrième de mes sœurs, avait deux ans de plus que moi. Comme la dernière des quatre filles elle était la plus négligée et la moins aimée ; elle n'avait que la dépouille de ses sœurs. Qu'on se représente une pauvre fille maigre, trop grande pour son âge, ayant des bras dégingandés, un air timide et malheureux, languissant dans un coin comme une chevrette malade [2]. »

Lucile était sa sœur préférée, mais la « laissée-pour-compte » de cette famille.

François-René raconte l'histoire de ses parents et sa propre venue au monde le 4 octobre 1768 : « Mon père était âgé de trente-cinq ans lorsqu'il épousa Apauline de Bedée ; comme elle n'avait presque rien, que lui-même ne possédait rien encore, il s'établit avec elle à Saint-Malo, d'où il était parti pour lutter contre l'infortune. Ma

---

1. Chateaubriand : *op. cit.*
2. Chateaubriand : *Mémoires d'outre-tombe* (1850).

mère mit au monde un premier fils qui mourut au berceau et qui fut nommé Geoffroi ou Geffroi, comme tous
les aînés de ma famille. Ce fils fut suivi d'un autre fils, et
de deux filles qui ne vécurent que quelques mois. Ces
quatre enfants périrent pour la même cause, d'un épan-
chement de sang au cerveau. »

En fait, Geoffroi s'appelait Geoffroy-René-Marie et
portait en second prénom René, celui de leur père René-
Auguste-Marie. « Enfin ma mère accoucha d'un troisième garçon qu'on appela Jean-Baptiste. C'est lui qui
devint dans la suite le petit-gendre de monsieur de Males-
herbes, et qui a eu l'honneur de monter sur l'échafaud
avec cet homme illustre. Après Jean-Baptiste naquirent
quatre filles, Marianne, Bénigne, Julie et Lucile, toutes
quatre d'une rare beauté, et dont les deux aînées ont seules survécu avec moi aux orages de la révolution. Je fus
dans l'ordre de naissance le dernier de ces dix infortu-
nés. »

Chateaubriand arrive après plusieurs enfants morts,
dans une famille où il n'a guère de place. « Je fus nommé
François, du jour où j'étais né, et René à cause de mon
père. J'étais presque mort quand je sortis du sein maternel,
et le mugissement des vagues battues par une tempête de
l'équinoxe empêchait d'entendre mes cris. Mes sœurs en
me tenant encore enfant dans leurs bras, à la fenêtre de la
chambre de ma mère, m'ont souvent raconté ces circonstances de ma naissance ; la tristesse de ces premières
impressions ne s'est jamais effacée de ma mémoire, et il n'y
a pas de jour encore où, en rêvant à ce que j'ai été, je ne
revois en pensée le rocher sur lequel je suis né, la chambre
où ma mère me fit le funeste présent de la vie, la tempête
et les flots, dont le bruit berça mon premier sommeil, et le
frère infortuné qui me donna un nom, que j'ai presque toujours traîné dans le malheur [1]..... »

---

1. Chateaubriand : *op. cit.*

Maurice Porot[1] désigne Chateaubriand comme étant un « enfant de remplacement », parce qu'il naît après le décès de plusieurs autres. Il porte le prénom de son père, donné d'abord au frère décédé. Toutefois, si l'on se replace dans le contexte de l'époque, perdre plusieurs enfants était fréquent, et ce prénom de René est avant tout celui du père. La note qui figure en bas de page de l'ouvrage donne un autre sens à la phrase : « le frère infortuné qui me donna un nom » signifierait : « fut mon parrain », ce frère étant en effet son parrain. C'est donc le lien familial qui prime ici.

Comprendre l'histoire de René sous l'angle de ses relations fraternelles nous a semblé plus adéquat.

Chateaubriand a souffert d'être le second des garçons vivants, car les privilèges allaient d'évidence à Jean-Baptiste, l'aîné et le préféré. « Toute la tendresse de celle-ci (ma mère) était portée sur son fils aîné, non qu'elle n'aimât pas ses autres enfants, mais elle témoignait une préférence aveugle au jeune comte de Combourg. J'avais bien il est vrai comme garçon, comme le dernier venu, comme le chevalier (c'est ainsi qu'on m'appelait), quelques privilèges sur mes sœurs ; mais en dernier résultat j'étais abandonné aux soins des domestiques ; ma mère, d'ailleurs, pleine d'esprit et de vertus, était préoccupée par son amour pour mon frère, par les soins de la société et par les devoirs de la religion[2]. »

En tant que cadet, René se destine à la Marine, mais l'Église l'attire, comme Lucile, qui sera reçue chanoinesse.

Après le départ de leur frère aîné et le mariage des autres sœurs, René et Lucile trouvent un réconfort dans leur amitié. « Je croissais auprès de ma sœur, et notre

---

1. Maurice Porot : *L'Enfant de remplacement*, Éditions Frison-Roche, 1993.
2. Chateaubriand : *Mémoires*.

amitié était toute notre vie. Lucile comptait déjà dix-sept ans ; elle était grande et d'une beauté remarquable mais sérieuse. Son visage pâle était accompagné de longs cheveux noirs ; elle attachait souvent au ciel ou promenait autour d'elle des regards pleins de tristesse et de feu. Sa démarche, sa voix, sa physionomie avaient quelque chose de rêveur et de souffrant. Hormis pour nous aimer, nous étions inutiles l'un à l'autre, Lucile et moi ; elle ne me pouvait dire la raison de ce que j'éprouvais. Je ne lui aurais pu dire la raison de son ennui ; nous ignorions tout également. Quand nous parlions du monde, c'était de celui que nous portions au dedans de nous et qui ressemblait bien peu au véritable. Elle voyait en moi son protecteur ; je voyais en elle mon amie. »

Leur passion reste platonique, mais les marque pour la vie : « Par son attitude, sa mélancolie et sa beauté elle ressemblait à un génie funèbre. J'essayais alors de la consoler, et l'instant d'après je tombais moi-même dans des désespoirs inexplicables ; on raconte l'histoire de deux jumeaux qui étaient malades ensemble, bien portants ensemble, et qui lorsqu'ils étaient séparés voyaient intuitivement ce qui leur arrivait l'un à l'autre ; c'est mon histoire et celle de Lucile, avec cette différence que les deux jumeaux moururent le même jour et que j'ai survécu à ma sœur [1]. » Chateaubriand souhaite mourir, tellement son adolescence est chargée de désespoir. Il joue à la roulette russe, mais le destin l'épargne.

Le récit de René et l'autobiographie de Chateaubriand soulignent la même carence parentale et le rapprochement fraternel comme une réponse à la dépression commune de leur adolescence.

Chateaubriand ressent ses parents comme autoritaires,

---

1. Chateaubriand : *Mémoires*.

lui-même comme rejeté et abandonné aux domestiques. Seules quelques conversations sont relatées concernant son avenir professionnel et l'acquisition d'un minimum d'éducation. « Mon père était la terreur des domestiques ; ma mère en était le fléau [1]. »

Ces difficultés relationnelles se renforcent dans *René*, car Amélie et René se retrouvent précocement orphelins. René fait « disparaître » leurs parents et cette carence est un point commun retrouvé dans les relations passionnelles entre frères et sœurs. L'amour interdit renforce la culpabilité même s'il reste platonique. L'expiation dans la religion ou dans les voyages lointains semble la seule alternative possible.

Mais cette relation amoureuse renvoie aussi au narcissisme. Dans son article sur Chateaubriand, Jean-Jacques Berchet [2] émet l'hypothèse que « dans cette passion suicidaire qui ne cherche qu'à mettre en scène sa propre disparition, on voit parfois affleurer dans les *Mémoires d'outre-tombe* le rêve féminin qui est un fantasme de totalité. De la même façon, la relation amoureuse du frère et de la sœur est une relation spéculaire qui reconstitue un androgyne originel : un nom unique, actualisé dans un double genre. Dans la mesure où elle récuse toute différenciation, cette configuration constitue bien le plus absolu des incestes, le plus libre aussi (à égalité). Mais c'est en même temps le plus narcissique ». Le lien fraternel offre la possibilité d'un double d'un autre sexe, le plus proche de soi et, par là, évoque le mythe de Narcisse.

---

1. Chateaubriand : *Mémoires*.
2. Jean-Jacques Berchet : « Le frère d'Amélie ou la part du diable », in *Eros Philadelphe : Frères et sœurs, passion secrète*, sous la direction de W. Banov et P. Berther, Éditions du Félin, 1992.

Contemporain de Chateaubriand, Lord Byron déclencha un scandale dans l'Angleterre puritaine du XIXᵉ siècle, en raison de ses liens avec sa demi-sœur Augusta.

George Gordon Byron naquit le 22 janvier 1788 à Londres ; son père, John Byron, qui avait une fille d'un premier mariage, Augusta, mourut, laissant dans la misère George âgé de trois ans et sa mère.

George devint Lord à la mort de son grand-oncle et hérita d'un château en ruine. Après des études classiques, il voyagea et publia son premier recueil de vers à dix-neuf ans. Ce fut un des poètes les plus illustres de son époque, et sa réussite, sa vie romanesque, sa jeunesse inspirèrent, dans toute l'Europe, un véritable culte. Ce dandy avait en outre une réputation de grand séducteur, aux aventures multiples.

En 1813, George revit sa demi-sœur, après une longue séparation. Leur liaison passionnelle ne fait guère de doute, et Medora Leigh, la fille d'Augusta, est probablement le fruit de leur relation incestueuse. Elle naquit quelques mois après leurs retrouvailles : Augusta avait laissé son mari pour passer un mois à Londres avec Byron.

Medora, en tout cas, revendiqua cette filiation, les amours de Lord Byron et d'Augusta étant de notoriété publique. Augusta avait épousé George Leigh, qui reconnut Medora comme leurs trois autres enfants, et elle fut certainement sa fille préférée.

Byron eut deux enfants de deux servantes, une fille de sa femme légitime, une autre d'une admiratrice, probablement Medora de sa demi-sœur, et un fils d'une Espagnole. Il écrivit de nombreuses lettres à Augusta ainsi que des poèmes, mais, après sa mort, son exécuteur testamentaire brûla documents et papiers, à l'exception de deux lettres qui n'excluent, ni ne valident la relation incestueuse [1].

---

1. Susan Normington : *Lord Byron and his Children*, Alan Sutton, 1995.

Plus significatif est le fait que le thème de l'inceste se retrouve dans plusieurs poèmes de Byron, comme *La Fiancée d'Abydos, Parisina, Manfred*.

La révélation de la relation incestueuse apparaît noir sur blanc en 1869, racontée par Harriett Beecher-Stowe, l'auteur de *La Case de l'Oncle Tom*, et cette histoire fut confirmée par la publication de documents réunis par l'héritier de Lady Byron.

La fin du XVIIIe siècle et le début du XIXe siècle verront émerger le sentiment amoureux et les liens fraternels se resserrer.

Noble ou bourgeoise, la famille constitue un système clos où l'enseignement est donné par des précepteurs, au moins jusqu'à l'adolescence.

Frères et sœurs étudient et jouent ensemble, comme on le voit dans la famille Brontë. De nombreux frères et sœurs sont connus par l'intensité de leurs sentiments. Outre François-René et Lucile, on peut mentionner : « Henri (Stendhal) et Pauline Beyle, Honoré et Laure de Balzac, Edgar et Blanche Quinet, Maurice et Marie de Flavigny, Maurice et Eugénie de Guérin, Ernest et Henriette Renan, Gustave et Caroline Flaubert, auxquels on ajoutera, de façon exhaustive et pour s'en tenir aux premières décennies du siècle, les figures plus discrètes d'Albert et Pauline de la Feronnays [1]. »

Gabrielle Houbre explique l'éclosion du sentiment amoureux par le contexte du décès prématuré de l'un des parents, ce qui conforte nos hypothèses. Le choc engendré entraîne une redistribution des sentiments et « le transfert affectif favorisé par la proximité immédiate d'un frère ou d'une sœur est particulièrement évident [2] ».

Les séparations suivies de retrouvailles favorisent les

---

1. Gabrielle Houbre : « Amours fraternelles, amours romantiques », in *Visages de la fratrie, Adolescence*, tome 11, n° 2, 1993.
2. *Ibid.*

amours fraternelles, lorsque le frère part pour le collège et la sœur pour le pensionnat, institutions rigides.

Quand ils se retrouvent, quelques années plus tard, ils ont changé et se redécouvrent avec des corps d'adolescents, des désirs sexuels réprimés et peu d'occasions de rencontrer des êtres de sexe opposé.

L'ambiguïté amoureuse, qui se retrouve dans les correspondances, est souvent latente, mais parfois proclamée, comme chez Stendhal.

Dans tous les cas, le système familial est dysfonctionnel, avec une différenciation des rôles mal perçue et, bien souvent, une carence affective des enfants, des deuils précoces pendant l'enfance ou l'adolescence renforçant le lien fraternel ou marquant l'absence de loi.

Les relations incestueuses se rencontrent parfois dans des familles où ce type de relation préexistait chez l'un des parents. Tout se passe alors comme si le père ou la mère qui a vécu une relation passionnelle avec un membre de sa fratrie induisait cette relation chez ses propres enfants. Cette situation s'est vérifiée dans des consultations familiales. Le cadre des thérapies familiales permet de travailler sur les rapports transgénérationnels et met à jour ces dysfonctionnements.

L'histoire de Martine et Daniel est éloquente. Daniel s'est senti proche de Martine, de trois ans sa cadette, dès leur plus jeune âge. À l'adolescence, il se révèle brillant dans ses études et intègre une grande école en province. Martine supporte cette séparation grâce à Jean, le meilleur ami de Daniel. Quelques mois plus tard, Martine et Jean annoncent leurs fiançailles, ce qui réjouit tout le monde, mais leur liaison est orageuse. Ils se marient, car Martine est enceinte, et le couple se sépare peu de temps après la naissance du bébé.

Daniel revient vivre chez ses parents, bardé de diplômes, mais sa réussite scolaire masque un désarroi empreint d'angoisses existentielles.

Il crée une entreprise, s'installe dans un appartement, et son isolement affectif l'amène à des rencontres nocturnes. La drogue intervient comme une automédication et une forme d'intégration dans un milieu marginal. De la cocaïne, il passe à l'héroïne. C'est à ce moment que Martine quitte son mari et trouve naturellement refuge chez son frère pendant que leurs parents s'occupent du bébé.

Initiée à l'héroïne par Daniel, Martine trouve elle aussi dans la drogue un apaisement à ses angoisses.

Martine et Daniel vivent en couple, entretiennent une relation fusionnelle. L'héroïne colmate l'émergence de leurs désirs incestueux, et ces effets calmants annulent toute sexualité. Mais cette situation ne dure guère. Martine retourne chez ses parents pour s'occuper de sa fille, à laquelle elle est très attachée. Daniel se marginalise progressivement, et rencontre un garçon avec lequel il habitera plusieurs années, tandis que Martine tombe amoureuse de Lili. Pour chacun d'entre eux, une période d'homosexualité va suivre.

Le passage de relations incestueuses à des relations homosexuelles est souvent décrit : « Des liens homosexuels s'établissent fréquemment après la rupture de l'inceste, ces relations sont un essai de réparation du manque fraternel mais aussi maternel, elles sont de même envahissantes et passionnées[1]. »

Daniel meurt d'overdose quelques mois après, alors que Martine sortait de chez lui. Ce drame accentue la dépression et la dépendance de Martine à l'héroïne.

Dans cette famille enchevêtrée où les identités sont mal définies, s'impose l'histoire de Mauricette, la mère de Martine et Daniel.

---

1. M. Rouyer : « Inceste frère-sœur », in *Le Traumatisme de l'inceste*, P.U.F., 1995.

Mauricette était la cadette de deux garçons très différents. L'aîné était blond, brillant, et en opposition avec sa famille ; le second, le préféré, brun, roublard et obséquieux.

Mauricette et son frère aîné partirent vivre en province. Ce frère fut foudroyé par une méningite, qui laissa des séquelles neurologiques. Son invalidité servit de prétexte à Mauricette pour rester auprès de lui. Elle ne s'autorisa à se marier qu'après la mort de son frère et, bien entendu, avec un ami de ce dernier.

Lorsqu'elle devint mère, elle renforça inconsciemment les liens entre Martine et Daniel, revivant à travers eux sa propre histoire fraternelle.

Cette répétition transgénérationnelle fut évoquée lors d'une séance de thérapie familiale. Dans cette famille, les mécanismes de clivage étaient tellement puissants qu'aucun rapprochement ne pouvait être établi entre l'histoire de Martine et celle de sa mère.

La clarification progressive des éléments traumatiques permit à Martine de se libérer du poids familial et d'abandonner l'héroïne.

Le récit de Fiona ressemble partiellement à celui de Martine. Fiona raconte combien son frère Jérôme était amoureux d'elle. « Je ne pourrai jamais vivre sans toi », disait-il, ce qui l'embarrassait. Fiona sentait que cette relation était dangereuse et préféra quitter la maison pour épouser, elle aussi, le meilleur ami de Jérôme.

Jérôme devint toxicomane. L'héroïne lui permit d'éteindre ses pulsions et de calmer ses désirs. Fiona découvrit alors le secret de son père. Un roman inachevé, racontant les amours d'un frère et d'une sœur, traînait entre deux dossiers dans l'appartement familial. Elle le lut d'une traite, bouleversée par le sentiment que son père « savait », mais aussi qu'il avait laissé faire pour trouver matière à son ouvrage. La vérité était plus troublante encore, puisque son père lui avoua qu'il avait écrit cette fiction à partir de sa propre relation amoureuse avec sa jeune sœur... Fiona raconta cette histoire à son frère. Pour la première fois, dans cette famille, les sentiments furent évoqués à haute voix et les ambiguïtés levées.

Ces deux histoires renforcent l'hypothèse que nous avions développée avec Pierre Angel[1] : l'héroïne permet un évitement de la relation incestueuse dans des relations entre parents et enfants comme dans les relations fraternelles.

L'inceste fraternel, plus rare entre deux frères ou deux sœurs, reste un sujet tabou qui n'est révélé qu'exceptionnellement en raison de la culpabilité massive des protagonistes, de l'aveuglement de l'entourage ou parfois d'une complicité sournoise.

Les relations incestueuses s'établissent dans un contexte d'amour passionnel, comme le raconte Christine Spengler[2]. Photographe de guerre, elle a parcouru le monde pour témoigner sur les victimes civiles au Viêt-nam, au Tchad, au Kurdistan et au Nicaragua. Sa complicité avec Éric, son frère, s'est développée pendant les années de l'enfance. La mort de leur père les rapprocha. Un jour, ils basculèrent. « Éric, te rappelles-tu cette nuit très ancienne, enfouie dans nos mémoires, dont nous n'avons jamais reparlé ? J'avais dix-neuf ans, et toi, quinze. Nous vivions depuis plusieurs mois dans le domaine de Fontvieille, à Aix-en-Provence. C'était une nuit de lune et d'orage, le chauffage s'était éteint brusquement. Dans mon lit, je pensais à ce satyre qui, disait-

1. Pierre et Sylvie Angel : *Familles et toxicomanies*, Éditions Universitaires, 1987.
2. Christine Spengler : *Une femme dans la guerre*, Ramsay, 1991.

on, se promenait devant la maison, les soirs de pleine lune, et marchait sur le gravier en regardant nos fenêtres éclairées. Soudain, tu me dis : "J'ai froid." Je te proposai donc de me rejoindre dans mon grand lit. Troublé par ce premier contact entre nous, tu fis semblant de dormir avant de sombrer vraiment dans un profond sommeil. »

Christine décrit en plusieurs pages ce qui sera le moment le plus important de sa vie et qui marquera son destin : « Je me suis rapprochée de toi et j'ai fermé les yeux, sous les couvertures, pour mieux te sentir. L'air que je respirais alors près de toi, mon frère, était l'air le plus pur que j'aie jamais respiré, et me faisait penser à des régions inconnues que la guerre n'avait pas encore atteintes — l'Himalaya, peut-être. Je me suis rapprochée un peu plus de toi, pour m'imprégner mieux encore de cet air pur, et là, tout a basculé. Ton corps s'est réveillé, m'a englobée. [...] C'était toute notre enfance qui s'écroulait dans ce baiser : l'odeur des sapins de Mulhouse ; la fête donnée en l'honneur de ton baptême, la maison illuminée, brillant sur les hauteurs de la ville ; toi et moi quelques années plus tard en petits costumes à col marin, tenant en laisse notre chien Maïti. Puis un doute s'est emparé de moi : était-ce bien nous ? [...] Nous ne nous sommes jamais parlé de cette nuit. Mais aujourd'hui, avant de partir pour le Viêt-nam, j'ai besoin de savoir. »

Éric lui répondit, et ses mots résonneront toujours dans la tête de sa sœur : « "Mais bien sûr que je savais que c'était toi ! C'était merveilleux de te désirer..." Je te prends dans mes bras. Un poids énorme, un doute immense s'envole. Je peux maintenant partir au Viêt-nam. Les arums du jardin s'écartent une dernière fois pour nous laisser passer. Nous rejoignons nos amis sur la terrasse, pour prendre le thé. "... Petite sœur. De pouvoir faire l'amour avec toi et de ne pas le faire..." »

Christine décide alors de partir pour le Viêt-nam : « Voilà pourquoi j'ai décidé de partir, de me couper de toi et de ta douleur. Voilà pourquoi j'avais hâte d'être dans la guerre : pour te retrouver, qui sait, d'une autre façon. »

Elle commence sa carrière de photographe, tout en souhaitant revenir en France et retrouver Éric. Mais le drame arrive. Un télégramme lui apprend le suicide de son frère. Elle vivra dans le souvenir d'Éric et traversera le monde à la recherche de témoignages et de souvenirs. « Depuis que tu es mort, Éric, mort dans cette ville, je fuis sans cesse. Je prends de grands avions, à la recherche de la guerre, des fracas, des choses vraies et non édulcorées.

« En souvenir de toi, et parce que je ne peux plus vivre autrement, je cours le monde comme tu n'avais plus la force de le faire. [...]

« Aujourd'hui je continue de courir le monde, accompagnée de cet appareil photo que tu m'avais offert, un legs prémonitoire. "C'est elle la plus forte des deux, c'est elle qui sera photographe !"

« Depuis, je fuis, armée de ma petite boîte magique toute-puissante qui me permet de témoigner : en Irlande du Nord, au Cambodge, au Viêt-nam, chez les "hommes blancs" d'Algérie. Jusqu'à présent, je revenais toujours comme attirée par un aimant, à ces dates fixes, sacrées pour moi, qu'étaient Noël et ton anniversaire. Mais aujourd'hui, après Mahbès, je ne retrouve que cette porte fraîchement repeinte en vert. »

Une lecture attentive du livre laisse penser que la mort du père de Christine et d'Éric n'est pas sans rapport avec l'éclosion de la relation incestueuse des deux enfants. La rupture de l'équilibre familial, le départ des deux jeunes pour leur premier grand voyage au Tchad inaugurèrent cette relation qui a marqué la vie de Christine et d'Éric.

Christine Spengler a ensuite risqué sa vie pendant onze ans avant de pouvoir revenir en Alsace et se recueillir sur la tombe de son frère. Durant ces années et bien après, elle a bravé la mort, jouant avec la vie pour rejoindre Éric. Elle montre à travers ses photos les injustices du monde, la mort des enfants, des familles de civils. C'est sa manière de célébrer le souvenir d'Éric et de lui rester fidèle.

Dans le roman de François-Marie Banier [1], le suicide du garçon est lié à sa relation incestueuse.

Cécile a seize ans et son frère, Olivier, dix-sept : « Cécile aimait son frère. Cécile et Olivier avaient grandi en même temps. Elle avait de la tête, lui, des sentiments. Ils s'étaient tout appris mutuellement et n'en étaient plus à l'alphabet. Ne se cachant rien, ils parlaient des nuits entières. Les mêmes souvenirs, la même histoire. Ils revenaient sur leur passé : Souviens-toi du rideau devant la glace, au fond du couloir. Maman avait dit : "Si vous tirez le rideau, vous verrez le diable !" Olivier regardait sa sœur. Assise sur son lit, elle le regardait aussi. À qui le tour de parler ? Un silence. Olivier était pâle, Cécile le fixait. Cécile aimait son frère. »

Leur mère les emmène en vacances en Bretagne et rentre à Neuilly. Elle laisse ses enfants à Saint-Briac. Les jeux de séduction s'amplifient entre Cécile et Olivier... Ils s'embrassent, ils font l'amour. Cela dure huit jours. « Olivier, à cause de sa sœur qu'il aimait, il serait aliéné. Cela aussi, il le lui disait. Un piège, c'était son mot. Un mot, une idée, il était hanté. Comment s'échapperait-il ? mais elle ne le retenait pas. Qu'il s'en aille ! C'était elle maintenant, qui avait peur, mais il ne pouvait pas partir, quitter Cécile. Il savait trop qu'un jour ou l'autre, il serait obligé de renoncer à sa sœur. Alors pourquoi pas tout de suite ? Il ne pouvait pas. »

Olivier avale tous les cachets qu'il trouve, écrit une let-

---

1. François-Marie Banier : *Le Passé composé*, Grasset, 1971.

tre d'adieu à sa sœur et se dirige vers la mer. Il nage un peu, puis s'abandonne aux vagues. Il disparaît.

Cécile se replie sur elle pendant plus d'un an. Un jour, ses parents lui présentent François. Il a vingt-cinq ans et les yeux bleus.

Progressivement, Cécile revit. Elle retrouve chez François beaucoup de choses d'Olivier, son timbre de voix notamment. « Il y a toujours eu, entre le monde extérieur et nous, un mur. J'étais la seule à bien connaître mon frère, et en même temps tout nous séparait. Il y a eu cet accident. La famille a pleuré. Je me sentais coupable. Pourquoi l'ai-je laissé seul ? C'est vrai, j'aurais pu l'empêcher de se baigner, le secourir, ou bien partir avec la vague qui l'a emporté. Je n'en ai jamais parlé à personne, et personne n'osait me parler. Au début, on m'a entourée d'un silence [1]... »

François est fasciné par Cécile, par son histoire. Elle lui trouve de plus en plus de ressemblances avec Olivier, et surtout, avec lui, elle peut parler d'Olivier, le faire revivre.

Cécile épouse François. Ils habiteront avec les parents de Cécile. François travaillera avec son beau-père. « Cécile voulait François comme Olivier, tout de suite. Elle avait été malheureuse pendant si longtemps. Elle désirait qu'il soit comme il était. Elle avait retrouvé Olivier. Elle le prenait par la main, le soir elle lui racontait des histoires. [...] Car Olivier mort, il avait bien fallu le remplacer. Il s'était trouvé François. Elle l'avait forcé à lui ressembler. Il s'était laissé faire, elle lui avait plu, et il est vrai qu'il avait un petit quelque chose d'Olivier. La voix, les gestes et peut-être même le bas du visage. Oui, mais la vraie nature de François avait repris le dessus. On ne pouvait rien y faire, ce n'était pas Olivier. Et si même il l'avait été... »

1. *Op. cit.*

Les griefs et les reproches envahissent leur vie. Cécile trouve que François ne l'aime plus comme avant. Elle veut toujours être rassurée. Cécile devient folle.

Louise de Vilmorin, elle aussi, a vécu des relations fraternelles passionnelles. Louise est la seconde fille, après une sœur aînée nommée Mapie (diminutif de Marie-Pierre) ; viennent ensuite quatre garçons : Henry, Olivier, Roger et André.

Si l'enfance pouvait paraître dorée entre le château de Verrières et l'appartement du Quai d'Orsay à Paris, les parents étaient cruellement absents. « Jamais Louise ne vit sa mère à l'étage des enfants. Ou Mélanie voyage ou elle est tout à ses mondanités. [...] Bien qu'elle soit à Paris, il arrive ainsi que Mélanie ne rencontre aucun de ses six enfants pendant plusieurs semaines. Louise et ses frères s'amusent à compter les jours sans Madame mère. Olivier établit un record resté célèbre : soixante-quatorze jours sans la voir », écrit Jean Bothorel [1].

Un épisode douloureux est rapporté dans cette biographie : Mélanie offre à une fille pauvre venue lui rendre visite la poupée préférée de Louise. « Que se passait-il entre Louise et sa mère pour que celle-ci ait pu agir avec cette légèreté, cette méchanceté ou cette indifférence ? Étaient-elles habitées l'une et l'autre par une aversion réciproque ? Entre la mère et la fille, il n'y eut que des rendez-vous manqués [2]. »

À cette relation maternelle ambivalente et distante, s'oppose un lien plus positif avec son père qui, pourtant, n'est guère présent non plus. Il meurt en 1917. Louise a quinze ans. Elle était sa préférée. La vie bascule pour les

---

1. Jean Bothorel : *Louise ou la vie de Louise de Vilmorin*, Grasset, 1993.
2. *Ibid.*

enfants. Comme nous l'avons vu dans les autres cas, le deuil renforce les liens fraternels. « Pour être heureuse, il me faut des frères à embrasser », écrit-elle. « Singulière alchimie que les relations entre Louise et ses frères. Surtout entre Louise et André. De cinq ans son cadet, André sera le frère tendrement aimé. L'avocat, le gardien, la mémoire de cette sœur qui crée sans rien retenir, qui donne sans rien compter. Le confident dont elle sollicitera sans relâche les conseils comme la fortune, et qui répondra généreusement à ses besoins d'argent[1]. » Anaïs Nin relate la force de cet attachement dans deux courts récits[2].

Louise entretient avec André des relations privilégiées. « Un sentiment frémissant, une étrange volupté traverse les centaines de lettres que Louise adressera à son frère. Elle lui ouvrira son âme en toute liberté. Elle lui parlera comme ferait un cœur amoureux qui n'aurait jamais connu, au cours de sa vie, de relation aussi riche et originale : "Tu es le seul ici-bas que je souhaite revoir dans l'au-delà", lui dira-t-elle un jour[3]. »

Louise commence dès son adolescence une carrière de séductrice. Antoine de Saint-Exupéry tombe follement amoureux d'elle, et lui écrit de merveilleuses lettres.

Par une étrange coïncidence, Louise épouse Henry Leigh Hunt, dont le père était apparenté au poète anglais Leigh Hunt, l'ami de Lord Byron.

Pourquoi Louise choisit-elle cet homme âgé de quarante ans alors qu'elle n'en a que vingt-trois ? « En partie parce qu'elle avait deviné l'attirance d'Henry pour sa mère et qu'elle participait ainsi à un trio ambigu », explique Jean Bothorel. Sans doute. Joue aussi le fait

---

1. *Ibid.*
2. Anaïs Nin : *La Maison de l'inceste* et *La Cloche de verre*, Éditions des Femmes, 1987.
3. Jean Bothorel : *op. cit.*

qu'Henry soit le prénom d'un de ses frères. Malraux, un autre homme de sa vie, ne porte-t-il pas le prénom de son frère préféré, André ? Vivant à Las Vegas, elle se languit de ses frères et écrit régulièrement à André.

Maladie, sanatorium, retour en France, puis Louise repart pour les États-Unis où elle connaît sa première aventure extraconjugale : « Louise avait découvert, avec un ravissement mêlé d'inquiétude, l'ivresse des amours illégitimes sans que le remords l'inonde, il n'y avait plus désormais de raison pour qu'elle s'arrête en chemin[1]. »

Louise aura trois filles en l'espace de trois ans : Jessie en 1929, Alexandra en 1930 et Helena en 1931. La carrière de son mari les ramène à Paris.

Ses amours se multiplient. Seul André, son frère, est au courant de tout. Et Jean Bothorel souligne que les initiales des amants de Louise sont fréquemment A.M. Le plus célèbre sera André Malraux qui l'aidera à publier son premier roman, *Sainte Unefois*.

Henry et Louise divorcent. Henry obtient la garde des trois filles et repart pour les États-Unis en 1936. Le départ d'André de Vilmorin, également pour les États-Unis, la laisse vulnérable.

Louise a une liaison avec Gaston Gallimard qui, déçu par son infidélité, la quitte. Un nouveau coup de foudre, et cette fois c'est le mariage avec Pali Palffy, un comte hongrois. Les amours de Louise auront des noms célèbres : Pierre Seghers, Roger Nimier, Orson Welles, mais le plus important est certainement André Malraux.

Ses rapports avec André, son frère, surpassent cependant toutes les autres histoires amoureuses, par leur loyauté et leur durée. Leur complicité fut constante et André contribua grandement aux premiers succès littéraires de sa sœur.

André se mariera tardivement avec Andrée de Montes-

---

1. Jean Bothorel : *op. cit.*

quieu, en 1949. Que sa femme ait porté le même prénom que lui ne fait que renforcer nos hypothèses sur les relations narcissiques qui sous-tendent les amours fraternelles. André et Andrée ne font qu'un, et il n'est pas trop infidèle à sa sœur en introduisant dans la famille une nouvelle, Andrée de Vilmorin. Sans doute ne pouvait-il rencontrer qu'une Louise ou une Andrée...

Était-ce la fin de leur lien fraternel ? Certainement pas, mais Louise n'avait plus l'exclusivité du cœur d'André.

D'une certaine façon, par la multiplicité même de ses passions, Louise fut fidèle à André de Vilmorin, qui partagea toute sa vie.

Louis Althusser et sa sœur Georgette eurent eux aussi des liens ambigus. Leur mère prévient Louis, un jour, de se méfier de sa sœur. Les deux enfants étaient très proches l'un de l'autre. « J'étais le premier enfant de son corps [celui de sa mère], raconte Althusser, et un garçon, sa fierté. Quand ma sœur naquit, je me vis confier le soin de veiller à tout instant sur elle, de la cajoler et plus tard de la tenir par la main pour traverser la rue avec toutes les précautions d'usage et plus tard encore de veiller sur elle dans la vie en toutes occasions. Je me suis acquitté fidèlement de mon mieux de cette mission d'adolescent promu à une tâche d'homme, voire de père (mon père avait pour ma sœur des faiblesses qui me révoltaient, je le soupçonnais ouvertement de tentatives incestueuses quand il le [*sic*] prenait sur ses genoux d'une façon qui me paraissait obscène), mission qui par la gravité solennelle dont elle était revêtue devait être écrasante pour le jeune enfant que j'étais et même pour un adolescent comme moi[1]. »

La tentation incestueuse est évoquée dans cet ouvrage

---

1. Yann Moulier-Boutang : *Louis Althusser*, Grasset, 1992.

comme induite par des liens forts entre Georgette et son père, Louis et sa mère, mais aussi en raison du fameux lévirat qui servit de modèle à la construction de cette famille.

L'attachement de Georgette et de Louis fut sublimé, mais la force de leur tendresse se retrouve dans leurs lettres. Tous deux souffrirent à l'âge adulte d'épisodes mélancoliques dont les dates « se répondent ».

L'histoire des frères Goncourt est un exemple de lien incestueux entre frères, qui défraya la chronique à leur époque.

Jules et Edmond de Goncourt étaient issus d'une famille bourgeoise, anoblie peu avant la Révolution. Leur père, Marc-Pierre, avait combattu courageusement lors de plusieurs campagnes. Il avait épousé en 1815 la nièce de son général, et son contrat de mariage avait été signé par Napoléon. Après le décès de sa femme, Marc-Pierre s'était remarié.

Le nouveau couple eut quatre enfants : Edmond-Louis-Antoine, né le 26 mai 1822 ; puis une fille morte peu après sa naissance ; une autre fille, en 1823, foudroyée par le choléra en 1832 ; enfin, Jules-Alfred, né le 17 décembre 1830. Le père s'éteignit en 1834 et Mme de Goncourt prit en charge les études de ses fils. Edmond fut obligé d'étudier le droit alors qu'il souhaitait être peintre ; Jules, lui, brilla dans ses études. En 1848, leur mère mourut et son décès renforça les liens fraternels entre Jules et Edmond.

Leur vie commune scandalisa leurs contemporains. « Nous sommes tellement jumeaux, en tout et par tous les bouts, que nous avons jusqu'aux mêmes envies de femmes grosses[1]. »

---

1. Edmond et Jules de Goncourt : *Journal* (1861).

Ils partageaient tout, appartements, voyages, femmes...
« Nous qui, par le fait, ne sommes pas deux, qui ne nous
sommes point l'un à l'autre une compagnie ; nous qui
souffrons en même temps des mêmes défaillances, des
mêmes malaises, des mêmes maladies ; nous qui ne sommes à nous deux qu'un isolé, un ennuyé, un maladif. »
Relations fraternelles très particulières, empreintes
d'homosexualité latente ou réalisée, ils formèrent, au
long de leur vie, un vrai couple.

Leur relation fraternelle constitue un des thèmes de
leur *Journal* qui couvre quelque trente-cinq années, de
1851 à 1886. Fait exceptionnel, le premier tiers de cette
œuvre fut rédigé à deux, et le « nous » commence chaque
paragraphe. Les frères de Goncourt dessinent et peignent
des aquarelles, mais c'est leur engouement pour la littérature qui l'emporte.

Témoins passionnés de la vie parisienne, ils écrivent
dans de nombreux journaux. En 1852, ils sont inculpés
pour outrage à la morale publique et aux bonnes mœurs
parce qu'ils ont cité un texte un peu cru. Acquittés mais
blâmés, ils s'éloignent du journalisme.

Les frères sont le plus souvent amoureux d'êtres imagi-
naires, et fréquentent des prostituées « par hygiène ».
« Nous sommes retombés dans l'ennui de toute la hauteur du plaisir. Nous sommes mal organisés, prompts à la
fatigue. Une semaine nous dégoûte pour trois mois ; et
nous sortons de l'amour avec un abattement de l'âme, un
affadissement de tout notre être, une prostration du
désir, une tristesse vague, informulée et sans bornes[1]. »

Lorsqu'ils publient leur premier roman, Edmond a
vingt-neuf ans et Jules vingt et un. Jules fait la connaissance de Marie, une sage-femme qui deviendra, en 1858,
la maîtresse des deux frères.

Ils retrouvent souvent Gustave Flaubert et Théophile

---

1. Edmond et Jules de Goncourt : *op. cit.* (1855).

Gautier dans des salons littéraires et consignent dans leur *Journal* les propos des dîners mondains.

L'état de santé de Jules se dégrade à partir de 1868. Il meurt à quarante ans en 1870 d'une syphilis contractée plusieurs années auparavant. Malgré sa tristesse, Edmond continue d'écrire et de publier.

Après avoir reçu des mains de Poincaré la croix d'officier de la Légion d'honneur, Edmond meurt à l'âge de soixante-quatorze ans, en 1896, après avoir fait paraître une partie du journal.

Les abus sexuels

Ils sont plus fréquents que l'on ne croit, et visiblement refoulés à l'extrême. La littérature reste discrète par rapport à ces traumatismes qui influent sur le devenir des individus.

Les incestes parents-enfants — principalement père-fille — font l'objet de nombreux écrits, et depuis quelques années les témoignages se multiplient, tout comme les émissions de télévision. Pourquoi, alors, ce silence sur les incestes dans la fratrie ? Probablement parce qu'ils sont souvent assimilés à des jeux d'enfants, confondus avec des relations affectives positives, ou parce qu'ils ne sont pas dénoncés. Les cas relatés s'inscrivent dans une dynamique de famille incestueuse où les relations sexuelles se succèdent, du père aux filles et aux fils, puis des frères aux sœurs. Ce fonctionnement pervers reste néanmoins rare, mais le ralentissement des abus sexuels partiels ou complets entre frère et sœur peut être dramatique et entraîner des traumatismes majeurs, autant que l'inceste parental.

Et si on jouait à faire pleurer Emma ?

C'est ainsi que se déroulaient les jeux du week-end pendant l'enfance d'Emma, véritable souffre-douleur de ses six frères et sœurs. Emma était la benjamine, mais l'avant-dernier enfant était décédé en bas âge.

Emma avait huit ans quand leur mère mourut et le père se sentit vite débordé par ses enfants. Seul Martin, l'aîné des garçons, s'opposait aux jeux cruels du dimanche, Martin le plus gentil, le trop gentil Martin. Martin abusa de sa petite sœur pendant des années et, comme toute enfant victime d'un inceste, Emma ne disait rien ; la honte l'envahissait.

Dès qu'elle eut l'âge de quitter la maison, Emma partit loin et, pendant des années, elle erra à travers le monde sans jamais prendre racine. Vingt ans après, elle rentra en France, par hasard, parce qu'un ami l'avait sollicitée pour un travail. La dépression, qui ne l'avait pas quittée au fil des ans, était néanmoins masquée par ses déplacements incessants. Son retour réactiva ses souffrances.

Il fallut deux années de psychothérapie pour qu'elle raconte son passé traumatique ; la mort de sa mère, les absences de son père, les jeux sadiques de ses frères et sœurs. Elle n'évoqua son secret que bien longtemps après et arrivait à peine à prononcer le prénom de Martin. Progressivement, la douleur s'estompa, même si elle savait qu'elle n'oublierait jamais. Elle revit sa sœur aînée, qui lui donna des nouvelles de la famille, et se décida à téléphoner à Martin.

« Allô ! Emma Dupont à l'appareil. — Emma Dupont, c'est moi en effet », répondit une voix féminine au bout du fil. C'est par ce quiproquo qu'Emma apprit que Martin avait épousé une femme prénommée Emma. Une bouffée d'angoisse l'envahit. Ce fut le seul coup de fil qu'elle donna.

Emma fit progressivement le deuil de sa terrible

enfance. Si elle reconquit une certaine stabilité professionnelle, sa vie affective resta vide, tout investissement
émotionnel lui paraissant trop dangereux.

L'histoire de Roxane présente des similitudes avec
celle d'Emma, mais s'est construite dans un contexte de
famille unie, sans décès précoce de l'un des parents.

Roxane mit de nombreuses années à révéler à sa
famille le drame qu'elle avait vécu.

L'aîné de ses frères, Thibault, âgé de quinze ans, abusa
d'elle quand Roxane avait huit ans.

Thibault quitta sa famille après une violente dispute
avec son père et ne donna de ses nouvelles que plusieurs
mois plus tard. Errance, marginalisation, alcool, héroïne.

Roxane grandit tristement entre ses parents et ses
autres frères et sœurs. À l'âge de seize ans, elle annonça
un jour à sa famille qu'elle en avait assez de l'école : elle
voulait travailler. Les parents consultèrent un psychologue qui diagnostiqua une phobie scolaire. Malgré les
entretiens thérapeutiques, Roxane ne changeait pas
d'avis. Sur les conseils de ce psychologue, les parents
demandèrent un avis complémentaire.

L'entretien permit de cerner un élément important du
système familial, mais pourtant personne n'imaginait à
l'époque le secret de Roxane. Thibault venait de réinté-
grer le domicile familial, et le thérapeute interpréta les
symptômes de Roxane comme un signal d'alarme pour
aider Thibault à sortir de la drogue. Toute la famille
consulta, Thibault fut aidé et Roxane choisit une nouvelle
orientation scolaire. Tout rentrait dans l'ordre.

Roxane partit un an chez ses cousins en Allemagne
pour servir de baby-sitter et parfaire son apprentissage
de la langue. Son père fut averti que Roxane avait une
liaison avec ce cousin germain. Le scandale fut considérable : non seulement Roxane semait la zizanie dans une

famille unie, mais encore l'homme qu'elle avait séduit avait vingt ans de plus qu'elle, était son cousin et père de trois enfants.

Peu de temps après, elle révéla son secret à ses parents. Thibault vivait alors avec une femme prénommée Roxane, comme elle. Malgré la rareté de ce prénom, il avait réussi à sceller une union avec une autre Roxane, tout comme dans l'exemple évoqué précédemment.

Les révélations de Roxane déclenchèrent des réactions en chaîne : la mère fut hospitalisée pour dépression pendant plusieurs semaines, le père commença un travail psychologique ; un des frères, pour éviter de frapper Thibault, partit vivre à des milliers de kilomètres de là. La sœur aînée, alors mariée, traversa une grave crise conjugale, car son époux l'avait culpabilisée... L'édifice familial s'était écroulé. Thibault, lui, persévéra dans ses passages à l'acte : il sombra dans l'alcoolisme et se fit renvoyer de son travail. Après une violente dispute dans un café, la police l'incarcéra pour coups et blessures. En fait, Thibault avait tout mis en œuvre pour payer sa « faute » : il avait fait en sorte d'aller en prison pour liquider sa dette. C'est dans ce contexte qu'il reprit espoir et commença une formation professionnelle. Le passage par la loi extérieure avait, d'une certaine façon, rétabli ses limites internes, mais Roxane, affligée par cette cascade d'événements, eut du mal à trouver son chemin.

La tragique histoire de Virginia Woolf montre bien le retentissement psychique de l'inceste. Virginia avait deux demi-frères du côté de sa mère. L'un des deux, Gérald Duckworth, alors âgé de vingt ans, l'agresse et la viole lorsqu'elle a six ans. Elle en a treize quand sa mère, Julia, meurt : c'est le deuxième grand traumatisme de sa vie. Pendant des années, Virginia subira les agressions sexuelles répétées de son autre demi-frère, George Duckworth, âgé de vingt-cinq ans.

Virginia fait une première tentative de suicide par défenestration. Elle a vingt-deux ans quand son père meurt et, de nouveau, la dépression l'envahit. Les quatre vrais frères et sœurs, Vanessa, Toby, Virginia et Adrian, se retrouvent seuls. Toby avait fait une tentative de suicide pendant que leur mère se mourait.

Après la disparition de leur mère puis de leur demi-sœur, Stella, les liens affectifs entre Virginia et Toby se renforcent. Elle a d'interminables discussions littéraires avec lui. Il lui fait découvrir les auteurs grecs et le théâtre anglais, car à cette époque, les femmes ne sont pas admises dans les universités. Des réunions intellectuelles s'organisent. Un groupe se fait connaître avec des personnalités telles que Bertrand Russel, John Maynard Keynes, et Leonard Woolf, qui épousera Virginia.

Toby est proche de Virginia, mais il ferme les yeux sur les relations incestueuses auxquelles la soumet George, et Virginia lui en veut.

Plus tard, Toby meurt d'une fièvre typhoïde et, de nouveau, Virginia s'effondre. Elle se marie à l'âge de trente ans, en 1912, avec Leonard Woolf qui était — tout comme le mari de sa sœur Vanessa — un ami de Toby dont il prolonge ainsi la mémoire.

Les difficultés psychologiques de Virginia persistent. Elle écrit beaucoup, mais ses troubles s'aggravent. Malgré son talent et sa notoriété, l'ensemble des traumatismes subis sera trop lourd à porter pour Virginia et elle se suicidera le 28 mars 1941.

Ces histoires montrent à quel point l'inceste frère-sœur peut être tragique quand il s'accompagne d'abus sexuels.

Ce n'est pas parce qu'il se produit à l'intérieur d'une même génération que le traumatisme est moindre. La culpabilité est énorme et, comme nous l'avons vu, ces troubles surviennent la plupart du temps dans des contextes fragilisés par des deuils parentaux récents.

8

LES SECRETS DE FAMILLE

> « *Toute la vie. On peut inventer ce qu'on veut, on peut me dire... il y a l'irréparé, l'irréparable. On répare l'instantané, on le corrige. Mais le passé. On ne répare pas le passé, on le porte en soi dans le toujours.* »
>
> Louis ARAGON
> *La Mise à mort*

Le film *Rain Man* [1] doit certes son succès, à une remarquable interprétation de Dustin Hoffman, mais surtout à la révélation d'un secret de famille. Le scénario est construit de telle sorte que le public s'identifie aux différents personnages.

Charlie Babbitt, dont la mère est décédée lorsqu'il avait deux ans, a rompu tout lien avec sa famille. Les années passent et Charlie apprend brutalement la mort de son père qui lui lègue sa Buick et les prix remportés pour ses rosiers. Le reste du patrimoine se monte à trois millions de dollars, mais il est placé sous tutelle de Monsieur X, au profit d'un bénéficiaire anonyme. Charlie Babbitt découvre que Monsieur X est le Dr Walter Bruner, directeur d'un établissement psychiatrique. Charlie

---

1. Scénario de Ronald Bass et Barry Morrow. Réalisation Barry Levinson (1988).

va le voir, mais le médecin refuse de lui révéler le nom du légataire. Au moment où il s'apprête à quitter la clinique, un étrange personnage reconnaît sa voiture, la fameuse Buick.

Charlie apprend alors la vérité : l'héritier anonyme est son frère aîné, Raymond, autiste, soigné dans cette clinique. Il s'attachera à ce personnage, à la fois intelligent et handicapé. Il a un frère, de seize ans son aîné, alors qu'il se croyait enfant unique, et ce frère est fou.

Le spectateur entre dans le monde de la psychose et s'identifie à Charlie, qui est en proie à des sentiments ambivalents. Le décalage entre la grande intelligence de Raymond et son immaturité déclenche des situations cocasses. Charlie est tout d'abord intéressé par l'héritage, mais il renforce progressivement ses liens avec Raymond.

Le temps fort du film est celui qui évoque la séparation des deux frères. Grâce à la chanson *Rain Man*, Charlie se souvient de Raymond. Il avait deux ans et Raymond dix-huit. Leur mère venait de mourir. Raymond voulut donner le bain à son petit frère, mais il ne savait pas régler la température de l'eau et Charlie s'est mis à hurler, car l'eau était bouillante. À la suite de cet incident, le père décide de placer Raymond dans une institution. Veuf, avec un fils autiste et un bébé, il n'arrivait plus à faire face à la vie quotidienne.

La remémoration de cet événement traumatique restaure le lien fraternel entre Raymond et Charlie.

Ce scénario n'est pas sans analogie avec de nombreux cas rencontrés, tel celui de Nadine, une adolescente de seize ans.

Nadine découvre, un soir, le dossier traitant de la succession de sa mère décédée quand elle avait quinze jours. Elle apprend que son père avait été marié une première fois avant d'épouser sa mère, mais surtout qu'elle a un demi-frère, dont elle ignorait l'existence. Ce demi-frère, à la mort de sa mère, est parti vivre avec son père naturel. Nadine est bouleversée, d'autant que ces papiers, elle ne les a pas trouvés par hasard. Son père venait de quitter sa belle-mère et préparait son déménagement. Il avait suggéré à Nadine de mettre un peu d'ordre dans la maison avant de faire les cartons. Elle courut chez sa tante pour connaître toute la vérité et parla avec son père le soir même.

Il lui expliqua qu'il avait essayé, à de multiples reprises, de tout lui dire, mais que c'était trop douloureux pour lui. Nadine s'attendait à de nouvelles révélations, il n'y en eut pas. Elle souhaita retrouver ce demi-frère, ce qu'elle fit dans les mois qui suivirent.

Seule la souffrance du père était à l'origine de ce secret qui aurait pu être levé beaucoup plus tôt, d'autant plus que ce frère, à la différence de celui de *Rain Man*, ne posait pas de problèmes particuliers. Il avait simplement été le témoin d'une page de l'histoire du père de Nadine que celui-ci avait voulu tourner.

Les secrets de famille ont pour objet des situations douloureuses ou honteuses.

L'histoire de Nadine témoigne de la souffrance de son père, incapable pendant de longues années de révéler une partie de son passé. Des événements apparemment anodins sont ainsi gommés, mais fonctionnent dans l'inconscient des individus et se renforcent au fil des générations. Ils s'organisent comme des secrets qui finissent par peser lourd. Parfois, lors de la révélation d'une histoire, on ressent un décalage entre l'émotion déclenchée et l'épisode douloureux.

Souvent aussi, les secrets de famille ont pour objet une ou plusieurs transgressions des normes morales (un adultère, par exemple) ou juridiques (la prison).

Si le secret de la filiation est le plus fréquent, d'autres actes ayant pour conséquence l'humiliation, la honte (l'inceste, le viol, la maladie mentale, le suicide, l'alcoolisme, la toxicomanie...) sont tus également.

Ces secrets perpétuent les mythes créés par les familles ou s'opposent à eux. Thomas J. Cottle [1] montre que l'abandon parental et l'infidélité se retrouvent dans le « mythe de la stabilité », l'inceste et les mauvais traitements dans le « mythe de l'harmonie », les dettes, la faillite et le chômage dans le « mythe de la richesse », l'alcoolisme, la toxicomanie, les dépressions nerveuses, l'hospitalisation et le suicide dans le « mythe de la normalité ».

Ces traumatismes peuvent être connus de tous et évoqués, mais, le plus souvent, on tente d'effacer ces événements en les cachant. L'histoire devient un secret aussi lourd à porter pour ceux qui le « cachent » que pour ceux qui le subissent, car ce secret reste présent et actif dans l'espace psychique individuel.

La vie de Louis Aragon constitue certainement l'un des plus bouleversants exemples de ces secrets de famille.

Né à Paris en 1897 et décédé en 1982, Louis Aragon est un des grands poètes et romanciers du XXᵉ siècle. Son œuvre immense comporte des poèmes, des romans, des ouvrages critiques. Marqué par le surréalisme et son engagement communiste auquel il est resté fidèle jusqu'à la fin de ses jours, il a écrit plus de quatre-vingts ouvrages.

Si tout le monde a murmuré un jour un poème d'amour dédié à Elsa Triolet, son histoire familiale est moins connue.

---

1. Thomas J. Cottle : *Enfants prisonniers d'un secret*, Robert Laffont, 1995.

Les secrets de famille

Il y a des sentiments d'enfance ainsi qui se perpétuent
La honte d'un costume ou d'un mot de travers.
                                    [T'en souviens-tu
Les autres demeuraient entre eux. Ça te faisait tout
                                    [misérable
Tu comprenais bien que pour eux tu n'étais guère montrable
Même aujourd'hui d'y penser ça me tue[1]...

Louis Aragon ne fut reconnu ni par sa mère, ni par son père, mais il sera élevé au sein de sa famille maternelle. « J'étais un poids pour ma famille parce que je n'étais pas un enfant légal et que même je n'étais pas supposé être l'enfant de la famille qui était la mienne et où j'ai été élevé, ma mère passait pour ma sœur[2]. »

Ainsi, Louis Aragon est élevé comme étant le fils de sa grand-mère, et le très jeune frère de Marguerite Toucas alors âgée de vingt-quatre ans — sa mère, en réalité. Son père, âgé de cinquante-sept ans, est marié et a trois enfants.

Pas question de divorce ; Louis Andrieux est un personnage politique important, député, préfet de police, ambassadeur de France en Espagne. Il a d'une certaine façon « reconnu » Louis puisqu'il lui donne son prénom et ses initiales.

« Aragon : ce nom a été inventé pour moi à ma naissance (par mon père), je ne puis pas le considérer comme un nom de famille, mais il m'appartient en propre et par jugement[3]. »

Son père sera donc son parrain, et sa mère sa sœur. Aragon apprendra le secret de ses origines à vingt ans, au moment de partir pour le front : « Je n'aimais pas cet

---

1. Louis Aragon : *Le Roman inachevé*, Gallimard, 1956.
2. Valérie Staraselski : « Aragon parle avec Dominique Arban », in *Aragon, la liaison délibérée*, Éditions L'Harmattan.
3. *Ibid.*

homme, ayant assisté entre ma mère et lui à des scènes parfois violentes, où ses propos à lui étaient d'une espèce qui m'empêche même de les répéter. Pendant mon enfance, le dimanche et le jeudi matin, nous allions, ma mère et moi, le rencontrer au Bois de Boulogne, lui venant de Passy, nous de Neuilly. Je l'appelais Parrain, c'était la version pieuse des choses. Il y renonça pendant la Guerre, quand je revêtis l'uniforme, et força ma mère à me dire qu'elle n'était pas ma sœur, parce qu'il ne voulait pas que je pusse être tué sans savoir que j'avais été une marque de sa virilité[1]. »

Son enfance fut douloureuse, marquée par l'absence de son père, par la place de sa mère et par le manque d'argent de sa famille. « Je suis d'une de ces familles bourgeoises qui, au début du siècle, courbaient encore le dos sous un monde d'idées et de préjugés hérités avec la vie, un piano et quelques actions ou obligations à lots, de plusieurs générations d'officiers de marine et de propriétaires terriens. Ce monde avait dans la pratique cessé d'être le leur, puisque aussi bien ces familles n'avaient plus les moyens d'y faire figure. Elles devaient bien parfois s'avouer qu'elles étaient en marge de la société dont elles conservaient la dévotion, dont elles subissaient le prestige. D'où ces efforts insensés pour paraître, ces sacrifices de tout ce qui aurait éclairé l'existence à ce que pouvait lui donner le decorum, cet espoir pitoyable de regagner le paradis perdu, cette façade toujours miraculeusement maintenue devant des mesquineries, des privations et des chagrins, qui furent ce par quoi je pris d'abord conscience de la réalité, ce qui donna couleur à mon enfance[2]. »

Le manque d'argent le poursuivra longtemps et le mit plus encore en marge des autres enfants. « À ma rentrée

1. Henri Matisse, cité par Valérie Staraselski, *op. cit.*
2. Louis Aragon : *Pour expliquer ce que j'étais*, Gallimard, 1989.

en sixième la famille n'a pas voulu se fendre d'une boîte de compas, c'est très cher, d'autant que mon tuteur disait qu'il m'en apporterait une, qui avait servi à ses fils, un peu usagée, mais pouvant encore aller. Personne ne peut se faire une idée de la honte que m'est cette boîte, avec les tire-lignes épointés ne permettant pas de faire un trait net, le velours violet fané, des pièces qui manquent. J'aurais pourtant aimé apprendre, mais la main m'en tremble. Et tout ce qui me vient comme cela, les miettes des fils de mon père, me donne un sentiment de répulsion. Par exemple, les dictionnaires allemand-français et français-allemand, où ils ont constellé les colonnes de dessins de toute sorte, des femmes à poil, et pire. Encore un domaine dont je ne peux parler à personne, cette fois. »

L'histoire de ses origines le poursuivra toute sa vie et François Nourissier [1] en témoigne : « Dans quelle mesure le traumatisme avait-il aggravé la nature ou l'avait-il fondée, comment savoir ? C'était étonnant, les confidences qu'il lâchait tout d'un coup : "Sais-tu que j'ai rencontré mon frère à la Comédie-Française..." ça commençait comme ça, et il y avait le récit de la rencontre, avec cet homme qui venait lui dire à l'entracte : Louis Aragon je suis votre frère... "Eh bien, crois-moi ce vieux schnock avait ma tête !..." Se référant à la nouvelle "Le mentir-vrai", il dit encore : "Sur Andrieux, sur l'existence de ses demi-frères, sur les vacances dans les Dombes... sur tout ça, toute la théorie du mentir-vrai, il l'a échafaudée, ils l'ont échafaudée pour essayer d'y voir plus clair." »

Aragon placera l'amour au-dessus de tout. Cette quête incessante est la conséquence de cette enfance douloureuse et Aragon luttera pour être reconnu par le monde entier, puisqu'il ne l'avait pas été par ses proches. Son

---

1. Cité par Valérie Staraselski, *op. cit.*

sentiment de culpabilité et son désir de prouver qu'il existe seront les ressorts de sa créativité.

> *Le mot n'a pas franchi mes lèvres*
> *Le mot n'a pas touché mon cœur*
>
> *Jamais je ne l'ai dit qu'en songe*
> *Ce lourd secret pèse entre nous*
> *Et je me vouais au mensonge*
> *À tes genoux*
>
> *J'irai jusqu'au bout de mes torts*
> *J'avais naissant le tort de vivre* [1].

Mais si Aragon a réussi à dépasser les traumatismes de son enfance, d'autres n'ont pas la capacité de transcender les événements de la vie. Pour une réussite, combien d'échecs ! Nombreux sont nos patients, restés bloqués par le poids de leur histoire, incapables de devenir des adultes à part entière.

Les parents dépensent beaucoup d'énergie pour éviter tout signe qui rapprocherait du secret. L'enfant, sentant qu'on lui cache quelque chose, perd confiance et s'évertue à comprendre. Les actes manqués, les lapsus ponctuent le temps et sont autant de signes entendus au moins partiellement par l'enfant qui pressent qu'on lui ment.

Les mécanismes mis en œuvre pour gérer cette non-communication appartiennent aussi bien au domaine interactif qu'inconscient. Le risque est de voir des répétitions transgénérationnelles s'opérer à l'insu de l'individu, ce que Boszormenyi-Nagy a appelé les « loyautés invisibles [2] », comme les mécanismes de transgression.

---

1. Louis Aragon, *Œuvres poétiques*, Éditions Le Club, 1981.
2. *Loyauté invisible* : La loyauté, obligation de sauvegarder le groupe, peut entraîner l'émergence de comportements pathologiques

La question fondamentale des origines se pose toujours à un moment ou l'autre de la vie. Suis-je bien l'enfant de mes parents, ou ai-je été recueilli comme Moïse ?

Connaître son origine génétique représente la question fondatrice de l'identité. L'attitude de la population et celle du corps médical à cet égard ont considérablement évolué en l'espace de trente ans.

Auparavant, la consigne était donnée aux parents de ne rien dire aux enfants lorsqu'ils étaient adoptés. Se comporter comme des parents biologiques représentait l'attitude logique. Pour témoigner de l'amour aux enfants, il fallait occulter le traumatisme de la séparation, voire du décès ou de l'abandon, de leurs parents géniteurs.

Cette attitude doit être replacée dans son contexte socioculturel. Gommer le traumatisme semblait favorable au développement de la personnalité, mais les effets néfastes de la transmission psychique du secret se sont révélés plus lourds à gérer que la réalité que l'on voulait masquer. Le parti pris de révéler la filiation aux enfants s'inscrit dans l'évolution de la connaissance psychologique.

La transformation des mœurs a permis d'accepter les enfants adultérins ; les filles-mères sont devenues des mères célibataires et l'arrivée d'un enfant naturel n'est plus vécue comme une honte. Les séparations sont cou-

---

chez un des membres de la famille. Le comportement délictueux ou l'anorexie d'un enfant peut, par exemple, avoir pour effet d'éviter un changement vécu comme dangereux par les parents. La loyauté est définie comme un « déterminant motivationnel, ayant des racines dialectiques, multipersonnelles, plutôt qu'individuelles ». « La fidélité aux parents, devenue invisible, se dissimule alors comme la motivation secrète, inconsciente ou préconsciente, d'un comportement psychopathologique. » Définition extraite du *Dictionnaire des thérapies familiales*, sous la direction de Jacques Miermont, Payot, 1987.

rantes, et les remariages fréquents. Les familles recomposées se multiplient. Dans ce contexte, l'adoption est mieux acceptée.

Le sentiment de trahison, de tromperie, modifie brutalement les rapports familiaux lorsque le secret est levé.

Quand Sébastien fête ses dix-huit ans, sa mère lui révèle que son père biologique était en réalité Jacques, l'ami de toujours, « son parrain ». Son père légal n'en sait toujours rien. Contraint de vivre dans le mensonge et incapable d'évoquer cette situation avec son père ou son parrain, Sébastien fait ses valises et quitte la maison. Sa mère comprend le sens de ce départ, mais ne peut pas l'expliquer à son mari, puisque celui-ci n'est pas au courant. Elle préfère justifier l'attitude de Sébastien par des conflits relationnels avec... son père. Sa sœur Jane — en réalité sa demi-sœur — découvre la vérité peu de temps après. Le choc est brutal, et elle réagit par des échecs scolaires. Elle se reproche ses mauvaises relations avec Sébastien. Elle avait pressenti cette histoire depuis longtemps, à cause de lapsus fréquents du parrain qui disait souvent « mon fils », au sujet de Sébastien, au lieu de « mon filleul ». Jane souffrira longtemps de cette histoire, incapable de trahir sa mère en révélant la vérité à son père. Elle se sentait encore plus responsable de lui.

L'histoire de Tania est assez semblable. L'aînée de deux filles, Tania, découvre en annonçant son prochain mariage que sa mère était en réalité sa belle-mère. En demandant le livret de famille de ses parents pour publier les bans, elle est consternée par leur attitude gênée et déclenche une discussion.

Tania apprend que sa mère est décédée peu de temps après sa naissance et que son père s'est remarié. Sa sœur,

Esther, est en réalité sa demi-sœur. Profondément troublée par cette révélation, Tania entreprend des recherches pour découvrir dans quelles conditions sa mère est morte. Après plusieurs mois d'enquête, elle retrouve la trace de cette mère qui, en fait, vit toujours, mais dans un asile d'aliénés.

Tania rompt alors avec son père, sa belle-mère et sa sœur, et part chercher sa mère qu'elle sort de l'hôpital où elle croupissait depuis vingt ans, sans aucune amélioration de son état. Les retrouvailles avec sa fille, l'amélioration des techniques de soins, de nouveaux traitements concourent à lui redonner un équilibre de vie.

Esther est traumatisée par cette histoire. Avant la révélation du secret, elle s'entendait parfaitement bien avec sa sœur. Après son départ, elle ressent une solitude effroyable. Sa mère réagit par un état dépressif : elle avait élevé Tania, et y était autant attachée qu'à Esther. Elle avait cru bien faire en suivant les conseils de leur médecin de l'époque. La mère de Tania était alors considérée comme une malade mentale sans espoir de guérison (c'était en 1950, avant l'avènement des neuroleptiques).

Tania ne revit sa belle-mère et sa sœur que dix ans après, au moment de la mort du père. Les relations se « normalisèrent » progressivement, mais Tania ne retrouva jamais l'intimité qu'elle avait partagée avec sa sœur et sa belle-mère.

Mais il est d'autres secrets de famille que celui des origines.

Les circonstances du décès, par suicide principalement ou par des maladies, telles que le sida, vécues comme honteuses, sont également tues.

La mère de Joëlle et de Rony vient de mourir. Atteinte par le virus d'immunodéficience, elle s'est éteinte brutalement d'une complication neurologique. L'entourage ne savait pas qu'elle était séropositive, et s'est empressé de conduire Joëlle, âgée de onze ans, et Rony, huit ans, à un dépistage systématique tout en leur expliquant que leur maman était décédée d'une tumeur cérébrale foudroyante...

Dans leur for intérieur, Joëlle et Rony savent pertinemment de quoi était atteinte leur mère. À quel moment auront-ils le droit d'en parler ? Et à qui ? Le sida, c'est un peu la peste et dire qu'un proche en est atteint, c'est comme si on le transmettait aussitôt.

Le suicide est un acte d'une telle violence pour l'entourage qu'il faut parfois des années pour en parler. Nadia découvrit un jour que son père avait eu une sœur et, des années plus tard, elle comprit que cette tante s'était suicidée. Elle était gommée de l'arbre généalogique, sa mort ayant terriblement marqué sa famille. On efface. C'est plus simple. Son père disait qu'il avait eu trois frères, pas de sœur.

Nadia trouva un jour des photos de famille sur lesquelles une jeune fille apparaissait. Son père lui expliqua qu'elle était morte dans un accident de voiture, mais à sa voix, elle comprit qu'il s'agissait d'autre chose. Nadia en parla à son frère et tous deux décidèrent de provoquer une réunion de famille pour savoir, car aucun de leurs cousins et cousines n'était au courant de l'existence de cette tante. C'est ainsi que la vérité fut dévoilée.

Cette révélation fut essentielle pour la construction de l'identité de Nadia, probablement parce que son père n'avait pas eu d'autre sœur et qu'elle-même était la seule fille de sa fratrie.

Mais les secrets se révèlent au grand jour lorsque les loyautés invisibles guident les actes d'un individu. Les répétitions transgénérationnelles s'éclairent par la compréhension des systèmes familiaux. Les frasques d'un adolescent ne sont parfois que le pâle reflet des transgressions d'un oncle disparu ou rentré dans le droit chemin et dont on a peine à imaginer le passé mouvementé.

Les générations qui ont vécu la guerre induisent des comportements apparemment « inexplicables », qui trahissent l'histoire ancienne. Jean-Luc arriva un jour le crâne rasé chez ses parents, habitués à lui voir une chevelure abondante. Seul l'aspect esthétique choqua les parents. Mais Jean-Luc et son frère souffraient tous deux d'alcoolisme grave et avaient présenté des comportements à risque (accident de moto, tentative de suicide), nécessitant une prise en charge familiale. Le travail thérapeutique, au cours de la séance où Jean-Luc arriva chauve, fut à l'origine de la révélation de l'histoire de la grand-mère paternelle, dénoncée pour collaboration après la guerre, et dont le crâne avait été rasé.

Martine et Gilles découvrent tardivement que leur père, antisémite virulent, avait fait partie de la milice pétainiste. Eux-mêmes fréquentaient uniquement de jeunes juifs qui, seuls, trouvaient grâce à leurs yeux. Martine épousa un juif, Gilles une juive — ce qui provoqua une rupture avec leurs parents. Ils avaient honte de leur père et s'efforçaient, par leurs choix affectifs comme par leurs actions (ils militaient tous deux au sein d'une association luttant contre le racisme) de réparer la tache familiale.

9

VIVRE AU QUOTIDIEN
AVEC
LE HANDICAP OU LA MALADIE

Ce chapitre pourrait constituer à lui seul le thème d'un livre, tant la maladie ou le handicap retentissent sur les relations fraternelles.

Les situations varient en fonction de l'âge des enfants — malades et bien-portants —, de leur rang dans la fratrie, du caractère de la maladie, de son pronostic et de son évolutivité, des contraintes thérapeutiques.

De nombreux travaux ont été publiés concernant l'enfant malade, qu'il s'agisse de ceux de Ginette Raimbault sur les néphropathies, de Nicole et Jean-Marc Alby sur les leucémies, de Philippe Gutton sur les pathologies hépatiques... Tous mettent en avant l'évolution de la personnalité de l'enfant, ses mécanismes de défense, l'attitude parentale. Des progrès remarquables ont été réalisés au sein des services de pédiatrie grâce à l'introduction de pédopsychiatres et de psychologues dans l'équipe thérapeutique.

Le rôle de ces cliniciens appelés « pédopsychiatres ou psychopédiatres » (car le mot « psy » fait peur) est d'aider l'enfant et sa famille. Ils travaillent en collaboration avec le personnel soignant confronté à des situations qu'il n'arrive pas toujours à gérer.

Les parents sont accueillis et, dans de rares cas, hébergés avec leur enfant : le temps de l'hospitalisation est réduit à son minimum en fonction de l'agressivité des traitements et des examens médicaux. Mais les frères et sœurs ne sont qu'exceptionnellement pris en compte, sauf si une hypothèse génétique de la maladie les contraint à des examens complémentaires ou à une surveillance régulière.

De nombreuses raisons semblent à l'origine de cet évitement de la fratrie. Tout d'abord l'âge : dans les hôpitaux, les visites sont interdites aux enfants de moins de quinze ans, probablement en raison du caractère traumatisant de l'hôpital. Mais le règlement peut s'assouplir. Selon les situations, les enfants sont « tolérés ». Dans les maternités, les aînés rendent visite à leur mère et rencontrent leur frère ou leur sœur avant le retour à la maison.

Lorsque les enfants sont petits, ils représentent une charge : il faut les surveiller pendant les visites et ils ne supportent que des rencontres brèves ; ils sont impatients de partir, ou fatigués par le trajet jusqu'à l'hôpital.

La séparation d'avec la famille imposée par la médicalisation est propre aux pays occidentaux. Dans d'autres cultures, la famille élargie participe aux traitements, apporte la nourriture, loge dans le service... La grande technicité du monde médical et les progrès réalisés permettent de guérir des maladies gravissimes. Mais de nouvelles contraintes accompagnent cette médecine moderne : du nourrisson en couveuse « pour prématurité » aux enfants-bulles (élevés en chambre stérile), la présence d'un parent — pas toujours de deux — est possible, mais pas celle de la fratrie.

Les visites des adolescents sont acceptées à l'hôpital, mais le contexte reste souvent traumatisant.

Martine se souvient de sa première visite à sa sœur atteinte d'une leucémie. Elle avait seize ans. C'était dans un service de cancérologie, d'« oncologie » comme on les nomme actuellement. Elle n'oubliera jamais la vision des enfants chauves qui attendaient à la consultation. Ses parents, habitués à cette vision, ne l'avaient pas prévenue. C'est à ce moment-là qu'elle a compris la gravité de la maladie.

Le secret et l'information

En même temps que la maladie de leur enfant, les parents découvrent le monde médical qui leur est étranger et comprennent difficilement les informations qui leur sont données dans un langage technique. Leur attitude varie, du déni de la maladie à la recherche du diagnostic le plus détaillé ; dans tous les cas, les enfants sont tenus à l'écart.

La tradition française préconise le secret pour protéger l'enfant, même si les attitudes changent d'un service à l'autre. Entre tout dire et ne rien dire, il y a un monde. Aujourd'hui, on tente d'entendre la demande de l'enfant et d'y répondre autant que faire se peut.

Jordy, un petit garçon de neuf ans, prématurément mûri par les épreuves de la vie, avait été renversé par une voiture à l'âge de quatre ans et cet accident avait provoqué de multiples lésions : en particulier, son foie avait éclaté et une dérivation des voies biliaires avait été réalisée, en attendant une greffe. Jordy avait le teint jaunâtre que connaissent bien les médecins du service. Grâce à son intelligence et sa précocité, il était le « chouchou » des infirmières : il faut dire qu'il faisait de fréquents séjours à l'hôpital... Jordy avait un frère aîné, Thomas, et une sœur cadette, Delphine. Thomas, âgé de douze ans, ne lui ressemblait guère : taciturne, mutique, ses rares visites soulignaient son antagonisme avec son frère.

Delphine, cinq ans, était née un peu avant l'accident. Elle adorait Jordy et lui faisait parvenir par l'intermédiaire de ses parents de nombreux dessins.

Un jour, Jordy éclata en sanglots et demanda à consulter son dossier médical. Pris au dépourvu, les médecins hésitèrent, se relayèrent à son chevet et mirent ce souhait sur le compte d'une recrudescence d'anxiété liée à l'imminence d'une nouvelle opération. Rien n'y fit. Jordy réclamait son dossier. Après de longues discussions, le chef de service proposa à Jordy de regarder ces documents avec lui, en présence du pédopsychiatre attaché à sa consultation. Jordy, ravi de cette proposition, passa une matinée à détailler les pièces. Ce qu'il voulait, c'était comprendre ce qui s'était passé lors de son accident. L'amnésie des jours qui avaient suivi le choc l'inquiétait plus que la gravité de son état. Il ne retrouva pas les souvenirs qui lui manquaient, mais apprit de nombreuses choses concernant les protocoles qu'il subissait. L'effet bénéfique fut immédiat : Jordy prit confiance en lui et commenta avec ses mots à lui son histoire médicale à sa famille. Son frère Thomas changea d'attitude à son égard, devint plus ouvert. Il discuta avec ses parents et put exprimer sa jalousie, liée au peu de temps qu'on lui consacrait. Delphine, elle, avait depuis toujours senti l'épée de Damoclès qui pesait sur Jordy, mais sa maladie n'était plus un tabou, on pouvait en parler.

Les enfants souvent hospitalisés pour être soignés acceptent les traitements même les plus agressifs. Et si on leur explique les modalités d'une intervention, ils la supportent mieux.

Les frères et sœurs reçoivent des nouvelles par les

parents, mais ne se privent pas d'écouter les communications téléphoniques pour en apprendre davantage.

Pour ne pas les affoler, on leur donne peu d'informations, parfois aucune. Les enfants construisent alors leur propre raisonnement. Ils respectent le silence des adultes et n'osent pas poser de questions. Souvent, ils sont loin de la réalité et minimisent ou exagèrent la gravité d'un trouble. L'attitude la plus adéquate consiste à aider l'enfant souffrant ou sa fratrie à formuler sa représentation de la maladie, à l'inciter à poser des questions : il a envie de parler et de sentir qu'on l'écoute.

La pathologie organique conduit les pédiatres à gérer des situations terrifiantes : c'est le cas des maladies génétiques comme la glycogénose ou la mucoviscidose, qui peuvent affecter tout ou partie de la fratrie.

L'hémophilie est une maladie génétique bien connue. On en parle davantage aujourd'hui en raison du sida, qui en a radicalement modifié le paysage et changé son pronostic : plusieurs enfants de la même fratrie peuvent mourir en l'espace de peu de temps. Cette affection est traitée par des transfusions, d'où les risques de contamination par le V.I.H qui existaient.

La transmission est récessive et liée au sexe : le chromosome X transmet la maladie. Les garçons ayant hérité du X malade de leur mère sont atteints. Les filles ne sont jamais malades, car leur X sain inhibe le X anormal. Dans un cas sur deux, elles sont « conductrices », c'est-à-dire qu'elles peuvent transmettre la maladie. Ainsi, des drames se jouent souvent entre les frères malades et les sœurs indemnes.

Cette maladie grave oblige à des soins réguliers, à une hygiène de vie parfois difficilement compatible avec celle des enfants. Il faut se garder des sports violents, car le moindre bleu devient hémorragie. La gestion du quotidien est difficile, autant pour les parents qui vivent constamment dans l'angoisse de mort et la culpabilité de la mère qui a transmis la maladie.

Le diagnostic des maladies génétiques est donné d'emblée aux parents qui tentent une deuxième, voire une troisième grossesse dans l'espoir d'engendrer un enfant « indemne ». Les chances statistiques sont variables, selon que le gène est récessif ou non. Mais nous avons vu des familles n'ayant qu'une chance sur quatre d'avoir un enfant bien-portant courir le risque.

Quel est l'avenir de cet enfant, rescapé par hasard ? Comment vivra-t-il le fait de survivre à ses frères et sœurs ? Comment grandir dans un contexte de deuil ?

La maladie d'un enfant retentit comme une injustice et déclenche des émotions difficilement soutenables.

Lorsque le diagnostic létal est annoncé, la relation parentale vis-à-vis du bébé condamné change. Il faut élaborer un travail de deuil anticipé, car la mort est déjà présente et inscrite dans les pensées de toute la famille.

L'attitude maternelle risque de se modifier et l'on assiste à des réactions variées, allant de la sollicitude extrême à un rejet lié à une douleur psychique insupportable.

En général, les parents mettent toute leur énergie à rester disponibles pour l'enfant malade. Les mères sont plus attentives que les pères qui se sentent impuissants, moins efficaces que leur femme. La relation mère-enfant s'intensifie avec un risque dépressif pour celle-ci, principalement lorsqu'elle est hospitalisée avec l'enfant. Elle vit alors dans un monde clos, médicalisé et s'interdit tout autre lien. Elle ne peut plus être femme, elle n'est plus que mère d'un unique enfant. Le père est peu disponible psychiquement, même s'il est présent.

Les répercussions sur la fratrie sont importantes : les frères et sœurs se sentent « abandonnés » en raison des circonstances. L'absence des parents pourrait être compensée par les grands-parents ou les oncles et tantes, mais la famille élargie, affectée par le drame qu'elle partage, n'est pas vraiment à l'écoute des autres enfants. Ceux-ci essaient de gérer le quotidien, de se faire oublier ou, au contraire, expriment leur souffrance par des comportements d'échec scolaire, des passages à l'acte : ils tentent de détourner l'attention, de montrer qu'ils existent.

Le sentiment fraternel s'exacerbe. La jalousie ou l'agressivité peuvent moins se manifester, et pourtant comment ne pas en éprouver lorsqu'un frère en dialyse rénale reçoit tous les jouets que l'on a souhaités ou quand une sœur réunit à son chevet ses parents divorcés ? Les pulsions agressives augmentent à l'intérieur de la fratrie. Les parents souhaiteraient voir les disputes s'atténuer, alors qu'elle sont incessantes.

L'hospitalisation, c'est d'abord l'absence.

Vivre au quotidien avec un frère ou une sœur en difficulté entraîne des tourments, mais des réaménagements positifs apparaissent au sein de la famille.

Les enfants cherchent à aider leurs parents pour plier un fauteuil roulant, apporter les médicaments, dans un élan de générosité, masquant la culpabilité de celui qui est bien-portant. Ils espèrent attirer le regard des parents tournés trop exclusivement vers l'enfant malade. Cette sollicitude peut représenter un déplacement de l'agressivité, des souhaits de mort inconscients, conséquence de cette situation douloureuse.

Un patient se souvenait du décès de son frère : « Je gère mieux l'absence que les hospitalisations répétées, l'angoisse du lendemain, les résultats médicaux... »

L'épuisement émotionnel est là ; la décompensation des parents a été décrite, celle des enfants existe. Marc raconte qu'il n'a jamais voulu inviter de copains à la maison pour qu'ils ne voient pas son frère atteint d'une grave déficience mentale. Habitant loin de l'école, il prétextait la distance. Marc a grandi plus vite que ses camarades.

160

Responsable très tôt de son frère, il le gardait lorsque les parents sortaient... C'était son « secret ». Il avait honte et se sentait coupable d'avoir honte.

Claude, né aveugle, a bien accepté son handicap, même si celui-ci constituait une blessure narcissique. Ses quatre frères et sœurs ont appris à se relayer pour qu'il puisse se déplacer. Leur vie a été organisée pour l'aider. Mais les parents restaient vigilants afin que Claude ne soit pas toujours à la charge des autres. Une des sœurs, adulte, raconte comment leur mère s'arrangeait pour emmener Claude se promener lorsqu'elle fêtait son anniversaire. Elle était soucieuse de ne pas l'imposer, mais elle s'est battue pour lui faire mener une vie normale.

Si la maladie est évolutive avec un pronostic létal, comme dans certaines formes de cancer, les parents décident parfois d'avoir un nouvel enfant. Nicole et Jean-Marc Alby[1] racontent : « Parfois un faire-part de naissance vient, plusieurs années après, gratifier les infirmières. La fréquence de grossesses survenant relativement tôt au cours de la maladie, au bout d'un an, souvent "préventivement", lors d'une rémission, mérite d'être signalée. La signification réparatrice, le besoin de restaurer une bonne image maternelle est évidente mais nous savons peu de l'évolution de la relation entre la mère et son nouvel enfant. »

Il fut un temps où des pédiatres encourageaient les parents à faire un autre enfant lorsque le caractère gravissime de l'affection était confirmé. Probablement y avait-il de leur part une projection personnelle dans la situa-

---

1. Nicole et Jean-Marc Alby : « L'intervention psychologique dans un centre de recherches et de traitement d'hématologie, travail portant sur les leucémies de l'enfant », in *La Psychiatrie de l'enfant*, fascicule 2, volume XIV, 1971.

tion. Ce conseil, donné de façon semi-directive, voire directive, méconnaissait souvent le fonctionnement interne du couple et répondait d'abord à l'inconscient des médecins confrontés à l'élaboration de ce deuil.

Si la maladie réunit ceux qui souffrent, elle les sépare aussi. Les difficultés s'exacerbent devant l'angoisse de mort. Des réactions telles que la fuite, le rejet, ne sont pas rares. Nombreux sont ceux qui ne supportent pas l'épreuve à traverser, et des couples se séparent à la suite de tels traumatismes.

Certains enfants doivent affronter simultanément la maladie ou la mort d'un frère ou d'une sœur et la séparation de leurs parents. Le processus de parentification[1] est une réaction à cette situation. À peine sortis de l'enfance, ils deviennent adultes et jouent un rôle parental, comme « parents » de leurs propres parents.

La position fraternelle varie en fonction du degré du handicap, de son origine (inné ou acquis), de l'expression de ses troubles (moteurs, psychologiques, intellectuels) et des perspectives d'avenir.

---

1. *Parentification* : pour I. Boszormenyi-Nagy (1973), la parentification est un renversement des rôles parents-enfants, temporaire ou continu. Il s'ensuit une distorsion de la relation entre deux partenaires (enfant-parent ou conjoints) dont l'un met l'autre dans une position de parent. Un enfant peut ainsi devenir le père ou la mère de ses propres parents. Elle est à distinguer des processus d'identification et d'identification projective, tout en étant un composant de ces processus. La fonction de parentification est de prévenir l'épuisement émotionnel de la personne en défaut de parentalité. Lorsqu'elle est un mode habituel et prévalent de relation, la parentification devient un processus pathologique, et l'exploitation de l'enfant par ses parents peut alors conduire à des troubles psychopathologiques, en venant empêcher la maturation et l'épanouissement de la personne parentifiée. (Définition tiré du *Dictionnaire des thérapies familiales*, sous la direction de Jacques Miermont, *op. cit.*)

Colette a une sœur aînée trisomique. Elle a appris à vivre à ses côtés, mais elle préfère intégrer une faculté en province. Mariée, mère de famille, elle est revenue à Paris par loyauté vis-à-vis de ses parents et de sa sœur qui vit dans une institution spécialisée. Son mari accepte d'autant plus aisément ces contraintes qu'il connaît une situation voisine : son frère cadet a présenté des troubles psychologiques et fait de nombreuses tentatives de suicide. Ces difficultés familiales ont joué un rôle important dans leur relation.

Mais l'interaction dans la fratrie varie selon des paramètres déjà évoqués : le rang, l'écart d'âge, le sexe, le nombre d'enfants... Ajoutons-y le contexte d'apparition de la maladie ou du handicap, et on comprend que chaque histoire est singulière.

Jean-Louis s'entendait à merveille avec son frère aîné Vincent. Deux ans à peine les séparaient. Vincent adorait les sports et Jean-Louis les livres, mais ils se retrouvaient pour se raconter leurs histoires. Un jour, Vincent proposa à son frère d'aller le chercher chez des amis, avec sa nouvelle moto. Jean-Louis l'attendit en vain ; la police informa la famille du grave accident qui venait de se produire : Vincent avait percuté de plein fouet un poids lourd. Il était dans le coma. Il resta plusieurs mois hospitalisé et en sortit tétraplégique. Jean-Louis avait à peine vingt ans et organisa sa vie autour de celle de son frère paralysé, affrontant la culpabilité d'être indemne et se sentant responsable de l'accident : c'est en venant le chercher que le drame s'était produit. Son abnégation était telle qu'il ne se maria que lorsque son frère trouva une âme sœur, n'eut des enfants que lorsque Vincent, qui ne pouvait pas engendrer, adopta une petite fille. Il se passionna pour les sports afin de les faire vivre à son

163

frère. Il renonça à son métier de juriste pour créer une entreprise où son frère avait des parts.

Dans cette histoire, le choix professionnel s'est modifié en fonction du contexte. Fréquemment, la fratrie d'enfants handicapés ou malades s'oriente vers des carrières médicales, paramédicales ou sociales.

Les greffes

Depuis quelques années, la notion de greffe se développe : implanter un rein, un cœur, un foie est devenu possible, voire courant. En général, les organes prélevés sur des patients « cliniquement » morts sont réimplantés en fonction de la compatibilité des tissus avec ceux des malades. La famille est sollicitée dans certains cas, notamment lors des greffes de rein ou de moelle. En général, la fratrie coopère facilement à ce type de projet.

Didier, de retour de vacances, apprit que sa sœur aînée venait d'être hospitalisée de toute urgence. Fatiguée depuis quelques mois, elle n'arrivait pas à guérir d'une angine. Une numération sanguine ne laissa aucun doute : on diagnostiqua une leucémie aiguë. Hospitalisation, chambre stérile, chimiothérapie, radiothérapie...

Didier fut convoqué pour un bilan afin de voir si sa moelle était compatible. Malheureusement, ce n'était pas le cas. Didier était effondré et se sentait coupable de ne pas pouvoir aider sa sœur ; il redoubla de sollicitude à son égard.

Elle réagit bien à l'autogreffe (sa propre moelle réimplantée, « nettoyée » en quelque sorte) et guérit de cette grave maladie.

Nous avons tous en tête la participation des médias dans des cas désespérés où l'on recherche un frère ou une sœur en vue d'un don d'organe. Des liens fraternels sont ainsi parfois rétablis lors d'événements exceptionnels.

Un cas rapporté par la télévision nous a beaucoup frappés. L'histoire était approximativement la même que celle de Didier : une jeune fille malade, un frère ou une sœur dont la moelle n'est pas compatible. Le dénouement est différent : pour sauver leur enfant leucémique, les parents décidèrent de faire un nouvel enfant en espérant qu'il pourrait apporter la solution. Ainsi fut conçu, par des parents ayant dépassé la quarantaine, un bébé qui put sauver la vie de son aînée... Par bonheur la greffe fonctionna, faute de quoi cet enfant eût été un véritable « enfant de remplacement », n'ayant pas, de surcroît, réussi à sauver sa sœur.

Le contexte familial et les maladies mentales

Indépendamment de tout problème génétique, certaines familles cumulent les difficultés. Un handicap moteur peut toucher un enfant, alors qu'un autre présente des troubles psychologiques. Il y a fréquemment un lien entre les troubles. Le retentissement de la maladie organique sur le groupe familial peut être trop lourd à supporter et entraîner la décompensation des autres membres.

Lorsque Robert et Marthe consultèrent pour leur fils Sylvain qui avait présenté, quelques mois auparavant, un épisode délirant et restait prostré depuis, ils ne mentionnèrent pas l'existence d'autres problèmes. Le thérapeute posa quelques questions sur la vie quotidienne. Six personnes habitaient à la maison ; une grand-mère souffrant de la maladie d'Alzheimer, une sœur aînée en fauteuil roulant à la suite d'un accident de la route, un frère cadet qui avait subi de multiples opérations à la suite d'une malformation rénale. Sylvain, jusqu'alors bien-portant, le père et la mère qui avaient souffert successivement de troubles dépressifs. Le contexte était suffisamment dramatique pour qu'on en tienne compte dans les difficultés de Sylvain. La famille était dépassée par l'ensemble des problèmes, et un travail de psychothérapie familiale s'imposa en complément des entretiens individuels.

Mais il existe des maladies « acceptables » et des maladies « honteuses ». Les maladies mentales et le sida entraînent encore une discrétion, voire le silence de la part de la famille. Les enfants autistes font peur. Ils sont parfois violents, sujets à des conduites d'automutilation. Les autres formes de psychoses ou de retards psychomoteurs majeurs ne sont pas mieux acceptées. La différence conduit à l'exclusion : ces enfants différents sont souvent placés en institution, mais le temps partagé avec les autres reste problématique. C'est pour cela que l'histoire de *Rain Man* est touchante, mais il est vrai que Raymond présente un aspect positif de la maladie qu'on ne trouve pas toujours dans la réalité.

Quand les troubles psychiques se déclenchent tardivement, le retentissement sur la fratrie est encore plus douloureux.

Larry avait vingt ans lorsque sa sœur Jenny, âgée de seize ans, fut placée en hôpital psychiatrique : elle s'était mise à délirer et, en quelques jours, son état confuso-onirique l'avait amenée à errer dans le métro.

Informé de l'état de sa sœur, Larry courut à l'hôpital. « Pourquoi elle et pas moi ? demanda-t-il aux médecins. Nous avons la même histoire, les mêmes parents. »

Jenny sortit quelques semaines plus tard, mais elle rechuta lorsqu'elle interrompit son traitement et fut de nouveau hospitalisée. Sa vie oscilla entre des périodes d'accalmie et des séjours en milieu spécialisé. Fascinée par les sensations ressenties lors de son premier épisode délirant, elle les recherchait en cessant régulièrement de prendre ses médicaments, mais cela la conduisait à une plus grande souffrance. « Je ne suis pas malade, je suis différente. » Larry supportait mal les rechutes de sa sœur, reprochant à ses parents une attitude trop laxiste ou trop autoritaire. Combien de fois avait-il été appelé en urgence par Jenny qui avait avalé tous ses médicaments, combien de fois l'avait-il conduite aux urgences ? Ses seuls moments de quiétude, il les connaissait lorsqu'il partait avec son sac à dos au bout du monde, pour oublier. Alors qu'il était promis à un avenir brillant, il avait quitté la faculté et vivait d'expédients, comme pour faire pendant à Jenny.

Jenny rencontra un garçon et se retrouva enceinte. La réaction de ses parents fut violente : « Quand on est malade, on n'a pas d'enfant. » Elle avorta et se jeta sous le métro quelques mois après. Larry ne supporta pas cette fin tragique. Ayant essayé des drogues dures lors de ses voyages, il plongea définitivement dans les paradis artificiels et mourut d'overdose, quelques années plus tard.

Si toutes les histoires ne sont pas aussi tragiques, la souffrance de la fratrie doit systématiquement être prise en compte, même si elle ne s'exprime pas clairement. Si la psychose peut susciter la sympathie, elle entraîne le plus souvent l'hostilité et le rejet. Les mécanismes de défense pour assurer sa propre survie font appel à toutes les possibilités, et souvent le frère ou la sœur le plus opposant est en réalité le plus fragile.

Le témoignage de Valérie Comoretto [1] concernant Bruno mérite d'être cité, car il éclaire la souffrance de la fratrie.

« Tout a commencé en décembre 1991. Je n'oublierai jamais ces images à l'infirmerie psychiatrique de la préfecture de police (IPPP), où j'ai vu mon frère les mains ensanglantées, les pieds noués dans des sacs plastiques bleus qui ressemblaient à des sacs poubelle. Bruno avait ses yeux bleus, fixes, béants d'étonnement, le regard dans le vide, il était horriblement maigre. »

Bruno est hospitalisé et le diagnostic de schizophrénie est porté. « En ce qui concerne mon frère, et bien d'autres personnes atteintes de cette maladie, ce phénomène insidieux qui s'est développé sur plusieurs années provenait d'une sensation de vide, de néant intérieur mortellement douloureux. C'est ainsi qu'il avait commencé par jeûner pendant des semaines, puis par vouloir se défenestrer, conduit par des voix insoutenables qui le persuadaient de sauter, afin d'en finir avec cette souffrance. »

Les troubles se stabilisèrent progressivement, mais avec des rechutes. « Voir survivre mon frère ainsi, à l'âge de vingt-six ans, fut source de détresse, d'interrogations sans fin, de culpabilité, d'anéantissement de moi-même. Sans oublier la solitude qu'engendre cette maladie, parce que difficilement explicable, incompréhensible pour les autres qui bien souvent refusent d'écouter et prennent la fuite. »

Valérie explique combien elle souhaitait être informée de la situation. « À nous, parents et sœur de Bruno, on

---

1. Valérie Comoretto : « Bruno, mon frère pas comme les autres », in *Revue de l'APAJH*, nº 46, juin 1995. Article publié dans *Être Handicap Information*, nº 13, septembre-octobre 1994.

ne nous expliquait rien, nous étions désemparés, les réponses à mes questions pour comprendre ce qui se passait restaient en suspens. Nous étions face à un mur, celui de la toute-puissance et du savoir, où la seule certitude était celle du non-dit... Je dirais presque que sur ce point le même sort était réservé aussi bien à la personne malade qu'à sa famille. Néanmoins, si la fratrie est la plupart du temps occultée, j'ai aujourd'hui l'heureuse possibilité de témoigner. »

10

LE DÉCÈS PRÉCOCE
D'UN FRÈRE OU D'UNE SŒUR

« Tout me fait croire, écrit Freud à Fliess le 3 octobre 1897, que la naissance d'un frère d'un an plus jeune que moi avait suscité en moi de méchants souhaits, une véritable jalousie enfantine et que sa mort avait laissé en moi le germe d'un remords. » Freud a onze mois lorsque sa mère accouche de Julius, qui mourra huit mois plus tard. Quarante ans après, il parlera de cet épisode à son ami Fliess.

Ce chapitre est certainement le plus tragique, car il touche à la mort prématurée de l'enfant. Perdre un enfant, c'est inverser l'ordre générationnel de la vie, c'est devoir accepter l'inacceptable. La mort d'un vieillard est douloureuse mais normale, la mort d'un adulte est traumatique ; la souffrance engendrée par celle d'un enfant atteint les limites de l'insoutenable.

Combien de fois avons-nous entendu une mère évoquer la mort de son bébé, alors que dans la réalité sa grossesse s'était interrompue dans les premières semaines de gestation, en raison d'une fausse couche ou d'une mort « in utero ». Mais elle s'était sentie mère : elle avait imaginé le bébé, l'avait vu vivre, même s'il s'agissait d'un fœtus. Dans son vécu, elle avait perdu un enfant. Et cette perte nécessite un véritable travail de deuil, souvent incompris par l'entourage.

La mort de l'enfant est injuste. Elle nous atteint au plus profond de nous. Elle sollicite un intense niveau émotionnel. La mortalité infantile est aujourd'hui minime dans nos contrées, ce qui contribue à amplifier l'impact du décès d'un bébé ou d'un jeune. Maladie, accident, négligence sont à l'origine de ces deuils. Les circonstances du décès influencent considérablement le devenir des parents et de la fratrie. Accompagner son enfant atteint d'une maladie incurable en présence d'une équipe médicale attentive n'a rien à voir avec un décès accidentel dû à un défaut de surveillance ; là, la culpabilité aura du mal à s'effacer.

Édith n'avait que quelques mois lorsque son frère aîné, âgé de quatre ans, se noya dans la piscine de la villa louée à l'occasion des grandes vacances. Les parents déjeunaient tranquillement et Édith dormait dans son berceau. Ils ne se remirent jamais de ce drame. Chaque été, Édith accompagnait ses parents sur la tombe du grand frère enterré en Espagne, près de la maison où avait eu lieu l'accident. Vers l'âge de dix-huit ans, elle se révolta et refusa de participer à ce pèlerinage. « J'ai vécu mon enfance dans l'ombre de ce frère que je n'avais pas connu. C'était mon grand frère, je lui parlais avant de m'endormir. Et puis j'ai grandi, mais lui a toujours eu quatre ans. Il est devenu mon petit frère. »

Comme tous les enfants confrontés à un drame semblable, Édith était surprotégée. La moindre grippe faisait craindre une méningite ; un mal de ventre, une occlusion intestinale... Édith apprit à nager grâce à l'école, car il était impensable pour les parents de l'emmener se baigner.

Édith devint une brillante élève pour prouver qu'elle pouvait réussir « pour deux ». Reçue à l'agrégation d'histoire et à Sciences-Po, elle entama une carrière de journaliste.

Un premier échec professionnel fut à l'origine de son état dépressif, et c'est alors qu'elle entreprit une psychothérapie. L'importance du décès de son frère resurgit dès les premières séances. Elle comprit combien les exigences parentales qu'elle avait intériorisées entravaient ses choix. Incapable de trouver un compagnon, elle s'était consacrée à sa famille en réussissant « comme un homme ». Fonder une famille aurait signifié être déloyale envers ses parents et au souvenir de son frère. Ses sentiments d'agressivité et de jalousie purent enfin s'exprimer dans le cadre de la psychothérapie. Elle s'épanouit, se maria et devint mère à son tour, tout en menant une carrière remarquable.

La douleur morale qui accompagne le deuil se surajoute à une inhibition, à un rétrécissement du champ relationnel. Seul compte cet enfant disparu ; le processus d'idéalisation est encore plus important que lorsqu'il s'agit d'un adulte. La solitude ressentie par les parents peut renforcer la relation de couple, mais elle peut aussi amplifier les tensions et faire éclater de nouveaux conflits. La fragilité, le retrait ne favorisent évidemment pas l'interaction conjugale, d'autant que des mécanismes ambivalents se mettent en œuvre.

Il faut des mois, parfois des années, pour que le cours normal des choses se rétablisse. Certains ne se résignent jamais à la perte de l'enfant et ce deuil retentit manifestement sur les autres enfants qui se sentent délaissés, pas « à la hauteur », incapables d'être aussi « bien » que celui qui n'est plus là. Ils participent au culte mortuaire de celui qu'ils n'ont pas ou peu connu, et qu'ils ne réussiront jamais à remplacer dans le cœur de leurs parents.

Dans certains cas, le décès peut être caché et fonctionner comme un secret de famille. Les parents essaient de gommer cette page noire de leur existence. Comment raconter à un jeune enfant qu'il avait un aîné décédé de malformation ou de mort subite ? Quelques années après, la vérité semble plus facile à dire, mais si le drame a été longtemps tu, comment aborder ce douloureux sujet ?

L'âge, encore une fois, revêt ici une importance extrême. Perdre un frère ou une sœur aînée ou plus jeune n'est pas la même chose selon le rang que l'on occupe dans la fratrie.

Au XVIIIe ou au XIXe siècle, la mortalité infantile était considérable. Perdre un ou plusieurs enfants n'avait rien d'exceptionnel. La notion de famille et les liens d'attachement eux-mêmes ne peuvent être comparés à ce que nous connaissons actuellement. Lire avec le regard du XXe siècle l'histoire d'une famille du XVIIIe n'a guère de sens.

De même, le regard anthropologique sur les sociétés primitives donne un éclairage différent sur la façon d'appréhender la mort des enfants. « Chez les Mossi du Burkina Faso, explique Françoise Zonabend[1], un enfant né après le décès successif de ses frères se verra affecté d'un nom signifiant "ordure", "balayure", "sans-nom". » Ces surnoms dérisoires et dépréciatifs ont pour but de protéger le nouveau-né contre les esprits malfaisants. La famille tente ainsi de détourner leur attention pour éloigner le mauvais sort.

Walter Toman[2] a conceptualisé la perte d'un membre

---

1. Françoise Zonabend : « Temps et contre-temps », in *Nom, prénom, Autrement* n° 147, septembre 1994.
2. Walter Toman : *Constellations fraternelles et structures familiales : leurs effets sur la personnalité et le comportement*, Éditions E.S.F., 1987.

d'une famille en essayant d'opérer une classification des facteurs influençant le travail de deuil. « L'effet le plus général de la perte d'un membre de la famille est probablement l'insécurité relationnelle ultérieure envers les tiers. Plus la perte aura été importante et plus l'insécurité se manifeste chez celui qui l'a subie, et ceci dès à présent comme plus tard. » Il classe la gravité des conséquences selon plusieurs critères : son aspect récent ou précoce dans la vie d'un membre de la famille, le plus grand âge de la personne disparue, la longueur de la cohabitation avec cette personne disparue, l'étroitesse de la taille de la famille, le déséquilibre entre les sexes du fait de cette perte, le temps mis pour effectuer le travail de deuil, le nombre de pertes antérieures.

Ces règles sont proposées pour tous les décès intervenant dans la famille, ceux des parents comme ceux des enfants. Et Walter Toman ajoute : « La perte d'un parent est beaucoup plus grave que celle d'un membre de sa fratrie et celle d'un membre beaucoup plus âgé de sa fratrie plus grave que celle de celui qui serait juste un peu plus âgé. [...] Dépasser la perte d'un membre de sa fratrie est plus facile quand le disparu est son cadet de plusieurs années, plus difficile quand il l'est de peu, pénible quand il est plus âgé que soi. »

À notre époque, plusieurs décès d'enfant dans une même fratrie restent exceptionnels et ne se produisent que lors de grandes catastrophes naturelles, en période de guerre ou dans les pays du tiers monde.

Le deuil apparaît plus traumatisant lorsque l'enfant mort avait noué des liens avec les autres frères et sœurs. La perte du frère ou de la sœur réorganise la famille : parfois, on *devient* « enfant unique » et on porte le poids de l'héritage familial, alors que rien ne le laissait prévoir.

L'âge auquel intervient le décès et les circonstances de

la mort ou de la maladie peuvent modifier radicalement l'organisation psychique de l'enfant survivant.

Jonathan avait six ans et jouait tranquillement dans sa chambre lorsque sa sœur Lydie s'est noyée dans sa baignoire. Leur mère avait répondu au téléphone, persuadée que la femme de ménage surveillait le bébé, alors que cette dernière s'affairait à la cuisine. Jonathan n'a pas distingué les pleurs comme étant un signal de détresse. Accident atroce qui fit basculer en quelques secondes la destinée d'une famille ; Jonathan pleura beaucoup pendant plusieurs jours, puis ses larmes s'arrêtèrent. Deux ans après, des cauchemars envahirent ses nuits. Il n'arrivait pas à se concentrer en classe et accumulait les mauvaises notes. Son état se dégradait. L'annonce d'une nouvelle grossesse chez sa mère le terrifia. Amené en consultation, il fut incapable de parler, du moins au début. Progressivement, il se rassura, se sentit en confiance. Jonathan se croyait toujours coupable de la mort de Lydie, d'autant qu'il avait ressenti une profonde jalousie à sa naissance. Personne ne savait, sauf lui, qu'il avait souhaité qu'elle disparaisse. Combien de fois avait-il pensé : « Elle nous gâche la vie par ses cris ; ma mère est toujours fatiguée et ne s'occupe que d'elle. » Il pensait avoir induit cet accident. Le traitement psychologique rendit possible le travail de deuil. Jonathan accepta l'arrivée d'un autre enfant à la maison, mais plusieurs années de consultations furent nécessaires pour réduire sa culpabilité.

La même histoire faillit arriver à Janine, âgée de dix ans. Mais étant plus âgée, elle comprit que sa sœur était en train de se noyer et la sauva. Leur mère passait l'aspirateur dans l'appartement et n'avait pas entendu les cris. Janine, marquée par cette histoire, revoyait régulièrement le film se dérouler devant ses yeux : quelques secondes de plus et c'était le drame. Une complicité se développa au fil des ans entre les deux filles. Janine devint une mère « auxiliaire », d'autant qu'elle avait neuf ans de plus.

Anticiper le deuil n'est pas chose aisée, même si la maladie prépare à l'idée que les jours d'un enfant sont comptés. L'ambivalence de la relation fraternelle oblige à des mouvements psychologiques qui font émerger la culpabilité, l'agressivité et toute une gamme d'émotions.

Nous avons évoqué des décès précoces, c'est-à-dire survenus pendant la période de vie commune à la fratrie. À l'âge adulte, le deuil se vit différemment car notre personnalité est apparemment construite et nos investissements diversifiés. Notre organisation intérieure et la qualité de la relation affective qui persiste lorsqu'on est grand contribuent à ces réactions diverses. Ainsi, cette femme, éplorée après le décès de son frère, s'entendit dire par un ami : « Oh ! c'est pour cela que vous faites cette tête ? Après tout, vous n'avez perdu qu'un frère. » Nul doute que les propres liens fraternels de cet homme étaient entachés de haine et de rivalité...

L'émotion peut atteindre un paroxysme comme ce fut le cas pour Marine, enceinte de sept mois lorsqu'elle apprit le décès de sa sœur, victime d'un accident de voiture.

Après les obsèques, elle ressentit de violentes contractions abdominales. Hospitalisée d'urgence, elle accoucha dans des conditions dramatiques d'un petit garçon de 1,8 kg, transporté aussitôt par le Samu en service de réanimation.

Le pronostic semblait catastrophique, autant pour la mère, qui fit une hémorragie, que pour le bébé, « grand prématuré ». L'un et l'autre se sortirent pourtant sans séquelles physiques de cette épreuve.

Mais revenons à la période de l'adolescence, en illustrant par deux histoires la tragédie de la perte d'un frère ou d'une sœur. Pour Alain Malraux, comme pour Gregory Bateson, la mort a frappé deux fois, et deux frères aînés. La similitude s'arrête là, bien entendu, mais ces témoignages méritent d'être mentionnés.

Gregory Bateson est un célèbre anthropologue américain (1904-1980) dont les travaux concernant la schizophrénie et les théories de la communication sont mondialement connus.

Son père William Bateson était un grand généticien anglais. Gregory, le plus jeune des trois garçons, semblait le moins doué. L'aîné, John, fut tué sur le front, pendant la Première Guerre mondiale. Martin, le second, vivait des relations conflictuelles avec son père, qui souhaitait le voir étudier la zoologie alors que seule la poésie l'attirait. « Ma plus haute ambition est de devenir poète. Mais je ne pense pas en être capable, à moins qu'il n'y ait déjà de la poésie dans ce que j'ai écrit jusqu'à présent. Je pourrais certainement devenir un humble serviteur de la science, mais en poésie, il faut que je sois un phare », écrivait-il à sa mère [1]. Il se suicida le 22 avril 1922 à Trafalgar Square, le jour de l'anniversaire de John.

Gregory Bateson se retrouva donc, à dix-huit ans, fils unique après le décès de ses deux frères. Toutes les attentes se concentrèrent sur lui. Mary Catherine Bateson, la fille de Gregory et de Margaret Mead, témoigne : « Ma propre vision de Gregory comme chercheur s'enracinait également dans l'histoire naturelle, dans cette façon de se consacrer à la science qu'il avait adoptée alors qu'il était encore un enfant. Son père, William Bateson, était un généticien distingué. Il souhaitait voir tous ses fils

---

1. Mary Catherine Bateson : *Regard sur mes parents*, Le Seuil, 1989.

aimer les arts, mais apporter leur contribution personnelle à la science. Tout le fardeau de cette attente familiale se retrouva sur les épaules de Gregory après le décès de ses deux frères. [...] Les deux aînés avaient initié le benjamin aux sciences naturelles, comme Gregory devait plus tard m'initier partiellement moi-même. »

Ces événements traumatisants n'ont pas empêché Gregory de devenir un théoricien et un anthropologue de renom. Il s'intéressa tout au long de sa vie à la communication. Ses premiers travaux concernaient les tribus Iatmuls de Nouvelle-Guinée, puis il étudia les troubles du langage et la schizophrénie. Après avoir développé ses idées sur la psychose, les dauphins retinrent son attention.

Comment imaginer la réaction d'un adolescent de dix-huit ans qui perd successivement ses deux frères, l'un en héros, l'autre par suicide. Que s'est-il joué entre Gregory et ses parents ? Comment leurs relations ont-elles évolué ? Ce qui aurait pu définitivement détruire le génie de Bateson l'a peut-être stimulé : il devait réussir pour ses deux frères et pour lui. À dix-huit ans, sa personnalité était suffisamment structurée pour qu'il réagisse à ce double choc sans s'effondrer. Toutes les hypothèses sont possibles, car nous ne disposons pas de son témoignage personnel sur ces événements. Les écrits de Gregory Bateson ne révèlent rien de son intimité, et le livre de sa fille évoque à peine sa vie avant sa rencontre avec Margaret Mead.

Alain est à la fois le neveu et le beau-fils d'André Malraux. Ce dernier a eu une histoire familiale complexe, qui s'est répétée à la génération suivante.

Ses parents ne s'entendent guère. Après sa naissance, un petit frère, Raymond, naît mais meurt à trois mois. Plusieurs fausses couches se succèdent. Les relations parentales se dégradent et Fernand, le père d'André Malraux, quitte sa femme. Après maints succès féminins, il rencontre une jeune femme, Lilette, qu'il épouse et dont il a deux fils, Roland et Claude, les demi-frères d'André Malraux.

L'histoire se complique encore lorsque la sœur de Lilette, Gaby, est recueillie par le couple après la mort de son fils par overdose. Il semblerait qu'il y ait eu une liaison entre Fernand et sa belle-sœur. En tout cas, Lilette se sépare de Fernand, qui se suicide en 1930 après avoir mis en ordre ses affaires. Il avait prévenu son fils André, et sa belle-sœur, Clara, « qu'il se retirait pour délibérer, seul avec lui-même, sur son propre sort[1] ».

André Malraux a donc deux demi-frères qui mourront tous deux pour faits de résistance : le premier, Roland, en 1945, en déportation ; le second, Claude, exécuté par les Allemands en 1944.

De l'union d'André Malraux avec sa première femme, Clara, naît, en 1933, une fille, Florence. Mais ses relations avec Clara ne sont pas bonnes et il noue une liaison avec Josette Clotis.

Josette est enceinte et André Malraux souhaite que cet enfant porte son nom, mais il est toujours marié à Clara. Il ne veut pas divorcer, pour protéger Clara, qui est juive, des lois antisémites édictées par le gouvernement de Vichy. Il demande alors à son demi-frère, Roland, célibataire, de reconnaître l'enfant. Pierre-Gauthier naît le 5 novembre 1940. Légalement, il est le fils de Roland Malraux et de Josette Clotis ; en réalité, son père est André Malraux.

En 1942, Josette est à nouveau enceinte. Roland est sur le point de se marier et propose à André Malraux de repousser la date de son union pour reconnaître ce

---

1. Alain Malraux : *Les Marronniers de Boulogne : Malraux, mon père*, Ramsay, 1989.

deuxième fils. Mais Josette refuse pour ne pas pérenniser cette situation. Roland se marie avec Madeleine le 9 janvier 1943. Vincent naît la même année et porte le nom de Clotis. Roland et Madeleine attendent eux aussi un enfant : Alain Malraux, qui naît le 11 juin 1944.

En novembre 1944, Josette fait une chute mortelle en descendant d'un train. André Malraux se retrouve seul avec Pierre-Gauthier (quatre ans) et Vincent (un an). Il confie son fils aîné aux parents de Josette et s'installe avec Vincent dans un appartement qu'il partage avec Madeleine, sa belle-sœur, et Alain, son neveu, Roland combattant alors dans la Résistance. Pendant une année, André et Madeleine vivent côte à côte, jusqu'à ce que leur parvienne l'annonce officielle de la mort de Roland, en mai 1945. Le décès de Roland Malraux laisse Alain orphelin, mais également Pierre-Gauthier, le fils d'André, que Roland avait reconnu : André Malraux pouvait dire que son fils était orphelin d'un père vivant...

André et Madeleine sentent leur relation évoluer et, quelque temps plus tard, André, désormais divorcé, épouse sa belle-sœur.

Alain Malraux, qui est donc le neveu d'André Malraux, devient son beau-fils, et comme Alain n'a pas connu son vrai père mais a été élevé par André Malraux, c'est avant tout un père !

Pierre-Gauthier est (légalement) le demi-frère d'Alain, mais aussi son cousin germain, tout comme Vincent : ils grandissent ensemble dans la même cellule familiale, comme de vrais frères.

Alain décrit son enfance [1] dans un ouvrage bouleversant, où il et se rappelle les premiers moments avec ses frères :

« Au second se trouvaient aussi mes deux frères.

« Comme ils étaient différents ! J'étais le benjamin,

---

1. Alain Malraux : *op. cit.*

180

mais je ne me souviens pas non plus du temps où Vincent n'était pas près de moi : trois mois après la mort de sa mère, la mienne nous avait élevés ensemble. En revanche l'arrivée de l'aîné, "Bimbo" pour les parents, Gauthier pour la petite classe, m'est présente : il venait de chez ses grands-parents maternels, et il était malade d'avoir dû les quitter. »

Gauthier doit s'intégrer dans cette cellule de quatre personnes, qui fonctionne depuis près de quatre ans :

« Il entra dans la chambre que je partageais encore avec Vincent, posa sur nous, qui jouions par terre, un regard d'animal traqué. Soudainement, ses yeux s'affolèrent ; l'effroi s'y alluma un instant, comme devant une grave menace, avant que la colère d'un enfant jusque-là toujours seul lui fît donner un violent coup de pied qui cassa certains jouets en les faisant valdinguer à travers la pièce.

« Nous le dévisageâmes, cet étranger, flairant sa défiance, mais recommençâmes le jeu presque aussitôt après. Sa défiance, sa souffrance aussi, l'intérêt marqué que lui témoigna son père, les murmures bienveillants de ma mère, malveillants de la nurse, Juliette, nous apprirent qu'il était digne de considération parce qu'il était le plus grand — le plus vieux, quoi. Qu'il faudrait compter avec lui. Vincent ne mit pas longtemps à atteindre sa taille et la rivalité qui existe presque inévitablement entre frères naquit sans tarder — au détriment du cadet. Avant d'en arriver là, l'acclimatation de Gauthier avait été plus qu'incertaine. »

Les relations de cette famille recomposée ne sont pas simples, et la personnalité d'André Malraux ne facilite pas les choses. C'est avant tout un homme politique et un écrivain. Être père semble difficile, dans le contexte de vie qu'il s'est créé, d'autant que la mère de ses fils est décédée. L'organisation de la vie familiale se met en place progressivement. « Vers mes six ou sept ans se précisèrent certains traits de notre quintette : Gauthier restait le préféré de son père, comme de son grand-père maternel ; moi, à l'évidence celui de ma mère ; qui, alors, aimait Vincent ? Tout le monde. Mais il n'était le préféré de personne, sinon de sa marraine. »

Florence, la fille aînée d'André Malraux, venait ponctuellement le dimanche voir ses demi-frères. « Par intermittence, apparaissait une adolescente au fin profil, au visage pur, dont on n'oubliait pas la souriante gravité : sa fille, Florence, dite Flo, l'aînée de nous tous. Elle vivait avec sa mère, à l'autre bout de Paris ou plutôt, à l'autre bout du monde. »

André Malraux s'accommodait mal de son rôle de père et n'était guère disponible. Alain décrit avec bienveillance l'attitude de son « père » — oncle-beau-père — et nuance avec finesse les différences relationnelles entre les enfants. « Les moments de grâce dominicale qu'il entendait nous réserver, parfois ravi de le faire, le plus souvent en prenant — trop visiblement — sur soi, il m'était plus facile de m'en contenter qu'à Gauthier et à Vincent. Pourquoi ? Sans doute parce que, à son insu peut-être, mon père tutélaire se sentait plus libre de ses mouvements vis-à-vis de l'enfant qu'il avait choisi d'élever — et qui était aussi de son sang[1]. »

L'adolescence va réactiver les conflits et faire émerger des émotions qu'il faut gérer. La rivalité entre Gauthier et Vincent s'accentue. « Les disputes entre Gauthier et Vincent, longtemps semblables à celles qui opposent les garçons de leur âge, saines et courantes, devenaient réellement mauvaises et même conflictuelles ; il faut avoir vu Malraux interrompre son travail, descendre dans le jardin et retrouver ses fils dans le garage où leur agressivité se donnait libre cours à coups de chaînes et de pompes à vélo échangés à travers une grêle de coups de pied et de

1. *Op. cit.*

poing, les séparer de force et les ramener lui-même chacun dans sa chambre, bouclés jusqu'au soir, pour le croire : je l'ai vu. »

Vincent a du mal à trouver sa place et la communication avec son père ne s'établit pas. Les passages à l'acte vont se succéder (fugues, vols...). « Vincent est le mal-aimé. Progressivement, sa scolarité en pâtit de plus en plus, finissant par devenir problématique. Il avait onze ans lorsque ses difficultés affectives prirent un tour alarmant : outre une quasi-incapacité à travailler en classe, il se mit à faire des fugues d'où, à l'aide des gouttières, il rentrait subrepticement par une fenêtre grâce à une souplesse de singe. En outre, il ne connaissait pas le vertige. À faire peur à des adultes, un enfant ne met pas longtemps à perdre le privilège de son âge. Celui-là inquiéta son père au point de perturber son difficile travail, plus, même : le malaise était en train de virer à la crise. Mais que fallait-il pour que Vincent cessât de rentrer à dix heures du soir ou de kidnapper un objet qu'il savait utile et dont l'absence serait inévitablement remarquée ? L'aimer[1]. »

Cet amour manque cruellement à Vincent, qui multiplie les signaux d'alarme pour faire entendre sa souffrance. « Ce qu'André ne savait, ne pouvait pas exprimer à cet enfant, paralysé par l'ambivalence des sentiments qu'il lui vouait, et par une pudeur douloureuse qui, mise au défi de craquer, pouvait se métamorphoser en banquise — une défense comme une autre et surtout, une autodéfense. »

André Malraux opta pour une attitude ferme et sévère : Vincent fut placé en pensionnat et changea à plusieurs reprises d'institution, toutes situées loin de son domicile, excluant ainsi un retour régulier à la maison, notamment dans un internat suisse. Le départ de Vincent

---

1. *Op. cit.*

modifia les relations familiales. Alain s'entendait mieux avec Vincent qu'avec Gauthier et se sentit puni par l'exclusion de Vincent. Gauthier vit sa jalousie à l'égard d'Alain se renforcer.

« Ayant perdu son partenaire habituel de jeux ou de querelles, l'adversaire dont il avait besoin pour s'éprouver, Gauthier me dévisagea en étranger ; d'ailleurs, j'étais trop petit pour l'intéresser ; il se renfrogna dans un mutisme soupçonneux, mal à l'aise, peut-être, d'avoir contribué — malgré lui — à ce départ.

« Puis, Vincent parti, il voyait son père, auquel il portait un sentiment passionné, exclusif, plus gentil que jamais à mon égard. Cela ne pouvait pas lui plaire, "les autres" que nous étions lui paraissant être autant d'obstacles entre eux deux [1]. »

Alain ne pouvait susciter que de la jalousie de la part de ses demi-frères : André avait toujours été bienveillant à son égard, et surtout Alain vivait avec sa vraie mère. Lorsque André et Madeleine voyageaient, ils emmenaient Alain avec eux. Gauthier était envoyé chez ses grands-parents et Vincent restait en pension. L'écriture — exercice solitaire qui nécessite un retranchement dans ses pensées — éloignait André Malraux de ses amis, mais surtout le coupait de ses fils.

En 1958, André Malraux est nommé ministre de l'Information du général de Gaulle. Il demande à Florence, qui travaille alors au journal *L'Express* de laisser son emploi pour venir l'aider dans ses nouvelles fonctions. Elle refuse, et ses relations avec son père commencent à se détériorer.

Durant cette période, Gauthier quitte brutalement la maison après s'être disputé avec sa grand-mère. André Malraux avalise l'attitude de la grand-mère et Gauthier reste brouillé plusieurs mois avec son père.

---

1. *Op. cit.*

En 1960, Florence signe le « Manifeste des 121 » dénonçant la poursuite de la guerre d'Algérie. C'en est trop pour André Malraux, alors ministre, qui coupe les liens avec elle. Il est fâché avec Gauthier et Florence, et Vincent vient de moins en moins à la maison. Seul Alain reste là, observant douloureusement ces interactions familiales, mais gardant de bonnes relations avec son oncle-beau-père.

Vincent et Gauthier vivent leurs premières amours tandis qu'André Malraux, devenu ministre de la Culture, parcourt les capitales du monde.

Gauthier semblait métamorphosé par une rencontre amoureuse faite à Sciences-Po où il venait d'entrer. Ce changement lui avait permis à la fois de renouer avec son père et également de se rapprocher de son frère Vincent, qui vivait avec une jeune femme, Clara. Vincent et Alain se retrouvaient tous deux en classe de première au lycée Janson-de-Sailly.

« Désormais, les rôles que distribue l'état civil s'étaient presque inversés, et le cadet, c'est plutôt lui (Gauthier). Mais nul dépit, vis-à-vis de son frère, de presque trois ans plus jeune, au contraire, une admiration enthousiaste. C'était bon à voir, après tant de difficultés, tant de rivalités.

« Avoir osé défier leur père les avait rendus à leur fraternité [1]. »

La période des examens arrive. Gauthier et Vincent décident d'aller réviser à Port-Cros, chez des amis. Ils proposent à Alain de les accompagner, d'autant qu'il passe aussi son bac, mais il est persuadé de le rater et préfère rester à Paris... Sur la route du retour, Gauthier et Vincent se tuent dans un accident de voiture, le 23 mai 1961. Alain perdait ses deux frères, le même jour.

« À l'annonce d'une maladie incurable, passé le pre-

---

1. *Op. cit.*

mier choc, celui de la savoir sans merci, je suppose que quelque chose en soi doit se mobiliser (qu'il s'agisse de soi ou d'un proche) pour organiser une stratégie de l'espérance, alternativement défensive et contre-offensive, sait-on jamais ? Il reste du temps, pour se préparer à affronter la suite. Face à l'accident fatal, le choc éprouvé vous soumet de façon absolue à la cassure nette de l'instant, qu'il prolonge indéfiniment. Il y avait : avant. Il n'y a plus eu que : depuis. Composite, l'effet prend tour à tour la forme de l'hébétude paralysante, d'une sensation d'être percé d'une vrille en folie, ou encore, paradoxe aberrant, d'une sorte de fringale nauséabonde où vie et soif de mort s'emmêlent indistinctement, inextricablement.

« Et le cauchemar renaît, avec chaque réveil.

« Quand vient le moment où, de nouveau, l'on ose se regarder les uns et les autres, on se dépêche de détourner le regard : les survivants n'ont pas bonne mine [1]. »

Alain va survivre, péniblement. Bien entendu, il rate son baccalauréat, mais le repasse l'année suivante en candidat libre, car il lui était impensable de retourner au lycée Janson-de-Sailly où Vincent avait étudié. « Allongé sur le lit de ma chambre ou déambulant sous la pluie à l'écart des promenades balisées, il m'arrivait de penser à ce qu'on nomme avenir, d'une façon pas déplaisante mais incolore, et comme désincarnée. Avec détachement, car cette chose informe devait le demeurer, ne me concernant pas : si j'avais eu un avenir, cela se serait su ! Mais alors, je l'aurais volé à Gauthier et Vincent. »

Alain vit péniblement ce deuil, tout comme André qui parle peu et ne manifeste guère d'émotion. La dépression est là, masquée par l'alcool.

Cette famille recomposée de cinq personnes se retrouve à trois, mais le choc est trop brutal. André et

---

1. *Op. cit.*

Madeleine se séparent, et Alain reste seul avec sa mère. N'oublions pas non plus que Madeleine et André vivaient au rythme des exigences d'une vie publique et mondaine. « Astreintes incessantes qui ne laissent pas deux minutes pour se recueillir ou retrouver l'autre, dîners des corps constitués, cocktails du monde diplomatique, inaugurations à toute heure, voilà un théâtre dont les protagonistes ignorent que seule en survit l'ombre portée sur ce qui, hier encore, rendait la vie aimable, et en évente la suite par anticipation : c'est une procession de faux-semblants qui appauvrit les sentiments les plus authentiques, à force de les reléguer à l'arrière-plan[1]. »

Comment surmonter une telle épreuve ? André Malraux et Madeleine avaient déjà subi des deuils, mais la mort simultanée des deux garçons a été probablement trop lourde à porter.

André Malraux mettra plusieurs années à sortir de sa dépression. Florence se réconcilie avec son père, qui déjeune une fois par semaine avec Alain. André Malraux retrouve Louise de Vilmorin et publie les *Antimémoires*.

C'est à cette époque qu'Alain commence une cure psychanalytique qui va durer six ans, et une longue interruption s'établit dans ses relations avec André. Alain part pour le Brésil.

Ils se revoient en 1976, quand Alain présente sa femme à André, ultime rencontre qui se situe après la fin de son analyse. André Malraux meurt en novembre 1976. Alain, alors à Rio de Janeiro, arrive trop tard.

Cette histoire bouleversante montre ainsi le versant familial de la vie d'André Malraux qu'on ne connaît guère. Le personnage politique a fait l'objet de plusieurs biographies, dont celle de Jean Lacouture, mais les détails personnels ou affectifs y transparaissent à peine.

Alain, à son insu, a revécu l'histoire de son père-oncle,

---

1. *Op. cit.*

en perdant ses deux demi-frères comme André a perdu Roland et Claude. Alain avait reçu comme autres prénoms Montgomery, André, Roland, Claude. Il condense à lui seul la fratrie de son père. Le poids qui pèse sur ses épaules est celui de deux générations, celle de son père et la sienne, sans oublier la génération antérieure, avec le décès par suicide du grand-père paternel.

Alain s'est senti coupable d'être le survivant d'une mort accidentelle qu'il a failli partager. N'était-il pas dans la même classe, ou presque, que Vincent avec lequel il avait des liens privilégiés ? Il s'en fallut de peu qu'il parte réviser avec ses frères, ce qui dut aggraver son « désir » d'autopunition, réalisé en partie par son échec au bac et par la séparation de ses parents : sa seule présence ne suffisait plus à les rassembler. Le travail psychologique entrepris ultérieurement lui a permis de regarder un peu plus librement l'avenir, de nouer des relations avec des femmes et surtout d'avoir des enfants sans être hanté par l'idée que, dans une fratrie de trois, deux peuvent mourir.

11

LES ENFANTS
DE REMPLACEMENT

Un enfant conçu peu de temps après la mort d'un aîné aura pour mission impossible de le remplacer.

La Bible raconte la première histoire d'enfant de remplacement : après la mort d'Abel, Adam et Ève eurent un autre fils, Seth, que Dieu leur donna pour remplacer Abel, puis d'autres enfants pour peupler la terre.

Les individus qui portent le prénom de leur frère ou sœur précédemment décédé constituent les cas les plus spectaculaires.

La transmission du prénom d'un enfant mort a été étudiée aussi bien dans la clinique de patients anonymes que dans les récits d'illustres personnages dont la santé mentale était altérée mais dont le génie a su s'exprimer.

La reconstruction après coup de l'histoire du sujet permet d'en donner une signification. Plusieurs travaux, rapportés par Jean Guyotat [1], montrent que l'attribution au suivant du prénom de l'enfant mort est plus fréquente dans une population de schizophrènes que dans une population témoin. D'autres travaux abondent dans le

---

1. Jean Guyotat : *Analyse des mécanismes de la transmission intergénérationnelle*, Congrès de 20 avril 1989, AREFT (Lille) — travaux réalisés par Schmitt et Bovet.

même sens. Là encore, la comparaison entre enfants bien-portants et psychotiques est faite ; chez ces derniers, on relève souvent dans les antécédents le décès d'un enfant.

D'une certaine façon, le patient psychotique prend la place du défunt, car il possède déjà son identité. Redonner le même prénom, c'est, pour les parents, effacer en quelque sorte le drame, annuler la mort. Peut-on à partir de là créer un lien de causalité ? Ludwig van Beethoven, Vincent Van Gogh et Salvador Dali ont été avant tout des génies, même s'ils ont traversé des périodes critiques sur le plan psychologique. Vincent Van Gogh a séjourné en asile psychiatrique et a tragiquement mis fin à sa vie, mais Salvador Dali affirme : « L'unique différence entre moi et un fou, c'est que je ne suis pas fou. » Si Ludwig van Beethoven a tyrannisé son entourage, sa surdité y a sans doute grandement contribué.

Jean Guyotat travaille depuis de nombreuses années sur les problèmes de transmission. Il évoque la vie de Salvador Dali[1] : « Ce couple mort-naissance est souvent associé chez le patient à l'hyperinvestissement des coïncidences, des anniversaires, soit dans l'histoire individuelle, soit dans l'histoire de la famille. Autour de la coïncidence mort-naissance se développe la croyance en la magie, la télépathie, la précognition, parfois évidemment délirante comme dans la psychose, croyance parfois tenue secrète, parfois investie dans un groupe en mal d'un idéal commun religieux, spirituel, politique, thérapeutique. »

---

1. Jean Guyotat : « Recherches psychopathologiques sur la coïncidence mort-naissance », in *Psychanalyse à l'Université*, tome 7, n° 27, juin 1982.

Entrons dans l'histoire de ces enfants de remplacement.

Il existe de nombreuses biographies de Ludwig van Beethoven. La plus connue est probablement celle de Romain Rolland, *Beethoven, les grandes périodes créatrices*. D'autres, écrites par des psychiatres [1], apportent un éclairage sur le lien fraternel et la psychopathologie.

Ludwig van Beethoven est né le 17 décembre 1770, dans une famille de sept enfants, dont trois seulement atteindront l'âge adulte.

Son frère aîné, Ludwig-Maria van Beethoven, meurt à quatre jours, le 6 avril 1769, un an et demi avant la naissance du compositeur. Ludwig van Beethoven a longtemps cru être né en décembre 1772 et non en décembre 1770. Il demanda à la mairie de Bonn un certificat mentionnant comme date de baptême le 17 décembre 1770 et le récusa en inscrivant au dos : « 1772 — Il semble que le baptistaire ne soit pas correct, car il y avait un autre Ludwig avant moi. » Il lui était nécessaire de mettre une distance entre la mort de son frère et sa propre naissance.

Après Ludwig van Beethoven, naissent Kaspard-Karl, en 1774, puis Nicolas-Johann, en 1776. Les trois derniers enfants mourront en bas âge : Anna-Maria Francisca, née en 1779, meurt peu de temps après, August-Franz-Georg naît en 1781 et ne vivra que trois années, tout comme Maria-Marguerite-Josepha, née en 1786.

À l'âge de dix-sept ans, Ludwig perd sa mère, quatre mois avant Maria-Marguerite-Josepha. Le père buvait et son alcoolisme s'aggrave après ces deuils. Ludwig, déjà

---

1. Jacques Miermont : « Ludwig van Beethoven et la fraternité », in *Frères et sœurs*, Éditions E.S.F., 1981 ; Maurice Porot et Jacques Miermont : *Beethoven et les malentendus*, Éditions Geigy, 1986.

célèbre, prend alors en charge ses frères. Il devient le chef de famille et ne pourra jamais plus se départir de son rôle parental.

Jacques Miermont décompose la fratrie de Beethoven en trois sous-groupes. « Le frère aîné, ombre idéalisée à jamais indépassable, ni même atteignable : seul enfant mâle à porter à la fois un prénom masculin et un prénom féminin, tous deux étant les plus investis narcissiquement dans la transmission familiale. Puis, le sous-groupe des trois frères qui ont survécu à l'âge adulte, dont Ludwig est le chef de file, qui reprend par son prénom une part importante de l'investissement narcissique dont son aîné était le porteur : la part musicale ; enfin, les trois enfants plus jeunes morts prématurément, dont les deux sœurs, toutes deux porteuses du prénom de Maria dans leurs prénoms composés respectifs, viennent ainsi peut-être signifier de nouveau à Ludwig le vecteur meurtrier auquel l'objet féminin est soumis [1]. » Maria est la deuxième partie du prénom du frère aîné, Ludwig Maria, et se retrouve chez les deux grand-mères de Beethoven.

Kaspard-Karl est également compositeur, mais il a moins d'aptitudes que son frère aîné, et devient son secrétaire particulier. Ils collaborent et restent liés jusqu'en 1802, date de la crise de Heiligenstadt au cours de laquelle Beethoven veut mettre fin à ses jours. En fait, il devient progressivement sourd. Il avait ressenti les premiers symptômes vers 1796, à vingt-six ans. Cette infirmité le coupe progressivement du monde, puis complètement vers 1816 et lui fait envisager le suicide. Comprenant l'ampleur de son handicap, Beethoven craint que sa surdité ne soit découverte, ce qui compromettrait sa carrière de musicien. La crise de Heiligenstadt n'éclate pas d'un coup, elle est la conséquence de plu-

---

1. Jacques Miermont : *op. cit.*

sieurs années de souffrance. Ludwig rédige alors deux testaments adressés à ses frères. En voici un extrait[1] :

> *Pour mes frères Karl et*   *Beethoven*
> *Ô vous hommes, qui me croyez ou déclarez haineux, obstiné ou misanthrope, comme vous êtes injustes envers moi ! [...] Adieu, et ne m'oubliez pas tout à fait dans la mort. J'ai droit à cela de votre part ; car, dans ma vie, j'ai souvent pensé à vous et à vous rendre heureux. Soyez-le !*
> *Heiligenstadt, le 6 octobre 1802*
>   *Ludwig van Beethoven*

> *Pour mes frères Karl et*   *à lire et à exécuter après ma mort*
> *Heiligenstadt, le 10 octobre 1802 — Ainsi je prends congé de toi — et avec tristesse [...] ô divinité, pourrai-je encore la sentir dans le Temple de la Nature et de l'Humanité ? — Jamais ? non — ce serait trop dur !*

La première phrase de chacun de ces textes est étonnante, car elle nomme Karl, mais pas Johann. L'absence du nom écrit, le blanc créent un impact violent, comme si Beethoven avait voulu à la fois écrire à son frère et effacer sa trace ou bien le disqualifier en lui signifiant qu'il n'était « rien ».

Jacques Miermont montre comment « l'installation progressive d'une surdité peut augmenter la méfiance, les soupçons, le sentiment de moquerie de la part de l'entourage ». Il rapproche les aspects sensitifs et combatifs du caractère de Beethoven des descriptions de la paranoïa et essaie de prouver que « la fraternité fut pour Beethoven le pivot de ce basculement, dont la trace nous est

---

1. On en trouvera le texte complet en fin de chapitre.

donnée à voir dans cette dédicace du testament laissé riche d'une infinité d'inscriptions possibles, et peut-être également à entendre dans certaines de ses œuvres[1]. »

Kaspard-Karl est le frère préféré de Beethoven. L'autre frère, Johann, dont le nom est omis dans le testament, a des relations difficiles avec Ludwig : Nicolas-Johann était apothicaire et peu sensible à la musique. Il est décrit comme vaniteux et antipathique. Il se marie en 1812. Ce mariage, comme celui de Kaspard-Karl, en 1806, avec Johanna, entraînera des conflits, voire une brouille définitive avec Ludwig. Kaspard-Karl et Johanna n'auront qu'un enfant, Karl, le fameux « neveu », seul descendant des trois frères, donc des sept enfants Beethoven. On comprend le poids qui pèse sur les épaules de ce « neveu ».

Kaspard-Karl tombe malade et meurt de tuberculose le 15 novembre 1815. Il ne lira pas le fameux testament de Heiligenstadt. Ludwig lui adresse une lettre posthume :

> *De là-haut, regarde-moi, mon frère ! Oui, je t'ai pleuré et je te pleure toujours. Oh, pourquoi n'as-tu pas été plus sincère envers moi ! Tu vivrais encore et certainement tu ne serais pas mort aussi misérablement si... en t'éloignant plus tôt, tu étais resté en communion complète avec moi. »*

Le mariage de Kaspard-Karl avec Johanna avait retenti sur la vie de Ludwig et avait éloigné les deux frères. À sa mort, Kaspard-Karl donne la tutelle de son fils, Karl, âgé de neuf ans, à sa veuve Johanna Reis et à Ludwig. « Kaspard-Karl ne pouvait pas imaginer partage plus infernal, obligeant à tout jamais une étroite proximité entre son frère et sa femme, alors que Johanna avait été l'objet de

---

1. *Op. cit.*

la brouille définitive entre les deux frères ! Karl a pris là une revanche posthume extrêmement puissante vis-à-vis de Ludwig, revanche sur son génie et sa tyrannie, qui va empoisonner l'existence du compositeur jusqu'à la fin de ses jours [1]. »

L'interprétation de Jacques Miermont est radicalement différente de celle du film américain *Ludwig van Beethoven*, réalisé par Bernard Rose en 1994. Dans ce scénario, il existe un secret de famille : Karl ne serait pas le neveu de Ludwig van Beethoven mais son fils, fruit d'une passion entre Johanna et lui. Johanna et Beethoven auraient entretenu une liaison quelque temps et Beethoven lui aurait légué sa fortune. Cet amour idéalisé se serait transformé en haine, d'où les multiples procès intentés par Ludwig van Beethoven à Johanna. Le film est peu crédible, mais a le mérite de mettre en avant les relations fraternelles.

Pour Jacques Miermont, Beethoven, qui ne s'était jamais marié et en souffrait, « se voit imposer par son frère son propre choix féminin et qui se prénomme de surcroît... Johanna ». Il intente à celle-ci procès sur procès pour lui retirer la tutelle de Karl et finit par obtenir gain de cause. Karl souffre terriblement de ces conflits et tente de se suicider en 1826. Ce geste reste un événement majeur dans la vie de Ludwig van Beethoven, qui s'enfonce progressivement dans la maladie. Il meurt peu de temps après, en 1827, à l'âge de cinquante-sept ans, non sans avoir modifié son testament afin de tout léguer à son neveu Karl sauf le piano qu'il donne à son frère Johann. « Mais comme il faut bien laisser aussi quelque chose à sa parenté, encore que l'on n'ait rien de commun avec elle, monsieur mon frère aura mon piano français venu de Paris. »

La suite de cette histoire n'est pas plus gaie. Karl se

---

1. Jacques Miermont, in *Frères et sœurs*, *op. cit.*

marie et a quatre filles et un fils qu'il appelle Ludwig. Ce Ludwig van Beethoven ne connaîtra pas le destin de son illustre grand-oncle puisqu'il fera de la prison.

« La fraternité, conclut Jacques Miermont, est le support d'extraordinaires phénomènes de condensation et de déplacement concernant la paternité et la filiation. »

Tout aussi passionnante est l'histoire de Vincent Van Gogh. Écoutons-le parler des relations fraternelles.

Lettre à Théo (fin mars-début avril 1877) :

> *L'amour de deux frères est un soutien dans la vie, c'est une vérité universellement admise. Dès lors, cherchons à resserrer ce lien et que l'expérience de la vie le fortifie ; demeurons francs et sincères l'un envers l'autre, qu'il n'y ait pas de secrets entre nous — comme c'est le cas à présent [1].*

Vincent Van Gogh naît le 30 mars 1853, un an jour pour jour après la naissance et la mort de son frère aîné, Vincent Van Gogh. Il aura six frères et sœurs, dont « Théo » (Théodorus Van Gogh), le frère préféré.

Leur père — Théodorus, lui aussi — est pasteur calviniste. La famille habite le presbytère. Trois oncles travaillent comme marchands d'art et l'un d'eux s'appelle Vincent. Ainsi, l'aîné des garçons reçoit le nom de son oncle, un autre le nom de son père. C'est une tradition de famille, les noms sont transmis de père et d'oncle en fils.

Plusieurs Vincent Van Gogh se retrouvent donc dans la généalogie. Quatre Vincent ont précédé le peintre.

La mère, Anna Cornelia, est la fille d'un relieur de la cour de La Haye. Sa sœur a épousé le frère de Théodore,

---

1. Vincent Van Gogh : *Lettres à Théo*, Gallimard, 1956.

le marchand d'art Vincent Van Gogh. La règle de la transmission du nom est la même chez les femmes. La première fille s'appellera Anna Cornelia, comme sa mère.

La fratrie des enfants Van Gogh se compose de Vincent, mort-né le 30 mars 1852 ; Vincent, le peintre né le 30 mars 1853 qui se suicidera le 29 juillet 1890 ; Théodorus, né le 1er mai 1857, décédé le 25 janvier 1891 et qui n'a survécu que six mois à son frère bien-aimé ; Elisabeth-Huberta née le 16 mars 1859, morte le 29 novembre 1936 (elle épousera un juriste et on lui doit un recueil de souvenirs sur son frère Vincent) ; Wilhelmine-Jacoba née le 16 mars 1862, décédée à l'âge de soixante-dix-neuf ans après plusieurs années passées dans un asile psychiatrique ; Cornelius-Vincent né le 17 mai 1867, qui meurt (ou se suicide) en 1900, alors qu'il est engagé dans le conflit sud-africain.

Van Gogh a été conçu trois mois après le décès du premier Vincent, c'est-à-dire dans une période de deuil. La mort du premier Vincent n'est jamais évoquée directement, mais toujours en filigrane, dans les lettres de Vincent à Théo.

D'après Didier Porot [1], Vincent est hanté par son aîné et croit souvent le voir se manifester. Maurice Porot et Jacques Miermont [2] insistent sur l'importance du rituel mortuaire. Chaque dimanche, alors qu'il était enfant, Van Gogh passait devant la tombe du petit Vincent en allant écouter son père prêcher dans la modeste église de Zundert. Au milieu du cimetière, il pouvait voir inscrit son propre nom et presque la date de naissance.

---

1. Didier Porot : *Van Gogh ou le Hollandais volant*, Éditions Geigy, 1989.
2. Maurice Porot et Jacques Miermont : « Ludwig, Vincent et Salvador ou le mort saisit le vif », in *Annales médico-psychologiques*, no 3, 1985.

Théodorus Van Gogh avait recopié pour lui cet extrait de poème :

Qui me délivrera pleinement, pour toujours,
Du corps de ce mort, sous le joug tout ployé.

Bien plus que la transmission du nom, coutume de cette famille, ce sont les rites et l'hommage rendu au frère aîné qui ont pesé lourdement sur le peintre.

Vincent a adressé à Théo plus de six cent soixante lettres. Leur tonalité est très différente de celles adressées aux autres membres de sa famille, en particulier à sa sœur Wilhelmine, ou encore à ses amis peintres. Cette correspondance a duré dix-huit années et la dernière lettre retrouvée date de juillet 1890 : Van Gogh la portait sur lui au moment de sa mort.

Les relations entre Vincent et Théo sont complexes, car Vincent reste financièrement dépendant de son frère, devenu marchand de tableaux. Il reçoit une pension mensuelle de Théo qui, en échange, devient propriétaire de toutes ses toiles. « Tel Ésaü, il a, par ses inconséquences, cédé son droit d'aînesse. Il le remet aux mains de son cadet [1]. »

L'annonce du mariage de Théo provoque un choc chez Vincent. « Vincent se tranche l'oreille, se châtre symboliquement en référence à PA (son père), à Gauguin mais aussi à Théo devenu un père potentiel. »

Lorsque Théo et sa femme Jo apprennent qu'ils attendent un enfant, ils demandent à Vincent d'être le parrain. Van Gogh répond, dans sa lettre du 5 juillet 1889 :

La lettre de Jo m'apprend ce matin une bien
grosse nouvelle, je vous en félicite et suis très
content de l'apprendre. J'ai été bien touché

---

1. Didier Porot : *op. cit.*

de votre raisonnement, alors que vous dites qu'étant ni l'un ni l'autre en aussi bonne santé que paraisse désirable à pareille occasion, vous ayez éprouvé comme un doute, et en tout cas un senti-ment de pitié pour l'enfant à venir a traversé votre âme.

Cet enfant dans ce cas-là a-t-il même avant sa naissance été moins aimé que l'enfant de parents très sains, desquels le premier mouvement eût été une joie vive ? Certes non. Nous connaissons si peu la vie, qu'il est si peu de notre compétence de juger du bon et du mauvais, et dire que l'on soit malheureux parce que l'on souffre, n'est pas prouvé [1].

La demande de parrainage est accompagnée de la pro-position de donner à l'enfant le prénom de Vincent. Mais Van Gogh, lui, propose, s'il s'agit d'un garçon, de le nom-mer comme leur père Théo.

Pour ce qui est d'être parrain d'un fils de toi, alors que d'abord cela peut être une fille, vrai, dans les circonstances je préférerais attendre jus-qu'à ce que je ne sois plus ici.

Puis la mère certes y tiendrait un peu qu'on l'appelle après notre père, moi pour un trouverais cela plus logique dans les circonstances.

Dans une autre lettre, datant probablement d'août 1889, Vincent écrit :

Enfin il y a de quoi reprendre un peu goût à la vie, quand j'y songe que moi je vais pas-ser à l'état d'oncle de ce garçon projeté par ta

---

1. Vincent Van Gogh : *op. cit.*

femme. Je trouve cela drôle qu'elle se fait si
forte que ce soit un garçon, mais enfin cela se
verra.

Le petit Vincent naît le 31 janvier 1890. Vincent félicite chaleureusement son frère et sa belle-sœur dans un courrier daté du 1er février 1890 :

> *Aujourd'hui je viens de recevoir ta bonne nou-*
> *velle que tu espères enfin, que le plus critique*
> *moment est passé pour Jo, qu'enfin le petit est*
> *bien-portant. Cela me fait à moi aussi davantage*
> *de bien et de plaisir, que je ne saurais l'exprimer*
> *en paroles. Bravo — et comme la mère va être*
> *contente.*

Mais à la fin de cette même lettre, Vincent Van Gogh revient sur le choix du prénom :

> *Maintenant en pensée je reste avec vous autres,*
> *tout en terminant ma lettre. Puisse Jo demeurer*
> *longtemps pour nous ce qu'elle est. Maintenant*
> *pour le petit, pourquoi donc ne l'appelez-vous pas*
> *Théo en mémoire de notre père, à moi certes cela*
> *me ferait tant plaisir.*

Dans ces mois qui précèdent sa mort et qui correspondent à la venue au monde du petit Vincent, Van Gogh écrit à son frère à plusieurs reprises sans jamais mentionner le nom de l'enfant. Il se dit heureux d'avoir rencontré Jo et le « petit », donne des conseils sur la vie à la campagne, semble soucieux de leur bonne santé.

Le petit Vincent tombe malade mais sans gravité. Van Gogh éprouve de la tristesse, du découragement. Il écrit :

Je me sens raté. Voilà pour mon compte, je sens que c'est là le sort que j'accepte et qui ne changera plus.

Nous sommes en juillet 1890. Il pense être une charge pour son frère. Quelques jours après, il se tire une balle dans la tête et meurt le 27 juillet 1890.

Théo en perd la raison. Il aurait menacé de mort sa femme et son fils. Hospitalisé en clinique psychiatrique, il meurt le 29 janvier 1891. Il n'aura survécu que six mois à son frère. Vincent avait trente-sept ans et Théo trente-quatre.

Différents diagnostics ont été proposés pour cerner les troubles de Van Gogh, de la bouffée délirante à la schizophrénie, en passant par la psychose épileptoïde. L'ambivalence affective est là, et les relations avec Théo ont été probablement plus complexes qu'elles n'apparaissent à une première lecture de leur correspondance.

Vincent Van Gogh a remplacé son frère aîné mort, et le petit Vincent devait le remplacer. Il n'y avait plus de place pour lui...

Le petit Vincent sera l'héritier de la majeure partie de l'œuvre de son oncle. Il mourra en 1978.

À la différence de Beethoven et de Van Gogh, Salvador Dali a publié de nombreux textes qui témoignent de l'importance du traumatisme ressenti par les enfants de remplacement. Il en a parlé à plusieurs reprises dans son autobiographie [1].

Son père, notaire, s'appelait Salvador. Sa mère ne travaillait pas. Salvador Dali est né le 11 mai 1904, neuf mois et onze jours après que son frère aîné, Salvador

---

1. Salvador Dali : *La Vie secrète de Salvador Dali*, La Table Ronde, 1952 ; Salvador Dali : *Journal d'un génie*, La Table Ronde, 1964.

Dali, fut décédé à l'âge de vingt et un mois et vingt jours. Ces dates sont importantes car Salvador Dali racontait que son frère était mort à l'âge de sept ans, trois ans avant sa naissance. Il occultait ainsi le fait d'avoir été conçu quelques jours seulement après la mort de ce frère.

« Moi, j'ai connu la mort avant de vivre la vie... Désespérés, mon père et ma mère ne trouvèrent de consolation qu'à mon arrivée au monde. Mais leur malheur imprégnait les cellules de leur corps. Dans le ventre de ma mère, je ressentais déjà leur angoisse... elle ne m'a pas quitté. Ce frère mort dont le fantôme m'a accueilli en guise de bienvenue était, si l'on veut, le premier diable dalinien. Je le considère comme un essai de moi-même, une sorte de génie extrême. [...] Ce n'est pas un hasard s'il se nommait Salvador comme mon père, Salvador y Cusi, et comme moi. Il était le bien-aimé : moi, on m'aima trop. En naissant, j'ai mis mes pas dans les pas d'un mort adoré, qu'on continua d'aimer à travers moi, davantage encore peut-être [...] j'ai appris à vivre en remplissant le vide de l'affection qu'on ne me portait pas vraiment[1]... »

Les véritables dates ont été retrouvées et montrent que la conception de Dali s'est faite en réalité au moment du décès de ce frère[2]. Comment la mère de Salvador Dali a-t-elle vécu cette grossesse, alors qu'elle venait de perdre un jeune enfant ? Probablement, le fait d'être enceinte lui évitait-il une partie du travail de deuil. On se retrouve dans le même cas de figure que pour Van Gogh conçu dans les mois qui suivent le décès du bébé Vincent.

Dali a organisé son fonctionnement psychique grâce à

---

1. Salvador Dali : *Comment on devient Dali* — présenté par André Parinaud, Robert Laffont, 1973.
2. César Chamoula : « Le noyau traumatique de l'activité paranoïaque critique de Salvador Dali », in *Psychanalyse à l'Université*, tome 8, n° 30, mars 1983.

ses capacités picturales géniales. Cette activité, baptisée par Dali « méthode paranoïaque critique », s'est développée vers 1929 à un moment où il traversait une crise psychique grave. C'est une sorte de « Rêve Éveillé Dirigé » fondé, comme la psychanalyse, sur la libre association de la pensée. En lâchant la bride à son imagination fertile, il interprète ses propres pensées, et la manière dont il ressent les phénomènes extérieurs. Cette méthode lui laisse la possibilité d'une « interprétation délirante » d'un objet qu'il perçoit dans la réalité et qui nourrit son inspiration. Les images lui suggèrent indéfiniment d'autres images. Sa peinture reflète ses fantasmes et ses tendances oniriques.

1929 est une année charnière pour Dali. Nous sommes en pleine période surréaliste, et c'est aussi la grande époque de l'art de Dali. Il rompt avec son père Salvador et tente par là de se libérer de son passé et peut-être de son prénom. Il rencontre Gala, la femme de Paul Eluard, de onze ans son aînée. Maurice Porot et Jacques Miermont donnent un sens à ce choix affectif : « Or ce Salvador Ier avait un deuxième prénom, Galo (doublet masculin de Gala). En rencontrant cette même année Gala qui deviendra sa femme, il se libère plus complètement encore en rejetant le second prénom par une transmutation au féminin. Et Gala deviendra "Gala Salvadore"... L'intensité de cet investissement massif et libérateur est attestée par notre peintre : "J'aime Gala plus que ma mère, plus que mon père, plus que Picasso, et même plus que l'argent." On appréciera la progression. Au surmoi parental inhibiteur se substitue le surréalisme, instance libératrice de ses pulsions [1]. »

Gala divorce pour vivre avec Dali. Ils partiront quelques années plus tard pour New York. Leur passion durera jusqu'à la mort de Gala en 1982. Dali, inconsola-

1. *Op. cit.*

ble, se réfugiera alors dans le château de Pubol, dans la province de Gérone. Il mourra le 23 juillet 1989, à l'âge de quatre-vingt-cinq ans.

Ces trois histoires présentent de nombreuses similitudes. Donner à un enfant le prénom de celui qui vient de mourir permet, d'une part, d'éviter aux parents le travail de deuil et, d'autre part, de réincarner le mort.

Toutefois, dans les trois cas, la transmission du prénom appartient à une coutume familiale. C'est très net dans les familles de Van Gogh et de Dali, un peu moins chez Beethoven. Il est évident que, dans le contexte de l'époque, les parents ne pouvaient pas en imaginer le lourd retentissement psychologique sur les enfants. Comme nous l'avons souligné précédemment, la psychologie de l'enfant n'était pas encore élaborée et la compréhension des phénomènes de transmission date de peu. En France, jusqu'à une époque récente, on ne se préoccupait guère des prénoms des enfants : les garçons s'appelaient souvent Jean comme leur père et les filles Marie, comme les mères. De plus, le prénom féminin comptait peu, car les filles étaient destinées à se marier, donc à changer de patronyme.

D'autres éléments s'ajoutent au poids du prénom ; dans le cas de Van Gogh : le fait d'être né le jour anniversaire de la mort de son aîné. Cette coïncidence mort-naissance annule l'aspect positif. La tristesse est manifeste le jour où l'on doit se réjouir.

Van Gogh et Dali seront conçus peu après la mort de leur aîné : quelques jours pour Salvador Dali et trois mois pour Van Gogh. Ont-ils, comme l'assure Dali, ressenti, dans le ventre de leur mère, la tristesse de celle-ci, son ambivalence ? Toutes les hypothèses concernant le travail de deuil, son déni potentiel et le vécu de la grossesse peuvent être proposées, mais comme reconstruction de l'histoire passée.

Un autre point de comparaison peut être établi entre Beethoven et Van Gogh : c'est la relation fraternelle, avec Gaspard-Karl d'une part, avec Théo de l'autre. Ces deux génies vont se sentir trahis et abandonnés lorsque leurs frères préférés se marient. Leurs liens avec leur neveu les feront basculer. Beethoven construira un véritable délire sur Karl ; il le tyrannisera à la mort de Gaspard-Karl, puis ne se remettra jamais de sa tentative de suicide et mourra quelques mois après. Vincent Van Gogh, lui, se suicidera quelques mois après la naissance de son neveu.

Cette coïncidence mort-naissance évoque, pour nous, le cas d'un patient, Romain. Lorsqu'il est né, sa sœur, âgée de cinq ans, est tombée malade. On a diagnostiqué une leucémie. Romain a toujours vu cette sœur souffrante et, au plus profond de lui, il pensait que c'était peut-être sa naissance qui avait déclenché la maladie.

« Ne serait-ce pas une forme extrême de jalousie, cette leucémie ? » disait-il. Après plusieurs rémissions et rechutes, l'adolescente meurt le jour anniversaire des huit ans de Romain. Sa culpabilité s'accroît. Il se sent responsable de la maladie et de la mort de sa sœur. Dès lors, chaque année, la famille se réunit pour célébrer le deuil et, accessoirement, souhaiter à Romain un « bon anniversaire ». L'histoire devient encore plus tragique lorsque le père des enfants, qui ne s'est jamais remis de la mort de sa fille, se suicide... le jour des quatorze ans de Romain.

Dès lors, Romain n'a d'autre issue que de mettre sa vie en danger par de nombreux comportements à risques (accident de voiture, coma éthylique, overdose) pour s'effacer. « Je suis né avec la mort, je porte la mort, je suis coupable de la mort de ma sœur et de mon père. »

Comment sortir d'une telle spirale mortifère ? Les mauvaises fées s'étaient penchées sur son berceau, s'imaginait-il. Ne plus exister est la seule solution qu'il voit. Aujourd'hui, Romain vit encore... mais très mal.

Les coïncidences mort-naissance peuvent entraîner la folie, l'autodestruction, mais chaque histoire est singulière et se replace dans un contexte où d'autres paramètres, heureusement, entrent en jeu et réussissent à modifier ce traumatisme initial. Les mêmes causes ne produisent pas les mêmes effets.

L'histoire de Marguerite, autre enfant de remplacement, illustre la pathologie mentale et les répétitions transgénérationnelles.

Son cas a été décrit par Jacques Lacan sous le nom d'Aimée, prénom emprunté à un roman non publié dont elle était l'auteur. Marguerite a eu un fils, Didier Anzieu, qui est devenu l'un des plus célèbres psychanalystes français.

Une première Marguerite, née le 19 octobre 1885, avait deux sœurs, Élise et Maria. « Un dimanche de décembre 1890, Marguerite brûla comme une torche sous les yeux de sa cadette. Elle avait mis sa belle robe d'organdi et s'était approchée trop près du feu de cheminée. » Après ce décès, la mère a de nouveau un enfant mort-né et, le 4 juillet 1892, elle met au monde une deuxième Marguerite. Elle aura ensuite trois fils.

Didier Anzieu écrit : « Ce n'est pas un hasard si ma mère a passé sa vie à multiplier les moyens pour échapper aux flammes de l'enfer [1]. »

Marguerite est la fille préférée de sa mère : « Face à son père et à ses frères, elle adoptait une attitude virile

---

1. Didier Anzieu : *Une peau pour des pensées*, Éditions Littoral, 1989. Cité in *Jacques Lacan*, d'Élisabeth Roudinesco, Fayard, 1993.

et réfractaire pour mieux contester une autorité jugée tyrannique [1]. » Elle épouse René Anzieu le 30 octobre 1917. La mésentente survient vite ; le comportement de Marguerite devient inquiétant : elle rit de manière intempestive, marche de façon impulsive et se lave compulsivement les mains, de peur d'être souillée. En mars 1922, elle accouche d'une fille qui meurt à la naissance. Sa deuxième grossesse s'acompagne d'un nouvel état dépressif, mais l'enfant, Didier, naît en bonne santé en juillet 1923.

On retrouve ainsi un schéma de répétition transgénérationnel : Marguerite remplace Marguerite. Didier remplace un autre enfant mort, qui était une fille — c'est ce qui lui évite de porter le prénom du défunt bébé.

L'accident de la sœur de Marguerite à cinq ans a été traumatisant. Didier, lui, remplace une enfant décédée à la naissance, et dont il peut se différencier. « Cette sœur disparue qui avait signé leur premier échec est restée longtemps présente dans les pensées et les paroles de mes parents. J'étais le second qu'il fallait d'autant plus surveiller et soigner pour le mettre à l'abri du destin malheureux qui avait frappé l'aînée. J'ai subi leur crainte de la répétition. Il fallait à tout prix que je survive pour que mes géniteurs soient justifiés. Mais ma survie était à leurs yeux aléatoire. La moindre indigestion, le plus petit courant d'air me menaçait. Cela me mettait dans une situation difficile assez particulière. J'avais à remplacer une morte. »

En 1925, Didier a deux ans. Marguerite quitte sa famille « pour traquer ceux qui voulaient détruire son fils ».

Élise, la sœur de Marguerite, est séparée de son mari. Comme elle ne peut pas avoir d'enfant, elle compense ce désir en s'occupant de l'éducation de son neveu.

Marguerite est hospitalisée une première fois durant six mois. Quelque temps après, le 18 avril 1931, à trente-

---

1. Didier Anzieu, *op. cit.*

huit ans, elle tente d'assassiner une comédienne. Ceinturée, elle est conduite au commissariat mais son délire est tel qu'on l'envoie rapidement à l'asile Sainte-Anne avec un rapport d'expertise concluant à « un délire systématique de persécution à base d'interprétation avec tendances mégalomaniaques et substratum érotomaniaque ».

En conséquence de cet acte, elle est internée et soignée par Jacques Lacan.

Élisabeth Roudinesco raconte [1] : « Le 18 juin 1931, Jacques Lacan la rencontra pour la première fois. Aussitôt, il s'intéressa au cas. [...] À dater de ce jour et pendant une année, Jacques Lacan et Marguerite Pantaine ne se quittèrent plus. [...] Au terme d'une incroyable enquête, le brillant psychiatre s'appropria le destin de cette femme pour construire un "cas"... »

Jacques Lacan publie l'histoire d'« Aimée » (Marguerite) comme construction d'un cas de paranoïa d'autopunition : « Il montrait que la signification inconsciente du motif paranoïaque apparaissait dans un mécanisme de délire à deux où la sœur aînée se substituait à la mère, puisque la paranoïa de Marguerite surgissait au moment de la perte du premier enfant, et enfin que l'érotomanie était liée à une homosexualité. »

Pour Lacan, « la cause efficiente de la psychose d'Aimée résidait, à ses yeux, dans le conflit moral avec la sœur. Elle déterminait la structure et la permanence du symptôme et se traduisait par une fixation de la personnalité au stade du complexe fraternel [2] ».

Ce qui est à retenir, c'est l'idée que cette forme de paranoïa, dont l'élément autopunitif est évident, devient une maladie curable, ayant des causes multiples. Marguerite le prouvera par la suite puisqu'elle ne rechutera plus.

---

1. Élisabeth Roudinesco : *op. cit.*
2. Extrait du travail de Jacques Lacan de 1938 paru dans *Les Complexes familiaux*, Éditions Navarin, 1984.

Le destin de Marguerite devait lui faire retrouver la famille Lacan.

Après son internement à l'hôpital Sainte-Anne, puis à Ville-Évrard, elle obtient une nouvelle expertise et peut sortir définitivement. Elle est employée comme cuisinière de 1943 à 1951 dans une famille franco-américaine.

Puis elle est engagée, « par hasard », chez Alfred Lacan, le père de Jacques. Elle croise à nouveau Jacques Lacan, et ce à de nombreuses reprises. Elle a gardé un souvenir terrible de son internement et reproche à Lacan de n'avoir rien fait pour la faire sortir. Mais ce qui frappe le lecteur peu habitué au monde psychanalytique et trop cartésien pour croire aux multiples hasards, c'est d'apprendre qu'à la même époque Didier Anzieu entreprend une analyse avec Lacan, sans savoir que sa mère est « le cas Aimée » ; Lacan soutient qu'il ne savait pas non plus que Didier était le fils de Marguerite, et qu'il a reconstitué l'histoire durant la cure.

On voit dans cette histoire incroyable à quel point la réalité peut dépasser la fiction. Pour ajouter à la création fantasmatique, établissons un lien entre Lacan et le couple formé par son père et Marguerite (embauchée après la mort de Mme Lacan) pendant que le fils de Marguerite est allongé sur son divan.

L'histoire de Marguerite aura fait couler beaucoup d'encre. La révélation de sa véritable identité a eu lieu lors de la publication de *L'Histoire de la psychanalyse en France* [1]. Didier Anzieu a alors confirmé qu'Aimée était bien sa mère. Dès lors, une relecture de la thèse de Lacan [2], tenant compte de ces nouveaux éléments, s'imposait [3].

1. Élisabeth Roudinesco : *Histoire de la psychanalyse en France*, Le Seuil, 1986.

2. Jacques Lacan : *De la psychose paranoïaque dans ses rapports avec la personnalité*, Éditions Le François, 1932 ; 2ᵉ édition Seuil, 1975.

3. Jean Allouch : *Marguerite ou l'Aimée de Lacan*, Éditions Epel, 1991.

Enfant de remplacement, psychose, répétition transgénérationnelle d'enfant mort, tous les ingrédients sont réunis pour composer une situation pathogène extrême.

De surcroît, Élise, la tante, sert de substitut maternel auprès de son neveu dans le souci de remplacer l'enfant qu'elle n'a pas eu. Malgré tout, Didier Anzieu devient psychanalyste. Certes, s'il ne porte pas le prénom de sa sœur aînée décédée, de nombreux paramètres s'accumulent pour une construction psychotisante à laquelle il a cependant échappé.

De nombreux récits de patients renvoient à cette notion d'enfant de remplacement. Le génie n'en est pas toujours une conséquence, la folie non plus. Ces situations représentent parfois des points d'ancrage dans l'histoire d'un individu. À travers l'interrogation formulée au décours d'un travail psychothérapique, c'est la question de la légitimité même de l'existence qui est posée.

Écoutons l'histoire d'Émile.

Ses parents eurent une première fille, appelée Isabelle. Cette enfant comblait tellement son père et sa mère qu'ils hésitèrent avant d'en avoir un autre.

Lorsque Isabelle eut six ans, sa mère mit au monde la petite Émilie, tout aussi ravissante et charmeuse que l'était son aînée. « On s'arrête là », dirent les parents, dans la mesure où leur souhait était de travailler et de voyager. Malheureusement, on découvrit quelques mois plus tard qu'Émilie souffrait d'une leucémie qui la condamnait à courte échéance. Pour lui tenir compagnie dans ses longs séjours à l'hôpital, sa mère y fit installer un lit. Les soins furent agressifs et traumatisants, tant sur le plan psychologique que physique.

Émilie mourut à l'âge de trois ans et demi, laissant derrière elle l'image d'une enfant douée, belle et intelligente. Les médecins expliquèrent aux parents que seul un autre enfant pourrait aider la mère inconsolable à revivre.

Émile naquit donc un an après le décès d'Émilie, mais aujourd'hui encore il a le sentiment de ne pas avoir réussi à arracher sa mère à sa tristesse. Enfant, elle l'emmenait souvent se promener, et lui montrait la falaise d'où elle aurait voulu se jeter, un jour. « Je suis né débiteur de mon sexe de garçon, raconte Émile. Je suis né coupable aux yeux de ma mère de ne pas être une fille. Jusqu'à l'âge de cinq ans, j'étais habillé et coiffé de telle sorte qu'on me prenne pour Émilie, car déjà il y avait un air de ressemblance. » Les photos sont là, preuve irréfutable de ce qu'Émile a vécu. On le voit les cheveux bouclés, le petit corsage au col rond, en dentelle, la médaille d'Émilie autour du cou, puis sur une autre photo, prise le même jour, après une séance chez le coiffeur, Émile a les cheveux courts, avec une coupe masculine. Il est devenu un garçon. Pourquoi ces deux photos le même jour ? Était-ce un signe que la mère allait mieux, que le travail de deuil s'effectuait ? Émile a toujours pensé que son père avait été heureux d'avoir un garçon, mais pas sa mère.

Durant des années, Émile accompagnait ses parents et sa sœur au petit cimetière où reposait Émilie. Maintenant encore, alors que ses parents sont tous deux décédés, il n'oublie jamais de fleurir cette tombe à la date anniversaire. Ce qu'Émile comprendra progressivement, c'est l'énergie qu'il a dû dépenser, enfant, pour prouver à ses parents qu'il pouvait leur donner de l'amour et d'autres satisfactions narcissiques, comme une réussite professionnelle exceptionnelle.

Mais, au fond de lui, il a toujours imaginé qu'il ne valait pas grand-chose, comparé à cette sœur idéalisée.

Émile a grandi dans l'ombre de cette enfant, dont il sentait sans cesse la présence à ses côtés, avec le sentiment profond d'un échec personnel. La clarification progressive de ses origines lui a enfin permis d'entrevoir des

perspectives intellectuelles et affectives qu'il ne soupçonnait pas.

Vincent, Ludwig, Salvador, Aimée et bien d'autres ont
pu être considérés comme enfants de remplacement avec
le sentiment constant de ne pas pouvoir exister dans la
vie comme être unique, mais avec la mission impossible
de réparer le deuil de l'enfant mort, forcément idéalisé.

Maurice Porot vient de publier un ouvrage dans lequel
il étaie ses hypothèses sur le devenir de l'enfant de remplacement. « Nous sommes arrivés, écrit-il, à la conclu-
sion que cette situation était, en fait, et à l'insu de l'intéressé et de son entourage, un handicap dans la vie pour
trois raisons principales : le remplaçant naît dans une
atmosphère de deuil non liquidé ; identifié au disparu
dont on lui attribue la place, il n'a pas le droit d'être lui-
même ; enfin, pèse sur lui un sentiment de culpabilité
tout à fait paradoxal.

« Ces trois handicaps de départ ne seront pas sans
conséquences sur la trajectoire de la personnalité des
enfants de remplacement. Certains paraissent se sortir
fort bien des risques encourus. D'autres, dans leur désir
légitime d'exister par eux-mêmes, d'être quelqu'un,
seront amenés, inconsciemment, à sortir des normes
sociales, puisque c'est toujours l'autre que l'on voit à travers eux, en un mot à se faire remarquer pour se démar-
quer du petit mort, toujours trop vivant[1]. »

Maurice Porot propose une réflexion sur la construction de la personnalité de ces enfants, entre la créativité et la maladie mentale : « Deux voies s'ouvrent à eux ;
le "génie" ou la "folie", l'un n'étant pas exclusif de
l'autre. La "folie" va de l'instabilité psychique et sociale

---

1. Maurice Porot : *L'Enfant de remplacement*, Éditions Frison-
Roche, 1993.

aux névroses plus ou moins structurées et même jusqu'aux troubles psychiatriques sérieux imposant un internement.

« Plus heureux sont ceux qui ont pu sublimer leurs problèmes en une œuvre créatrice de valeur en littérature, en musique, en peinture, en sculpture, mais aussi en bien d'autres manières. »

ANNEXE

LUDWIG VAN BEETHOVEN
LE TESTAMENT
D'HEILIGENSTADT

« Pour mes frères Karl et   Beethoven,

Ô vous hommes, qui me croyez ou déclarez haineux, obstiné ou misanthrope, comme vous êtes injustes envers moi ! Vous ignorez la raison secrète de ce qui vous paraît ainsi. Dès l'enfance, mon cœur et mon esprit inclinaient au tendre sentiment de la bienveillance. Même accomplir de grandes actions j'y ai toujours été disposé.

Mais songez seulement que depuis six ans je suis atteint d'un mal inexorable que des médecins incapables ont aggravé. Trompé d'année en année dans l'espoir d'une amélioration, finalement contraint d'envisager l'éventualité d'un mal durable (dont la guérison exigerait peut-être des années, si même elle était possible), né avec un tempérament ardent et actif, porté aux distractions de la société, j'ai dû, de bonne heure, m'isoler et vivre en solitaire.

Et quand parfois j'ai voulu surmonter tout cela, comme j'ai été durement ramené à renouveler la triste expérience de ne plus entendre ; et pourtant il ne m'était pas encore possible de dire aux hommes : parlez plus fort, criez, car je suis sourd. Ah, comment me serait-il possible d'avouer la faiblesse d'un sens qui, chez moi, devrait être à un degré de perfection plus grand que chez les autres, d'un sens que j'ai possédé autrefois dans sa plus grande perfection, dans une perfection telle que certainement peu d'hommes de mon métier la connaissent ou l'ont connue. — Oh ! je ne le peux pas. Aussi pardonnez-moi si vous me voyez me tenir à l'écart, quand je me mêlerais volontiers à vous. Mon malheur m'est doublement pénible, car par lui je dois devenir méconnu. Pour moi il ne peut plus y avoir de délassements dans la société des hommes, plus de conversations intéressantes ni d'épanchements mutuels. Tout seul, ou presque, c'est juste dans la mesure où l'exige la plus absolue nécessité que je peux me mêler à la société. Je dois vivre comme un banni. Si je m'approche d'une société, une angoisse terrible m'envahit, car je crains d'être exposé à laisser remarquer mon état. Il en fut ainsi pendant ces six mois passés à la campagne. Mon sage médecin m'engagea à ménager mon ouïe autant que possible ; il prévint presque mes dispositions naturelles actuelles, bien que parfois entraîné par l'instinct de la société, je me sois laissé séduire. Mais quelle humiliation quand quelqu'un à côté de moi entendait une flûte au loin, et que moi je n'entendais rien, ou quand quelqu'un entendait chanter un berger et que je n'entendais toujours rien. De tels événements m'amenaient au bord du désespoir : il s'en fallait de peu que je ne mette moi-même fin à ma vie. C'est l'Art, et lui seul, qui m'a retenu. Ah ! il me semblait impossible de quitter le monde avant d'avoir produit tout ce à quoi je me sentais disposé, et ainsi j'ai prolongé cette misérable vie, vraiment misérable, un corps si irritable que tout changement un peu brusque peut me faire passer du meilleur état de santé au pire.

Patience, c'est bien cela, c'est elle que je dois prendre pour guide maintenant : je l'ai fait. J'espère tenir dans ma résolution de patienter jusqu'à ce qu'il plaise aux Parques impitoyables de rompre le fil. Peut-être irai-je mieux, peut-être pas ; je suis prêt à l'un et à l'autre. À vingt-huit ans déjà obligé de devenir philosophe, ce n'est pas facile, et c'est pour un artiste plus dur que pour n'importe qui.

Divinité, tu plonges ton regard dans mon âme, tu la connais ; tu sais que l'amour de l'humanité et le désir de faire le bien l'habitent. Ô hommes, si jamais vous lisez ceci un jour, pensez que vous avez été injustes envers moi, et que le malheureux se console en trouvant un malheureux comme lui, qui, malgré tous les obstacles de la nature, a cependant fait tout ce qui était en son pouvoir pour être admis au rang des artistes et des hommes de valeur.

Vous, mes frères Karl et   *, dès que je serai mort, et si le professeur Schmidt vit encore, priez-le en mon nom de décrire ma maladie, et joignez à l'histoire de ma maladie la lettre que voici, afin qu'au moins après ma mort le monde se réconcilie avec moi autant qu'il est possible. En même temps, je vous déclare ici tous deux héritiers de ma petite fortune (si on peut la nommer ainsi). Partagez-la honnêtement, entendez-vous et aidez-vous l'un l'autre. Ce que vous avez fait contre moi, je vous l'ai pardonné depuis longtemps, vous le savez. Toi, frère Karl, je te remercie encore pour l'attachement que tu m'as témoigné ces derniers temps. Mon vœu est que votre vie soit meilleure et moins soucieuse que la mienne. Recommandez à vos enfants la Vertu : elle seule peut rendre heureux, non pas l'argent ; je

---

* Le testament d'Heiligenstadt rédigé en octobre 1802 par Beethoven est adressé à ses deux frères. Curieusement seul le nom de Karl est écrit, un blanc est laissé à la place du nom de Johann.

parle par expérience. C'est elle qui m'a relevé dans la détresse ; je lui dois, comme à mon Art, de n'avoir pas mis fin à ma vie par le suicide. Adieu et aimez-vous !

Je remercie tous mes amis, en particulier le prince Lichnowski et le professeur Schmidt. Les instruments du prince Lichnowski, je souhaite qu'ils puissent être conservés chez l'un de vous ; mais qu'il ne s'élève pour cela aucune querelle entre vous. Dès qu'ils pourront vous servir à quelque chose de plus utile, vendez-les donc. Comme je serai content si je peux, dans ma tombe, vous être encore utile !

Ainsi c'est fait. — C'est avec joie que je vais au-devant de la mort. Si elle vient avant que j'aie l'occasion de déployer encore toutes mes facultés artistiques, alors elle vient encore trop tôt pour moi, malgré mon dur destin, et je souhaiterais qu'elle vienne plus tard. Pourtant même alors je serai heureux : ne me délivrera-t-elle pas d'un état de souffrances sans fin ? Viens quand tu veux : je vais courageusement au-devant de toi. Adieu, et ne m'oubliez pas tout à fait dans la mort. J'ai droit à cela de votre part ; car, dans ma vie, j'ai souvent pensé à vous et à vous rendre heureux. Soyez-le !

Heiligenstadt, le 6 octobre 1802
Ludwig van Beethoven. »

Quatre jours plus tard, il ajoutait ce codicille :

« Pour mes frères Karl et
à lire et à exécuter après ma mort.

Heiligenstadt, le 10 octobre 1802 — Ainsi je prends congé de toi — et avec tristesse — oui, l'espérance aimée, que j'ai apportée ici, d'être guéri au moins à un certain point, elle doit m'abandonner tout à fait. De même que les feuilles de l'automne tombent, fanées, elle aussi est desséchée pour moi. Je m'en vais presque comme je suis venu ici. Même ce courage altier qui m'animait souvent dans les beaux jours d'été a disparu. Ô Providence, laisse une fois apparaître un pur jour de joie ! Depuis si longtemps déjà la résonance intime de la vraie joie m'est étrangère. Ô quand, ô quand, ô divinité, pourrai-je encore la sentir dans le Temple de la Nature et de l'Humanité ? — Jamais ? non — ce serait trop dur ! —. »

(Traduction de Dominique Miermont.)

12

LES FRATRIES RECOMPOSÉES

Rémi s'amuse de voir le regard gêné du postier qui distribue le courrier tous les matins. Pas moins de cinq noms de famille figurent sur la boîte aux lettres. En effet, Rémi vit avec sa mère, le nouvel ami de celle-ci et ses deux demi-sœurs. Sa mère porte son nom de jeune fille et les trois enfants celui de leur père respectif. Le copain actuel de sa mère a ajouté le sien. Cinq noms, cela fait beaucoup plus que cet employé des postes n'a l'habitude d'en voir, aussi dès qu'un patronyme nouveau est indiqué sur une enveloppe, la lettre atterrit chez Rémi, qui renvoie quotidiennement le courrier aux PTT avec la mention « inconnu ».

Rémi aime présenter ses deux demi-sœurs à ses amis en donnant leurs noms, pour le plaisir de provoquer l'entourage.

La notion de famille « recomposée », « mosaïque » ou reconstituée, est un fait récent dans notre société. En réalité, ces situations existent depuis toujours, mais nous y sommes encore peu habitués. Elles sont, en revanche, familières aux anthropologues et aux historiens.

Dans la Bible, Abraham eut deux enfants : Ismaël, le fils de sa servante Agar, et Isaac, de sa femme Sara.

217

Sara n'arrivait pas à être enceinte, aussi avait-elle proposé à sa servante de faire un enfant avec son mari. Ce n'est qu'à quatre-vingt-dix ans que Sara enfanta Isaac. À cette époque, on s'arrangeait avec les problèmes de stérilité et de longévité ! Pourtant, tout n'était pas si simple, car Sara, après avoir conçu Isaac, obtint qu'Agar soit répudiée et Ismaël écarté de l'héritage.

Jacob eut treize enfants : sept de Léa, qu'il épousa à la place de sa sœur Rachel ; deux fils de Rachel, qu'il finit par épouser (dont Joseph), puis deux de Biha, la servante de Rachel, et deux de Zilpa, la servante de Léa.

Ces épisodes bibliques renvoient à la polygamie de l'époque, car aucune des épouses ou concubines n'eut d'autre époux. Tel ne fut pas le cas de Cléopâtre, célèbre pour ses amours et dont l'histoire se complique encore des lois égyptiennes.

En 51 avant J.-C., Ptolémée XII Aulete meurt après avoir désigné pour successeurs ses deux enfants aînés, Cléopâtre, qui a dix-huit ans, et Ptolémée XIII, dix ans.

Cléopâtre, selon la loi des Lagides, doit épouser ce frère. Elle devient Cléopâtre VII, « maîtresse des deux terres », qui règne sur la haute et la basse Égypte. Son trône est convoité par sa sœur cadette, Arsinoé. Quant à son frère-époux, il est entouré de conseillers hostiles à Cléopâtre qui gouverne toutefois habilement son pays.

À l'extérieur, elle soutient Pompée dans sa lutte contre César, mais ce dernier, vainqueur, entre à Alexandrie comme consul représentant de Rome. Il va tenter de résoudre le conflit qui oppose Cléopâtre à son frère. Cléopâtre craint de le rencontrer, mais ils sont attirés l'un par l'autre et leur liaison commence.

Ptolémée XIII, assisté d'Arsinoé, complote contre Cléopâtre et César, et ameute les Alexandriens contre eux. Ptolémée trouve la mort au combat.

Cléopâtre et César deviennent les maîtres de l'Égypte. Elle a alors vingt-deux ans et se remarie avec son second frère, Ptolémée XIV, qui n'a qu'une dizaine d'années, et envoie Arsinoé en prison à Rome. Quelques mois après, Cléopâtre accouche d'un garçon, « Ptolémée César », qu'on surnomme Césarion. Les Romains crient au scandale, car César était déjà marié à Calpurnia. Il est assassiné en pleine séance du Sénat par Brutus, son fils adoptif.

Cléopâtre n'a plus qu'à s'enfuir à Alexandrie. Ptolémée XIV va mourir et Césarion devient pharaon aux côtés de sa mère.

En Italie, Antoine et Octave s'affrontent pour la succession de César. Un accord est conclu et un deuxième triumvirat formé par Antoine, Octave et Lépide.

Antoine fait une tournée en Orient pour imposer ce triumvirat. Il rencontre Cléopâtre sur son navire. Leur entente est immédiate. Antoine a quarante-deux ans, Cléopâtre vingt-huit. Les festivités durent quatre jours et Cléopâtre obtient qu'Arsinoé soit mise à mort.

Antoine reste un an à Alexandrie, puis repart. Six mois après, Cléopâtre accouche de jumeaux : Cléopâtre Séléné (« Lune ») et Alexandre Hélios (« Soleil »).

Le triumvirat se partage le monde. Mais Antoine reste à Rome et épouse la sœur d'Octave, Octavie, pour sceller leur alliance. La première femme d'Antoine, Fulvie, dont il a eu deux fils, était morte peu de temps auparavant. En 39, Octavie et Antoine donnent naissance à Antonia Major, puis ils partent vivre à Athènes, où le triumvirat est reconduit pour cinq ans. Octavie attend un deuxième enfant, mais Antoine retrouve Cléopâtre et les jumeaux. La polygamie étant acceptée en Égypte, elle épouse Antoine, et met au monde Ptolémée Philadelphe, qui est un vrai Lagide.

Cléopâtre et Antoine ont des pouvoirs immenses, mais Octave s'oppose alors à Antoine, qui a refusé de revoir Octavie, et Cléopâtre obtient qu'Antoine la répudie.

Octave remporte une première victoire et demande à

Cléopâtre d'abdiquer. Autre bataille, autre échec. On annonce à Antoine que Cléopâtre vient de mourir, ce qui est faux. Mais c'est trop tard : Antoine s'est transpercé le ventre et meurt.

Octave arrive à Alexandrie. Il fait tuer le fils aîné de Fulvie et d'Antoine. Cléopâtre dépérit, puis s'empoisonne et meurt à l'âge de trente-neuf ans.

Mariages consanguins, concubinage, rivalités fraternelles, parricide, tromperies, enfants illégitimes... tout est présent dans cette page de l'histoire égypto-romaine, mais c'est surtout un bel exemple de famille recomposée. Ces situations ne sont donc pas nouvelles, même si certains historiens parlent d'effondrement de l'institution matrimoniale [1], ce qui donne une connotation dramatique à cette évolution.

Actuellement, on distingue trois types de familles. La forme la plus classique, la « famille traditionnelle », se compose du père, de la mère et des enfants. Le deuxième modèle est appelé « monoparental » (un parent, le plus souvent la mère, non marié ou divorcé, et un ou plusieurs enfants). Le troisième type constitue les familles « recomposées ».

Ce terme s'applique aux familles où les enfants vivent avec l'un de leurs parents biologiques, le nouveau conjoint de ce parent et parfois les enfants de ce conjoint. Il peut s'y adjoindre un ou plusieurs enfants nés de la nouvelle union.

De nos jours, les mariages sont moins fréquents et les concubinages augmentent, principalement en milieu urbain. Les familles « monoparentales » sont plus nombreuses. Mais, lorsqu'un père ou une mère renoue des

---

1. *Histoire des pères et de la paternité*. Sous la direction de Jean Delumeau et Daniel Roche, Larousse, 1990.

liens conjugaux, son partenaire a parfois des enfants. Une nouvelle cellule familiale se crée alors.

Pourtant, ces « nouvelles familles » reproduisent fréquemment une configuration ancienne. Aujourd'hui, en Europe, nous avons la chance de vivre jusqu'à soixante-quinze ou quatre-vingts ans. Au cours des siècles précédents, l'espérance de vie était moitié moindre. Au XVIIIe siècle, atteindre quarante-cinq ans constituait déjà un exploit et le veuvage précoce représentait une situation courante.

Rester seul avec de jeunes enfants n'était guère possible et mal vécu par l'entourage. Les remariages étaient plus fréquents qu'on ne le pense. Beaux-pères et belles-mères, appelées « marâtres », avaient communément en charge les enfants du premier mariage de leur conjoint. Les liens familiaux apparaissaient distendus, car nombre d'enfants étaient mis en nourrice ou abandonnés.

Aujourd'hui, les deux parents biologiques sont vivants, les enfants ont donc deux foyers de référence et nouent des liens avec les nouveaux partenaires de leurs père et mère.

La famille classique, constituée des parents géniteurs et d'un ou de plusieurs enfants, semble moins fréquente, voire mythique ou idéalisée. La durée même de la vie du couple, deux fois plus longue qu'aux siècles précédents, semble responsable du nombre croissant des séparations.

Louis Roussel évoque ce problème : « L'enfant, le petit enfant en tout cas, vivait dans un univers stable, peuplé de figures familières. [...] Les repères extérieurs à la famille étaient peu nombreux et ainsi facilement reconnus par le petit enfant. [...] Les premières années de la vie se passent désormais dans un environnement humain volatile. Le sentiment de précarité qui en résulte est parfois aggravé par la crainte de perdre un de ses parents. Tout enfant est parfois angoissé à l'idée que son père ou sa mère pourrait d'un jour à l'autre mourir. Beaucoup, aujourd'hui, ne se demandent-ils pas, avec un effroi aussi vif, si leurs parents ne vont pas se séparer. [...] L'évidence de la divorcialité touche en fait tous les enfants et leur confirme la fragilité de leur environnement [1]. »

La création d'une nouvelle famille ne va pas sans certaines difficultés, plus ou moins prises en compte par les adultes. Mais on peut « refaire sa vie » : c'est socialement mieux accepté qu'il y a quelques années lorsque les divorces étaient exceptionnels.

La fréquence des séparations a pour corollaire la création de nouvelles unions, cimentées par l'arrivée de nouveaux enfants. Certaines familles ressemblent à des tribus composées de frères, demi-frères, « faux frères », beau-père...

Leur statut social et juridique est fragile. Les nouveaux partenaires des parents, sauf s'ils se remarient, n'ont pas de droit et on ne sait pas comment les nommer.

Laissons parler Ludovic.

« J'avais trois ans lorsque mes parents se sont séparés. Je ne m'en souviens pas. Ma mère avait déjà deux filles, Jacinthe et Alice, de son premier mari. Elle s'est séparée de mon père, car elle a rencontré John, dont elle a eu un fils, Tom, mon petit frère. Mon père, de son côté, s'est remarié. Charlotte, sa nouvelle femme, avait déjà un fils, Rodolphe, âgé de huit ans. Mon père et Charlotte ont eu deux filles, Elsa et Louise, âgées de cinq et trois ans.

« Je m'entends très bien avec tout le monde, mais j'ai souvent un rôle de "père" vis-à-vis de mes petites sœurs,

---

1. Louis Roussel : *La Famille incertaine*, Éditions Odile Jacob, 1989.

Elsa et Louise. Le week-end, je dois les garder. Cela ne m'enchante guère, car j'ai mes devoirs à faire. De plus, je dors dans le salon quand je vais chez mon père, car il n'y a pas assez de place pour moi, tandis que j'ai ma chambre chez ma mère. »

Ludovic s'est apparemment accoutumé à cette situation, mais ce n'est pas aussi simple qu'il y paraît. Lorsqu'il décrit sa famille, il provoque l'étonnement des autres, et dans la vie quotidienne une bonne capacité d'adaptation se révèle nécessaire. Souvent, les aînés des familles recomposées quittent tôt la (ou les) maison, car ils n'y trouvent pas vraiment leur place.

La recomposition d'une famille ne se fait pas aisément même si les adultes banalisent la situation, persuadés que le plus difficile est de trouver le partenaire idéal. Or, la rencontre des enfants, leurs différences, leurs rivalités pèsent autant que l'acceptation de la belle-mère ou du beau-père.

Tel est le mythe : les enfants du même âge doivent s'entendre. Pourtant, ce n'est pas évident.

Gilbert s'est séparé de sa femme quand Clara avait huit ans et il en a eu la garde. Quelques années après, il a rencontré Madeleine, qui vivait avec sa fille Sandrine. Sandrine et Clara ont alors le même âge, treize ans, à quelques mois près, mais elles sont on ne peut plus différentes. Sandrine est une ravissante adolescente qui réussit aussi bien au collège qu'au conservatoire de musique où elle apprend le violon. Clara a des kilos en trop, ses traits sont moins réguliers, elle se désintéresse de l'école depuis longtemps et préfère penser aux vêtements qu'elle portera lors des prochaines « boums ». Comme elle a redoublé une fois, elle a deux classes de retard sur Sandrine qui, elle, a un an d'avance.

Elles ne s'entendent guère : Clara est jalouse de Sandrine car tout lui réussit, Sandrine est jalouse de Clara qui mobilise constamment l'attention des adultes.

Ces difficultés vont entraîner des dissensions entre Gilbert et Madeleine. Les problèmes financiers s'y ajoutent : Madeleine reproche à Gilbert l'argent qu'il dépense pour Clara ; ce budget est deux fois supérieur à celui de Sandrine. Leurs attitudes pédagogiques sont opposées : Gilbert trouve Madeleine trop autoritaire, Madeleine trouve Gilbert démagogue et laxiste.

Cette situation devient vite insupportable pour tout le monde et, après deux années de cohabitation, Gilbert quitte Madeleine.

Ce dénouement semble évident. Existait-il une chance pour que cette histoire ne tourne pas à l'échec ? Les adultes sous-estiment l'impact des interactions avec les enfants, projetant encore une fois leur souhait d'une fratrie idéale aux relations harmonieuses. Dans cette histoire, la rivalité des enfants apparaît au premier plan ; dans d'autres familles, la modification des relations avec les parents (« je ne le vois plus seul ») ou le changement radical de vie, comme le raconte Mélodie, sont difficiles à accepter.

Mélodie est une jolie jeune fille de quinze ans. Elle a très mal vécu, comme son jeune frère Hugo, âgé de sept ans, le divorce de ses parents, Rodrigue et Éliane, mais au fil des ans, les relations se sont améliorées et ils arrivent à se parler sans agressivité.

Rodrigue s'est toujours occupé de ses enfants, il a choisi un appartement à proximité de celui d'Éliane pour voir ses enfants tous les jours.

Puis Éliane a rencontré Jean-Francis et ils ont décidé de vivre ensemble. En l'espace de quelques mois, Mélodie et Hugo se sont retrouvés dans une grande maison, à cent kilomètres de leur ancienne habitation. De ce fait, leur père ne les voit plus qu'un week-end sur deux.

Jean-Francis a fait le maximum pour accueillir Mélodie et Hugo, transformant son bureau pour leur donner une chambre car, si la maison est vaste, il faut tenir compte des chambres de ses fils, Alain et Ivan, âgés de dix-sept et dix-huit ans, qui viennent un week-end sur deux.

Les présentations ont eu lieu pendant les vacances et les enfants se sont tout de suite bien entendus, presque trop bien...

Les premières semaines ont été idylliques, les enfants acceptant rapidement la proposition de se retrouver tous les quatre le même week-end.

Progressivement, toutefois, des heurts sont apparus, avec les beaux-parents mais aussi entre les enfants. Mélodie, investie du rôle d'aînée depuis longtemps, perdait ce privilège le week-end devant les deux jeunes hommes qui envahissaient la maison. Elle ne pouvait plus parler à table, « il n'y en avait que pour Alain et Ivan ». Hugo se sentait exclu du groupe que formaient les adolescents.

D'une cellule de trois personnes, ils se retrouvaient à six le week-end, et devaient renoncer à leur relation privilégiée avec leur mère.

L'envie de réussir cette nouvelle famille était évidente et tout le monde y a mis du sien, mais Jean-Francis et Éliane sont allés trop vite en besogne. Réunir les quatre enfants le même week-end leur permettait de passer l'autre fin de semaine en tête-à-tête, mais Alain et Ivan ne voyaient plus jamais leur père seul. Mélodie et Hugo avaient également besoin de moments privilégiés avec leur mère le dimanche, sans compter la rupture avec leur père due à l'éloignement du nouveau domicile. À tous ces changements, s'ajoutaient les petits heurts de la vie quotidienne : Jean-Francis est autoritaire, méticuleux voire maniaque, ce qui n'est pas le cas d'Éliane ni de Rodrigue, aussi est-il contrarié lorsque les enfants laissent un peu de désordre. À peine Jean-Francis avait-il rencontré Éliane, qu'ils ont voulu former une famille avant de former un couple. Ils réussirent néanmoins à trouver un modus vivendi, mais cela prit du temps...

L'histoire de Véronique, dix-neuf ans, est exceptionnelle. Son père, Jean-Charles, avait quitté sa mère, Giselle, cinq ans auparavant et s'était remarié.

Après son baccalauréat, Véronique a quitté l'appartement de sa mère pour étudier. Ses parents lui ont loué un petit studio. Giselle a rencontré un homme d'une quarantaine d'années sans enfant. Sentant la limite d'âge arriver, elle a pris la décision d'avoir un bébé. Véronique a appris que sa mère était enceinte, tout comme sa belle-mère. Cette situation était le reflet d'une relation conjugale fondée sur la symétrie. Ses parents gardaient ainsi une complicité, car tout en étant séparés, ils attendaient en même temps un enfant. Ce qu'ils n'avaient ni l'un ni l'autre envisagé, c'est le retentissement psychologique sur Véronique qui s'apercevait, trois mois plus tard, qu'elle n'avait pas ses règles : elle aussi était enceinte.

Malgré sa situation précaire, elle décida de garder l'enfant. « Ma mère m'a bien eue à dix-neuf ans », disait-elle.

La même année, trois petites filles sont nées : les deux demi-sœurs et l'enfant de Véronique, nièce de ses deux demi-sœurs.

Cette famille inaugure une modification générationnelle, puisque tantes et nièce ont exactement le même âge.

Mais cette situation non plus n'est pas nouvelle. De nombreuses femmes, jadis, étaient mères vers l'âge de vingt ans et continuaient de procréer jusqu'à la ménopause. Une génération séparait alors les aînées des cadets. On peut devenir grand-parent et parent simultanément. Dans certaines cultures, la tradition incitait les mères à ne plus avoir d'enfant dès que leur aîné devenait père. Ce qui est récent, c'est l'arrêt de la procréation en raison d'un divorce, puis l'arrivée d'un nouvel enfant plus jeune que son petit-fils ou sa petite-fille.

Il suffit d'apprendre à se repérer dans sa propre généalogie. Un grand-père racontait à ses petits-enfants : « Il était une fois un père et son fils qui épousèrent deux sœurs : le père se maria avec l'aînée, et le fils avec la cadette. Le couple âgé engendra un garçon et une fille, et l'autre, un garçon et deux filles. J'étais le fils du couple le plus jeune. Ma tante et mon oncle étaient aussi ma cousine et mon cousin germains... »

La reconstruction de la chambre

Guillaume n'a pas souvenir d'avoir vécu avec ses deux parents. Il avait deux ans au moment de leur séparation. Son père connaissait déjà sa deuxième épouse dont il a eu deux filles, Anne-Laure et Virginie. « Cela ne s'est pas trop mal passé, raconte Guillaume, âgé aujourd'hui de dix-sept ans. Anne-Laure et Virginie étaient mignonnes. J'arrivais le week-end avec mes devoirs. On sortait peu. Ce qui a été le plus difficile, c'est l'arrivée de Robert, l'ami de ma mère, à la maison. Il a habité quatre ans avec nous. C'était l'horreur. En semaine, cela passait car il voyageait beaucoup, mais le week-end, ses deux fils venaient et je n'avais aucune affinité avec eux, malgré notre faible écart d'âge (Pierre et Jean ont un et trois ans de plus que moi). Je ne pardonnerai jamais à ma mère le fait qu'elle ait accepté de modifier ma chambre. Ils ont ajouté des lits superposés à la place de mon bureau, si bien que j'avais le sentiment d'être dans un dortoir. Cer-

tains week-ends, j'étais chez mon père quand Pierre et
Jean occupaient ma chambre. Je n'arrêtais pas de penser
qu'ils fouillaient dans mes affaires. Quand nous nous
retrouvions, c'était pire encore, car je n'avais ni espace,
ni intimité. Robert essayait de se faire respecter par ses
fils, et comme avec moi, il n'y arrivait pas, ma mère et lui
se disputaient sans arrêt. Ils ont fini par rompre. Je ne
l'ai jamais revu, mes "faux frères" non plus. Les lits superposés ont été vendus et j'ai retrouvé mon territoire. Mais
ma mère n'est pas faite pour vivre uniquement avec moi.
Elle sort tous les jours. Elle voudrait se remarier. Moi, je
me sens seul. »

L'absence de lien légal entre Robert et la mère de
Guillaume a facilité la séparation. Guillaume a vécu plus
longtemps avec Robert qu'avec son père, et ce temps a
compté, même si la tonalité relationnelle reste pour Guillaume celle de l'opposition. Sa version éclaire la difficulté
de reconstruire une cellule familiale, surtout si l'espace
individuel est modifié. Mais cette opposition a été structurante et les disputes ont eu une fonction « antidépres-
sive » pour la mère qui n'avait pas à gérer le quotidien
seule.

La solitude des mères divorcées, le cas le plus fréquent
des familles monoparentales, est largement sous-esti-
mée ; lorsque les enfants sont petits, elles sont confron-
tées à une dépendance affective et matérielle que l'entourage méconnaît et que la société prend peu en compte.
Assumer les rhino-pharyngites, la fièvre d'un enfant la
nuit sans pouvoir acheter les médicaments d'urgence
quand le médecin repart, ce n'est guère facile. Les aléas
de la petite enfance s'ajoutent aux tâches quotidiennes.
Pas de relais possible pour calmer une crise de larmes,
faire ranger la chambre ou réciter les devoirs.

L'interaction mère/enfants n'est pas alors médiatisée

par un tiers. Le nouveau partenaire de la mère arrive comme un « sauveur » alors que lui aussi a ses problèmes personnels. Reconstruire une famille ne se fait pas sans heurts, ni sans répétitions.

Les enfants ne s'adaptent pas toujours facilement : ils acceptent plus ou moins bien ces autres jeunes qui constituent, pour un temps, leur proche famille. Pour un temps, car les années passent, le processus d'autonomisation survient et les jeunes quittent la maison. De nouvelles ruptures peuvent se produire, et cette famille recomposée éclater à son tour. Comment garder des liens avec le fils du copain de sa mère alors qu'elle ne veut plus les revoir et que rien ne l'y oblige ? Quelle est la bonne attitude ? Les enfants sont pris dans des niveaux de complexité relationnelle souvent lourds à gérer.

Les beaux-parents, les demi-frères, les « faux frères » ne restent des points d'ancrage qu'en raison des liens positifs et durables créés.

Fanny a été élevée par sa mère, avant que celle-ci ne décède. Elle n'avait que des contacts irréguliers avec son père, Gaël, qui vivait à l'autre bout de la France. Il s'était remarié avec Élise. Trois enfants sont nés de cette union. En grandissant, Fanny est devenue proche d'Élise, sa première belle-mère. Lorsque son père l'invitait à Paris, il vaquait à ses occupations et Fanny passait des heures avec Élise. Gaël s'est séparé et a épousé Sophie, dont il a eu deux enfants. Après le décès de sa mère, Fanny est montée à Paris et a habité avec Élise. Elle ne voit son père qu'épisodiquement.

La parenté de fait instaurée par la recomposition familiale pose aux enfants non seulement des questions d'identité, mais également de proximité.

Que devient l'interdit de l'inceste ?

Nous avons longuement évoqué le problème des relations incestueuses entre frères et sœurs.

Comment s'organisent les relations fraternelles en l'absence de liens biologiques ? Dès que l'on sort des situations classiques, la compréhension de l'interdit de l'inceste est variable selon les individus, et la rencontre d'adolescents au sein d'une famille recomposée peut déclencher des émotions variées.

Axel et Judith sont « devenus frère et sœur » à l'âge de dix-sept et quinze ans, lorsque le père d'Axel et la mère de Judith ont décidé de vivre ensemble. Dans cette « famille-réseau », pas moins de dix personnes se retrouvaient le week-end.

Axel et Judith ont éprouvé d'emblée une grande complicité, qui a bientôt fait place à de la tendresse, puis à de l'amour. Leurs parents respectifs ont assisté avec complaisance à leur amitié naissante, mais n'ont pas supporté que cette amitié se transforme en amour.

Axel et Judith n'ont aucun lien de consanguinité. Ils ne sont pas frère et sœur, mais leur relation de proximité fait planer la notion d'inceste. D'où la complexité des recompositions familiales. Françoise Héritier [1] explique comment le concept d'inceste peut être élargi. À partir des travaux de Claude Lévi-Strauss, elle tente une clarification des situations familiales et développe le concept d'« inceste du deuxième type », qui s'applique à des situations où il n'y a pas de consanguinité mais des relations de grande proximité. « Au lieu que l'inceste du premier type soit un rapport sexuel direct entre consanguins, hété-

1. Françoise Héritier : *Une mère et deux filles*, Éditions Odile Jacob, 1995.

rosexuel ou homosexuel, l'inceste du deuxième type est indirect. »

Dans le cas d'Axel et Judith, le lien affectif s'est créé à partir de la vie familiale et non d'une rencontre exogamique. Mais leurs sentiments évoquent un interdit incestueux et constituent un miroir pour leurs parents qui construisent leur propre relation affective.

Frères et sœurs biologiques et adoptés

Autre situation : la fratrie composée d'enfants adoptés et d'enfants « faits maison », comme ils se nomment parfois, c'est-à-dire enfantés par les parents.

Certains couples « dits stériles » adoptent un ou plusieurs enfants, et la mère se retrouve enceinte plus tard. Ce cas pose de multiples questions concernant les causes de stérilité. Une des raisons évoquées est l'interdiction fantasmatique d'être parents, interdit levé par l'adoption. Ce problème est trop complexe pour être traité ici : il nécessite un travail de synthèse pour exposer les différentes origines médicales et psychologiques des stérilités.

L'adoption concerne aussi des couples qui souhaitent agrandir leur famille en donnant une chance à d'autres enfants d'intégrer une cellule familiale « classique ». Les raisons sont variées, liées à une tradition culturelle bien ancrée, à un engagement social.

Ce qui nous intéresse ici, c'est l'interaction entre ces deux groupes d'enfants, qui forment une vraie fratrie pour les parents.

Michael et Corinne ont trois enfants : Célia est l'aînée. Elle a été adoptée après huit années de combat mené par ses parents, tant sur le plan médical que sur le plan juridique. Son arrivée a été une véritable révolution dans leur vie à tel point que Corinne s'est retrouvée enceinte d'Éric... puis d'Émilie.

Célia est aujourd'hui une adolescente en difficulté ; elle a redoublé à deux reprises à l'école et craint d'échouer au bac. Elle fréquente de jeunes marginaux, fume du haschisch et adopte des comportements d'opposition qui inquiètent ses parents. Célia accepte de consulter un psychothérapeute, mais comme pour nombre d'adolescents, le cadre strict est ressenti comme trop contraignant.

Une thérapie familiale est proposée. Célia exprime son découragement, son sentiment d'infériorité. Ses parents l'aiment, elle en est convaincue, mais elle ne peut être que « moins bien » qu'Éric et Émilie. La clarification de son adoption, les détails des premiers contacts avec sa famille lui permettent de se sentir plus à l'aise. Ses parents s'étonnent, car ils lui ont maintes fois raconté tout cela. Mais Célia a besoin de l'entendre à nouveau et comprend que le choix de ses parents s'est renforcé grâce aux années partagées. Célia écoute Éric et Émilie, enfants « faits maison », évoquer leurs états d'âme... Elle n'a plus besoin de faire des « bêtises » pour qu'on lui montre qu'on l'aime. Le dialogue se rétablit, mais d'autres difficultés apparaissent. Célia, qui s'interdisait de s'opposer directement à ses parents « si bons » et qui lui ont tout donné, s'accorde maintenant le droit, comme toute adolescente, de vivre une phase de révolte structurante.

Cette histoire montre des redondances affectives : le sentiment d'être « moins bien » avec, pour résultante, une situation d'échec ou, comme dans le cas suivant, une lutte pour la réussite. Trouver sa place dans la fratrie ne se fait pas sans conflits.

Myriam s'est toujours crue stérile. Elle s'est mariée et le couple a adopté un petit Vietnamien, Marc. Myriam se sépare de son mari pour vivre avec un nouveau compagnon. Quelque temps après, elle se retrouve enceinte. Sa stérilité n'était qu'une hypofertilité, partagée avec son premier mari, mais pas une situation définitive. Lorsque Romain naît, Marc a quatre ans. Il réagit affectueusement à l'arrivée de ce bébé « miracle ».

Malgré son jeune âge, Marc a déjà vécu de nombreux traumatismes : le décès de ses parents, l'orphelinat, la rupture culturelle, la séparation de ses parents adoptifs, un beau-père, un demi-frère... Pourtant, il surmonte ces épreuves. Il est brillant et assume ses différences avec une maturité surprenante.

L'amour de ses parents adoptifs est resté intact. Marc voit son père régulièrement. Sa mère a construit un lien indestructible avec Marc. Elle aime autant ses deux fils, différemment, et les deux pères ont chacun leur place.

Marc a « trois pères » : son père géniteur, décédé peu de temps après sa naissance, son père adoptif et son beau-père. Cette situation complexe vécue sans ambivalence lui permet de construire une identité solide et de surmonter les traumatismes qu'il a vécus. Romain est moins épanoui et ressent une grande jalousie vis-à-vis de ce frère qui réussit si bien.

Mais revenons aux nouvelles familles avec le témoignage de Sybille Lacan [1], une des filles du psychanalyste Jacques Lacan. Elle nous donne un récit poignant de son histoire familiale. « Maman (Malou) est la première femme de Jacques Lacan, mon père. Elle eut de lui trois

---

1. Sybille Lacan : *Un père*, Gallimard, 1994.

enfants : Caroline, Thibault et moi-même. "Bataille" est le nom de la seconde femme de mon père. Ils eurent ensemble une fille, Judith qui porte le nom de famille de Bataille, car ses parents n'étaient encore ni l'un, ni l'autre, divorcés de leurs premiers conjoints lorsqu'elle vint au monde. »

Elle évoque l'annonce de la naissance de Judith : « Alors que je venais de naître (ou bien maman était-elle encore enceinte de moi ?), mon père annonça joyeusement à ma mère, avec la cruauté des enfants heureux, qu'il allait avoir un enfant. »

Les propos d'Élisabeth Roudinesco [1] sont plus violents encore que ceux de Sibylle : « En octobre, apprenant que Sylvia attendait un enfant, Lacan n'hésite pas à annoncer la bonne nouvelle à Malou. » Celle-ci est enceinte de huit mois. « Jacques Lacan poursuivait avec Malou une relation fondée sur le non-dit et l'équivoque. Jamais il n'avait décidé clairement la moindre séparation et l'acte de rupture n'était pas venu de lui. »

Élisabeth Roudinesco apporte un éclairage sur l'un des points de la pensée de Lacan en évoquant la naissance de Judith : « Ce fut donc Georges Bataille qui donna son nom à l'enfant de Lacan et de Sylvia. Il y avait là distorsion entre l'ordre légal, qui obligeait un enfant à porter le nom d'un homme qui n'était pas son père, et la réalité des choses de la vie qui faisait que cet enfant était la fille d'un père dont elle ne pouvait pas porter le nom. » Nul doute que la théorie du nom-du-père qui formera le pivot de la doctrine lacanienne, trouva l'un de ses fondements dans le drame de cette expérience vécue au milieu des décombres de la guerre.

« C'est à l'occasion du mariage de ma sœur aînée — j'avais alors dix-sept ans — que j'appris l'existence de Judith, de moins d'un an ma cadette », reprend Sibylle.

---

1. Élisabeth Roudinesco : *Jacques Lacan, op. cit.*

Judith, en effet, voulait assister au mariage de sa sœur, Caroline. Cette nouvelle bouleversa Sybille. Thibault et Sibylle souffrirent beaucoup plus que Caroline de la situation familiale. « En 1949, raconte Élisabeth Roudinesco, il leur arriva une aventure terrible. Sibylle et Thibault jouaient au Jardin d'acclimatation lorsqu'ils virent leur père au volant d'une voiture, à côté de lui une femme, et derrière une fillette. Ils crièrent "Papa, papa !" Lacan leur lança un regard surpris, détourna les yeux et démarra. »

« Ma première vraie rencontre avec Judith m'écrasa, dit Sybille. Elle était si aimable, si parfaite et moi si maladroite, si gauche. Elle était la sociabilité, l'aisance, j'étais la paysanne du Danube. [...] de surcroît, elle faisait philo et je ne faisais que des études de langues. Combien de fois, à la Sorbonne, elle m'a croisée en faisant semblant de ne pas me reconnaître. »

La situation familiale de Sibylle est-elle la clef de sa « neurasthénie », selon le diagnostic de son père, en tout cas de ses difficultés psychiques ? Il ne fait pas bon avoir un père tout-puissant, et vivre des secrets de famille... Sibylle raconte qu'elle apprend par un ami que, selon le *Who's Who*, Jacques Lacan n'a qu'une fille, Judith, tout comme la photo de Judith est la seule à figurer dans son cabinet d'analyste. « Dans la pièce, aucune autre photo. À ses patients, à nous, à moi, pendant plus de vint ans, mon père a semblé dire : "Voici ma fille, voici ma fille unique, voici ma fille chérie." [...] Au moment donc où Sylvia, à l'âge de quarante-cinq ans, cessait de porter le nom de Bataille pour celui de Lacan, sa fille Judith devenait légalement la belle-fille de celui qui était en réalité son père et la sœur par alliance des enfants de Malou dont elle était en réalité la demi-sœur. »

Mais cette histoire se complique encore. Après la séparation, Malou se rapproche de son frère, Sylvain — à l'origine l'ami d'enfance de Jacques Lacan. Sylvain est anesthésiste. Comme Malou ne reçoit qu'une maigre pension alimentaire de son mari, elle doit travailler. Sylvain la prend comme collaboratrice et s'occupe alors de ses neveux, car il n'a pas eu d'enfant.

Il était séparé de sa première femme et épousa Madeleine, qui avait eu un fils, Bruno Roger. Bruno et Caroline se plurent et se marièrent en 1958. « Sylvain maria sa nièce qu'il considérait comme sa fille, à son beau-fils qui le regardait comme son père. »

Caroline fut tuée accidentellement par un chauffard et cet événement tragique s'ajouta aux affres de Sibylle.

La lecture de ce bouleversant récit éclaire ceux qui ont été surpris d'apprendre par les médias la guerre que se livraient les successeurs de Jacques Lacan. Que de souffrances à l'origine de ces conflits d'héritage...

Quelques histoires tragiques de recomposition familiale ont montré à quel point il faut être prudent quand on recrée une famille. La souffrance de nos patients nous le rappelle quotidiennement.

Muriel accoucha de Jean-Jacques à l'âge de vingt ans. Le père était un homme marié et ne voulut rien savoir de cette aventure. Jean-Jacques fut élevé par ses grands-parents pendant les trois premières années de sa vie. Muriel, ayant décidé de quitter son village pour éviter les rumeurs concernant l'identité du géniteur, avait trouvé un travail à Paris.

Elle rencontra le fils d'un célèbre écrivain, François-Xavier, l'épousa et souhaita alors reprendre son fils, qu'elle connaissait à peine. Jean-Jacques souffrit d'être séparé de ses grands-parents. Son beau-père le trouvait bruyant et plutôt gênant. Jean-Jacques avait le sentiment d'être un intrus et sa mère eut du mal à nouer une relation positive avec lui.

Muriel et François-Xavier eurent deux enfants (garçon

et fille), à deux ans d'intervalle alors que Jean-Jacques atteignait ses cinq ans. Jusqu'alors, il n'avait jamais rencontré ses grands-parents paternels. Une différence sociale significative existait entre les deux familles. La première était composée de grands bourgeois érudits alors que les parents de Muriel étaient de simples métayers, ayant quitté très tôt l'école. Jean-Jacques fut l'objet d'une grande sévérité de la part de son beau-père, compensée par une attitude passionnelle de sa mère. Plus le père était autoritaire, plus la mère était laxiste. Le couple mère/fils développa des liens forts. Jean-Jacques, le préféré de sa mère, avait tous les droits.

La différence d'attitude était renforcée par celle des grands-parents. Les parents de Muriel, qui avaient élevé Jean-Jacques, lui restaient profondément attachés. Les parents de François-Xavier n'aimaient pas cet enfant insolent qui n'était pas de leur sang. Ils avaient toujours un jouet à offrir aux deux petits, jamais rien à Jean-Jacques.

Muriel et son mari ne s'entendaient guère, mais François-Xavier était absent toute la journée, et Muriel ne travaillait pas. Elle rêvait dans son for intérieur à son ex-amant, le père de Jean-Jacques, qu'elle idéalisait au fil du temps. Certes, il n'avait rien voulu savoir de sa grossesse, mais les années passant, elle lui trouvait toutes sortes d'excuses.

Jean-Jacques se fit remarquer dès l'école primaire par des chapardages, et François-Xavier l'humilia devant le directeur de l'école et son instituteur. Pour cet homme érudit, mais non moins primaire, seule l'autorité avait valeur pédagogique. Il répétait son propre modèle familial, sans aucune distance.

À l'adolescence, les difficultés s'aggravèrent : crises de colère et de découragement, errances avec des copains, tags dans le métro... Il arriva à Muriel de devoir aller chercher Jean-Jacques au commissariat de police, ce qu'elle cacha soigneusement à son mari. Après une dispute avec François-Xavier, Jean-Jacques se taillada les veines. Il avait quinze ans. Lorsque sa mère le conduisit chez un psychologue, à l'âge de dix-sept ans, il prenait de l'héroïne depuis plusieurs mois et dealait pour obtenir de l'argent. Personne n'avait deviné ce qui se passait, ni ses parents, ni ses grands-parents, ni ses frères et sœurs. Le contact avec le psychologue fut catastrophique, car ce dernier, peu habitué à ce type de problème, rompit le secret professionnel sans prévenir Jean-Jacques et alerta les parents. Cette fois encore, Muriel et François-Xavier réagirent de façon opposée. François-Xavier décida d'alerter la police et de trouver les trafiquants. Muriel partit à la campagne avec son fils pour qu'il « décroche ». Peut-être arrêta-t-il pendant ces quelques jours, mais il rechuta dès son retour à Paris. Son beau-père (ou père) le mit à la porte, mais sa mère parvenait à lui donner de l'argent et de la nourriture. Muriel partagea avec Jean-Jacques un véritable roman d'aventures, qui ravivait inconsciemment la passion qu'elle avait éprouvée pour le père de Jean-Jacques.

Excepté les deux autres enfants, tout le monde croyait qu'on était sans nouvelles de Jean-Jacques. Sa mère partait le rejoindre dans des squats, sous prétexte de lui apporter du linge propre. Un jour, il mourut d'overdose. Il avait vingt-deux ans. On cacha la cause du décès. On parla d'accident.

Son frère cadet, Pierre-Louis, ne supporta pas la mort cachée de Jean-Jacques. Il avait alors dix-sept ans et commença à se droguer lui aussi. Il fallut de multiples prises en charge individuelles et familiales pour l'arracher à ses comportements autodestructifs de prise de drogue et de tentatives de suicide.

13

LES RELATIONS FRATERNELLES
À L'AGE ADULTE

Toutes les histoires sont différentes : de la complicité totale à l'absence de relations, chacun de nous peut vivre une gamme de relations et de sentiments aussi variée que les couleurs de l'arc-en-ciel.

Les relations à l'adolescence

La première séparation entre frères et sœurs intervient à l'adolescence pour des raisons diverses, qu'il s'agisse de l'intégration à une école ou une université ou de l'installation avec un partenaire.

Le départ pour l'internat est plus rare qu'autrefois. Les parents, aujourd'hui, n'envoient leur progéniture au loin qu'en cas d'absolue nécessité.

Les distances entre les villes se sont réduites grâce à un réseau de transport modernisé ; des ramassages scolaires fonctionnent quotidiennement dans les villages — aussi les enfants sont-ils rarement internes.

D'autre part, séparer les enfants du milieu familial n'est plus conseillé aux parents comme autrefois. Si en Angleterre les pensionnats restent un modèle d'éducation prisé, ce n'est plus le cas en France. Et même si l'orientation professionnelle ou l'entrée au lycée obligent les enfants à quitter leur domicile, ils rentrent le week-end à la maison.

Ces départs participent au processus d'autonomisation, mais ne présagent pas des séparations définitives. Étudier dans une école de commerce pendant trois ans, puis retourner chez ses parents reste fréquent. Les jeunes quittent aujourd'hui le milieu familial à un âge plus avancé, parce que la scolarité est obligatoire jusqu'à seize ans et les études plus longues. L'entrée dans la vie active est tardive, ainsi que l'autonomie financière nécessaire pour avoir un logement indépendant.

La vie sexuelle n'est plus interdite sous le toit familial. Les parents accueillent le petit ami ou la petite amie de leur enfant le week-end ou pendant les vacances. Les événements de mai 1968 ont contribué à cette libéralisation des mœurs alors qu'il n'y a pas si longtemps, les jeunes filles, et souvent même les jeunes hommes, ne partaient de la maison que « la bague au doigt ». Quitter sa famille signifiait en créer une autre. Maintenant, il est « acceptable » pour une jeune femme de vivre seule ou de partager un appartement avec des amis.

Cette période intermédiaire entre le départ de la maison et la création du couple est certainement une des phases les plus structurantes pour la vie adulte, car elle permet aux jeunes de faire l'expérience d'une nouvelle réalité quotidienne sans forcément s'engager prématurément dans des liens affectifs.

Cette étape existait dans des sociétés primitives, comme le souligne Bronislaw Malinowski[1]. « C'est ainsi que l'adolescence marque le passage de la sexualité infantile et enjouée aux relations permanentes et sérieuses qui

---

1. B. Malinowski : *La Vie sexuelle des sauvages du Nord-Ouest de la Mélanésie*, Payot, 1930.

précèdent le mariage. Pendant cette période intermédiaire, l'amour devient passionné tout en restant libre. [...] Dans les conditions normales, tout mariage est précédé d'une période plus ou moins longue de vie sexuelle en commun (c'est-à-dire de couple). »

Combien de fois avons-nous vu des couples se séparer parce que leur union s'était construite en réaction à la famille : pour échapper à une emprise trop forte, des jeunes s'engagent prématurément.

La cohabitation juvénile, c'est-à-dire précédant un éventuel mariage, est fréquente de nos jours et aide à mieux se connaître. Le concept d'adolescence, et même de « post-adolescence » (après vingt-cinq ans), aujourd'hui admis, permet de mieux comprendre les remaniements de cette période. Frères et sœurs vivent plus longtemps ensemble.

Après avoir grandi, partagé des secrets, des jeux et des fous rires, s'être disputé plus ou moins avec les parents, les enfants entrent dans cette phase de transition qu'est la puberté. À cette période, l'émergence de la sexualité modifie le vécu individuel. Les sentiments amoureux éclosent et c'est dans ce contexte d'atmosphère floue que des dérapages incestueux ont parfois lieu, mais généralement l'objet amoureux reste extérieur à la famille.

Le choix du conjoint

Le choix du conjoint est un des principaux facteurs de la modification des liens fraternels. Les aléas de la vie amoureuse, dès l'adolescence, rapprochent ou éloignent les frères et sœurs, d'autant que les premières amours éclosent fréquemment parmi les amis proches.

Évoquer les relations fraternelles à l'âge adulte

consiste à réfléchir sur l'élargissement de la famille et sur l'intégration des belles-sœurs et beaux-frères. Combien de fois avons-nous entendu dire : « Ma famille, maintenant, c'est mon mari (ou mon épouse) et mes enfants. » La famille d'origine paraît reléguée au second plan, mais en réalité il n'en est rien.

Rappelons que, dans notre société, il y a quatre façons d'intégrer la parenté d'une communauté.

La première, la plus évidente, est la filiation directe. La procréation conduit à créer une union par les liens du sang.

La deuxième est l'adoption. L'enfant adopté entre dans sa famille adoptive et prend le patronyme de ses parents.

Le parrainage peut être considéré comme une procédure d'intégration religieuse, sans modification de la parenté d'origine. Dans la pratique chrétienne, le parrain et la marraine ont un rôle substitutif des parents en cas d'absence et un rôle affectif comme famille complémentaire. Ils sont assimilés à la famille proche et l'union avec un(e) filleul(e) est assimilée à une relation incestueuse.

Le mariage est la quatrième manière d'intégrer une nouvelle famille. L'usage, en France, veut que l'épouse prenne le nom de son mari, nom qui sera ensuite attribué aux enfants. Ainsi, elle prend en partie l'identité de sa belle-mère.

Mlle Durand épouse M. Turpin : elle devient Mme Turpin, comme la mère de son mari. Si, de plus (cela arrive parfois), elle porte le prénom de sa belle-mère, la confusion est totale. Mme Huguette Turpin est aussi bien la mère que la compagne. La situation est la même si un frère épouse une jeune fille ayant le prénom de sa sœur. Jacques a épousé Claire, mais sa sœur aussi s'appelle Claire.

En France, la terminologie de la parenté est assez pauvre — père, mère, frère, sœur, oncle, tante, cousin, cousine — et ne distingue pas la consanguinité de l'alliance : on adjoint le qualificatif de « beau » et « belle », comme ceux de « grand » et « petit » pour les liens transgénérationnels.

Un beau-frère peut être le mari de sa sœur ou bien le frère de son mari, si on est une femme. De même, une belle-mère est soit la mère de son conjoint, soit la deuxième femme de son père, s'il y a remariage. En Angleterre, le lien d'alliance est marqué par les mots *in law*, ou *step*.

Dans cet ouvrage, nous mettons l'accent sur la fratrie, mais les parents restent le modèle auquel chacun se conforme ou s'oppose. Ces mécanismes sont manifestes quand ils sont induits par les choix religieux, politiques, mais d'autres sont inconscients et plus lourds à gérer. Enfants, Pierre-Gilles et Marc-Adrien ont beaucoup souffert des angoisses de leur mère qui craignait à tout moment un accident. Une minute de retard, et elle regardait par la fenêtre ; cinq, elle était dehors ; au bout d'une demi-heure, elle appelait la police.

Lorsqu'ils devinrent adultes, elle exigea d'être prévenue à chaque déplacement. « Faites ce que vous voulez, mais téléphonez-moi tous les jours, et plus si vous voyagez. » Elle vivait en état permanent d'alerte, attendant la catastrophe... Marc-Adrien réussit à prendre ses distances avec elle et à ne l'appeler que lorsqu'il le souhaitait, mais Pierre-Gilles devint comme sa mère. S'il partait en voiture, il s'arrêtait plusieurs fois sur l'autoroute pour lui téléphoner. Sa femme et ses enfants souffrirent beaucoup de ses obsessions.

Le choix du conjoint se fait en accord ou en opposition avec notre histoire familiale.

On épouse souvent une personne qui a des points communs avec son père, sa mère ou bien avec son frère ou sa sœur.

Lors des remariages, la ressemblance du nouvel élu avec le premier conjoint est souvent troublante. Notre inconscient nous conduit à répéter les mêmes choix, parfois les mêmes erreurs.

Identification parentale ou fraternelle, la proximité affective et culturelle reste la règle fondamentale, créant aussi des situations de rivalité. Combien de fois avons-nous connu des jeunes filles qui sortaient successivement avec deux frères ou un jeune homme qui tombait amoureux de deux sœurs.

On épouse autant la famille du conjoint que le conjoint. Le choix du partenaire, si la règle est l'exogamie [1], n'est pas sans rappeler l'homogamie [2] qui, en fait, est coutumière.

L'influence du milieu et les loyautés familiales limitent la liberté de choix individuel : je me souviens de ce mariage qui unissait une jeune femme juive et son mari musulman, tous deux convertis au catholicisme. Les deux familles d'origine, juive d'une part et musulmane d'autre part, assistaient stoïques à la messe prononcée en l'honneur du couple dans une petite église de banlieue... Ou la façon dont Dolores a annoncé à ses parents, tous deux espagnols catholiques pratiquants, qu'elle avait épousé pendant le week-end Mamadou Koubali, d'origine Baoulé, et qu'elle partait vivre en Côte-d'Ivoire...

Pour l'essentiel, les règles de mariage sont regroupées en trois types fondamentaux [3] :

« Dans les systèmes élémentaires, la règle de mariage consiste non seulement à interdire un cercle de parents, mais à prescrire le parent avec lequel on doit préférentiellement se marier.

---

1. *Exogamie* : mariage noué à l'extérieur du groupe familial.
2. *Homogamie* : mariage noué entre époux de même condition sociale.
3. Françoise Zonabend : « Regard ethnologique sur la parenté et la famille », in *Histoire de la famille*, sous la direction de A. Burguière, Armand Colin, 1986.

« Les systèmes complexes sont ceux qui se bornent à interdire le mariage dans un cercle de proches parents, sans expressément dicter le choix d'un partenaire. Nos sociétés occidentales modernes relèvent de ce dernier cadre. » Ce rappel anthropologique situe notre société comme un modèle parmi d'autres.

« Enfin, entre les systèmes qui prescrivent un conjoint et ceux qui laissent le choix libre, viennent s'intercaler les systèmes semi-complexes qui édictent des prohibitions du mariage sur des classes de parents et non plus sur des parents généalogiquement désignés. »

La tradition juive se préoccupe du destin des frères et des sœurs et de leur descendance. Le partage des rôles entre les hommes et les femmes est réglementé et montre la complémentarité de chacun.

La coutume du lévirat a été codifiée par le *Deutéronome* (texte biblique attribué à Moïse) : « Si des frères demeurent ensemble et que l'un d'eux vienne à mourir sans postérité, la veuve ne pourra se marier au-dehors à un étranger ; c'est son beau-frère qui doit s'unir à elle. Il la prendra donc pour femme, exerçant le lévirat à son égard. Et le premier fils qu'elle enfantera sera désigné par le nom du frère mort, afin que ce nom ne périsse pas en Israël » (*Deutéronome* 25 [5-6]).

Le texte nuance le code du *Lévitique*, qui interdit les unions entre proches apparentés par alliance au même titre qu'entre proches apparentés par le sang. Cette règle vise à transmettre le nom à l'extérieur de la famille, à perpétuer et élargir la lignée.

Dans la Bible, la tradition du lévirat est évoquée à partir de l'histoire de Tamar dans le livre de la Genèse [1].

Nous retrouvons Juda, le quatrième fils de Jacob et de Léa, première de ses épouses. Juda, moins jaloux que ses

---

1. André-Marie Girard : *Dictionnaire de la Bible*, Robert Laffont, 1989.

frères, les incita à vendre Joseph plutôt que de le tuer, comme on l'a vu précédemment. Un peu plus tard, Juda se maria et eut trois fils, Ek, Onan et Chela. L'aîné, Ek, épouse une femme nommée Tamar, mais il mourut avant de lui faire un enfant. En vertu de la coutume du lévirat, Tamar épousa le second fils, Onan. Mais Onan mourut à son tour. Tamar aurait dû alors épouser le troisième fils de Juda, Chéla. Mais Juda, devenu veuf, différa ce mariage, car il craignait que le même sort ne se répète. Il avait perdu deux fils et seul Chéla lui restait.

Tamar usa alors d'un stratagème : elle se fit passer pour une prostituée, et séduisit Juda à son insu. Elle fut tout de suite enceinte. Lorsque Juda découvrit la vérité, il s'écria : « Elle est plus juste que moi ! » En effet, il lui avait refusé son dernier fils, mais elle s'était arrangée pour lui donner une descendance.

En fait, Tamar inaugurait une nouvelle forme de lévirat... pas très orthodoxe.

Le lévirat cherche également à protéger le patrimoine des familles et des clans. « La femme du défunt ne pourra pas se marier au-dehors avec un étranger. » Obligation est faite au futur époux de racheter les terres que la parentèle, dont il est le protecteur naturel, doit céder par nécessité.

Toutefois, si le beau-frère refuse d'épouser sa belle-sœur, il peut se désister par une « cérémonie du déchaussement », qui tire son origine d'un autre rite : l'acquéreur d'une terre marquait sa propriété par l'empreinte de sa chaussure dans le sol. Celui qui renonce au lévirat aura sa chaussure ôtée de son pied par sa belle-sœur, qui lui crachera au visage en proclamant à voix haute : « Ainsi est traité l'homme qui ne veut pas édifier la maison de son frère » (*Deutéronome* 25 [7-10]). La veuve a alors le droit de se remarier avec un partenaire de son choix.

De fait, le lévirat n'est plus pratiqué, sauf dans quelques cas, comme chez les parents du philosophe Louis Althusser, dont voici l'histoire.

Lucienne Berger était amoureuse d'un jeune homme nommé Louis Althusser. Lucienne avait une sœur, Juliette, fiancée au frère aîné de Louis, Charles Althusser. Pendant la guerre de 1914, Louis fut abattu à bord de l'avion qu'il pilotait. En accord avec la loi religieuse juive, Charles Althusser épousa Lucienne. Il n'était pourtant pas obligé de le faire, car elle n'était pas encore mariée à son frère.

« Charles avait pensé de son devoir de remplacer son frère auprès de ma mère, qui dit le "oui" qui s'imposait. Il faut comprendre. Ces mariages se faisaient de toute façon entre les familles. L'avis des enfants ne pesait pas lourd[1]. »

Charles et Lucienne eurent un garçon qu'ils appelèrent Louis, en souvenir de son oncle. L'ex-fiancée de Charles, Juliette, devint la marraine de l'enfant.

Louis Althusser a souffert toute sa vie de troubles psychiques graves et connu un parcours psychiatrique difficile, qui s'acheva par le meurtre de sa femme.

Sa notoriété et le caractère dramatique de son geste ont incité de nombreux auteurs à écrire sa biographie, dans laquelle il apparaît que l'histoire de Louis Althusser est aussi marquée par les liens frère/sœur, car sa relation avec Georgette, sa cadette, était très ambiguë.

Mais revenons au choix du conjoint et à son retentissement sur la fratrie.

Francine et Gérard sont sœur et frère inséparables. Ils font successivement les Beaux-Arts et deviennent décorateurs. Ils ouvrent une boutique ensemble. Leur complicité est telle qu'on se demande s'ils vont parvenir à se trouver un conjoint. La moindre rencontre est détaillée par l'autre et les critiques toujours suffisamment virulentes pour évincer l'intrus.

Francine a bien plusieurs petits amis, mais aucun ne

---

1. Louis Moulier-Boutang : *Louis Althusser : Les Faits*, Grasset, 1992.

trouve grâce aux yeux de Gérard. Et la réciproque est vraie. Puis chacun rencontre la même année un compagnon. Francine fait la connaissance de Marc et, quelques semaines plus tard, Gérard tombe amoureux d'Aline, qui est véritablement le sosie de Francine.

Le matin du mariage de Marc et Francine, Gérard s'aperçoit qu'il n'a rien à se mettre. Tout naturellement, Marc lui prête des vêtements ; ils ont la même taille.

Gérard se sent moins à l'écart, ce jour-là, car il ressemble à Marc ainsi habillé ; Francine, elle, est parfaitement à l'aise entre ses deux chevaliers servants.

Sans une bonne entente du quatuor, le mariage n'aurait pas été durable. Certes, le « vrai couple » reste celui du frère et de la sœur, mais les conjoints y trouvent leur place. Francine et sa belle-sœur sont enceintes la même année et deux enfants naissent à quelques mois d'intervalle.

Mais les relations ne sont pas toujours aussi harmonieuses entre les frères et sœurs et leurs conjoints, appelés « pièces rapportées ». Les différences de culture, de niveau social, d'éducation font éclater des tensions ou bien enseignent la tolérance.

Henri et Josette parlent souvent de leurs petits-enfants « United Color of Benetton », en référence à cette publicité vestimentaire. Ils ont deux petits-enfants noirs musulmans, Ali et Ismaël, de leur fils aîné qui a épousé une jeune femme du Togo, puis un petit-fils juif, David, de leur fille et d'un enseignant tunisien, puis Nils, le fils de leur deuxième fille, né d'une liaison avec un Suédois, enfin deux petits enfants, Mohamed et Jamila, de leur fils cadet avec une jeune femme algérienne. Tout se passe, dans cette famille, comme si c'était la règle de la différence qui avait joué pour chaque enfant. Le mythe familial[1] suivrait le

---

1. *Mythe familial* : terme qui rend compte des attitudes de pensée

schéma suivant : l'époux doit appartenir à une autre culture.

Pour l'Américain Murray Bowen[1], on choisit un partenaire de même niveau de différenciation du « moi », autrement dit au même stade de différenciation de sa famille d'origine. Chaque individu doit pouvoir créer un nouveau système familial.

La dépendance affective retentit sur les relations fraternelles : l'entente ou la mésentente dépend de l'identification ou du rejet du modèle parental.

Pour Murray Bowen, et plus encore pour Walter Toman[2], rien n'est laissé au hasard. Le choix du conjoint est lié à notre histoire, à nos relations avec nos parents, aux règles implicites édictées dans notre famille. Walter Toman va encore plus loin puisqu'il décrit des corrélations entre le rang de la fratrie, les écarts d'âge et le choix du conjoint, l'interaction du couple parental et la gestion des relations fraternelles chez nos enfants. Sa classification a eu le mérite d'introduire, dès les années 60, une réflexion sur la constellation fraternelle.

Pour cet auteur, une prédictibilité est possible en mettant en équation le rang dans la fratrie du père et de la mère. À partir d'innombrables configurations mêlant rang et sexe des partenaires, il tente d'expliquer les difficultés conjugales. On voit tout l'intérêt de sa démarche, car il inscrit le poids de la fratrie comme prévalent dans le choix du conjoint et dans les contre-identifications avec les enfants, tel un aîné vis-à-vis de son fils aîné... Mais une

---

défensives du groupe familial, qui assurent une cohésion interne et une protection externe (*Dictionnaire des thérapies familiales, op. cit.*).

1. Murray Bowen : *La Différenciation du soi*, Éditions E.S.F, 1984.
2. Walter Toman : *Constellations fraternelles et structures familiales : leurs effets sur la personnalité et le comportement*, Éditions E.S.F., 1987.

certaine naïveté simpliste se dégage des portraits qu'il propose et l'éventail des situations exposées reste confus et schématique. Toman décrit une association conjugale idéale : frère aîné/sœur cadette dans des fratries sœurs/frères — les autres configurations seraient à risques.

Son point de vue excessif éclaire néanmoins les mécanismes de projection des parents à l'égard de leur progéniture. Telle mère prend conscience de l'agressivité qu'elle ressent envers sa fille cadette en établissant un lien avec les heurts qui l'ont elle-même opposée à sa petite sœur. Tel père découvre le même processus lors d'une séance de thérapie familiale : il valorisait son fils cadet au détriment de sa fille aînée, reproduisant son schéma familial.

Aujourd'hui, c'est vrai, les mécanismes de répétition sont un concept psychologique largement admis. Et lorsque le même processus réapparaît au travers de plusieurs générations ou dans la même fratrie, on peut légitimement s'interroger sur ces phénomènes répétitifs.

Aude a divorcé à trente-huit ans. Elle est la troisième d'une fratrie de quatre enfants. Tous ses frères et sœurs se sont séparés de leurs conjoints, à quelques années d'intervalle. Leurs parents avaient entretenu des relations conflictuelles pendant plus de vingt ans, tout en restant ensemble « pour les enfants ». Sitôt le dernier marié, ils s'étaient autorisés à divorcer. Les enfants, élevés dans un climat de disputes incessantes, avaient tour à tour préféré divorcer plutôt que d'imposer aux enfants leurs problèmes conjugaux. En remontant dans la généalogie, les grands-parents d'Aude avaient divorcé, à une époque où cela ne se faisait guère. La mère d'Aude, ayant souffert de cette rupture, souhaitait préserver son couple coûte que coûte.

Dans cette histoire, le mythe de l'harmonie fonctionne sur le mode : « Nous resterons ensemble », puis sur celui de la séparation préférable aux conflits : une génération divorce, la suivante fait tout pour rester ensemble. À la troisième génération, on se sépare pour éviter les tensions subies durant l'enfance.

L'intégration des conjoints modifie considérablement les relations fraternelles : ce choix rapproche ou éloigne la fratrie.

Lorsque France présente Marc à sa famille, tout autant que la réaction de ses parents, elle s'inquiète de celle de sa sœur, Anne, et de son beau-frère, Ronald, car Marc est issu d'un autre milieu social et légèrement plus âgé. Mais ses craintes s'estomperont rapidement : Marc s'est tout de suite bien entendu avec Anne et Ronald.

France a toujours été différente d'Anne. On a du mal à croire qu'elles sont sœurs. Elles n'ont guère de points communs, mais gardent des relations superficielles et tendres. Anne ne travaille pas, afin de s'occuper de ses deux filles, et son mariage avec Ronald lui a permis d'éviter toute inquiétude sur le plan matériel.

France, pour sa part, considère le travail comme un moyen d'émancipation. Chargée de mission dans un ministère, elle envisage de faire une carrière politique.

Grâce à Marc, France a « découvert » sa sœur et son beau-frère. Elle est devenue plus tolérante à leur égard, acceptant mieux leurs différences. Les deux sœurs se chamaillent beaucoup, aussi les deux beaux-frères maintiennent-ils les contacts.

Dans ce cas, l'intégration des conjoints a contribué à un rapprochement mais, dans l'exemple suivant, elle a induit une rupture.

Jean et Muriel étaient très proches pendant leur enfance et leur adolescence, malgré quatre années de différence. Muriel a vécu quelque temps avec un copain de son frère, resté, lui, célibataire. Plusieurs années après, à la surprise générale, Muriel s'est séparée pour épouser Philippe, un militaire de carrière d'extrême droite alors qu'elle avait appartenu en Mai 68 à un groupe d'extrême gauche, tout comme son frère, toujours politiquement engagé. Comme beaucoup d'amis de l'époque, il avait rallié le parti socialiste, où il rencontra sa future femme, Maryse. Les deux mariages eurent lieu à quelques mois d'intervalle, l'un au Cercle Militaire, l'autre dans une salle de restaurant de banlieue.

Une fois l'euphorie des festivités passée, les tensions commencèrent à poindre. Lors d'un déjeuner familial réunissant Jean, Muriel, leurs conjoints et les parents, des propos violents furent échangés entre Jean et Philippe, qui quitta la table. Muriel tenta de le calmer, mais en vain. Ils rentrèrent chez eux. Philippe ne revit qu'épisodiquement sa belle-famille. Muriel prit fait et cause pour son mari et une mutation les aida à mettre entre eux quelques centaines de kilomètres de distance.

La politique reste un sujet épineux, tout comme la religion, mais les différences idéologiques ou culturelles entre les familles d'origine jouent un rôle capital dans l'évolution des couples. Si Muriel a préféré son mari à sa famille, elle le lui fait certainement payer d'une autre façon.

Ainsi, Charline épousa un jour contre l'avis de sa famille un ouvrier polonais, Zbiniew, parlant mal le français. Ses parents refusèrent, comme sa sœur, d'assister au mariage. Charline et Zbiniew quittèrent la région. Deux enfants naquirent. Les grands-parents ne répondirent pas aux faire-part. Mais un télégramme arriva quelque temps après, annonçant à Charline que son père était au plus mal. Elle accourut à son chevet, mais trop tard. « Tu as tué ton père », lui dit sa mère. La douleur et la culpabilité envahirent Charline, qui prit des décisions importantes que Zbiniew accepta : ils retourneraient habiter dans sa ville natale et leur fils aîné irait vivre chez sa grand-mère. La grand-mère maternelle continua d'exclure son gendre, qui passa toutes les fêtes de Noël seul... Cette histoire retentit évidemment sur les enfants, en particulier sur l'aîné « offert » dès son plus jeune âge à la grand-mère. Il se marginalisa à l'adolescence, quitta violemment sa grand-mère et s'opposa à ses parents.

La violence de ses réactions constituait une réponse à la violence familiale.

Jean-Francis n'a plus revu sa sœur Sandra depuis des années. Leur famille était d'origine juive, mais non pratiquante. À l'âge de dix-neuf ans, Sandra rencontre un jeune israélite très croyant. Ils se marient un an plus tard et partent vivre dans une communauté religieuse aux États-Unis. Ils auront neuf enfants, car la contraception est contraire à leurs principes.

Jean-Francis s'est marié avec une femme d'origine chrétienne, engagée comme lui dans un mouvement politique de gauche.

Jean-François et Sandra n'ont plus de contacts directs depuis des années. Leurs parents leur donnent des nouvelles, annoncent les naissances... Sandra vit dans un monde que Jean-Francis juge clos et sectaire. Sandra n'accepte pas que Jean-Francis ait renié les traditions ancestrales en ne faisant pas circoncire son fils. Ils ont opté pour deux choix culturels apparemment opposés.

L'arrivée des enfants

La maternité représente une étape particulièrement importante dans les relations fraternelles, principalement chez les sœurs.

Mireille raconte : « Quand ma sœur a eu sa première fille, je l'ai portée avec elle. »

Jane ne s'autorisait pas à avoir un enfant avant sa sœur aînée. Lorsque celle-ci lui a annoncé qu'elle était enceinte, Jane a été transportée de joie. Trois mois après, elle s'apercevait qu'elle était également enceinte.

La première grossesse renvoie automatiquement à nos origines, à nos parents, et nous réinscrit dans notre propre généalogie. L'enfant à naître fait de nous des parents et conduit à l'étape suivante du cycle de vie. Dans un souci d'identification et de rapprochement affectif, conséquence inéluctable de ce processus, un retour aux sources familiales s'effectue, dans la réalité ou psychiquement.

Cette période est ressentie plus fortement par les femmes, car ce sont elles qui portent l'enfant et qui vivent des modifications corporelles et psychiques repérables par d'autres mères, en premier lieu leur mère ou leurs sœurs.

Les relations intrafamiliales se modifient dès l'annonce d'une grossesse. La phrase : « J'attends un enfant », déclenche des réactions diverses mais rapproche toujours les générations. On partage une expérience similaire, qui interroge sur les fondements de l'existence, la vie et la mort.

Audrey a vécu des histoires sentimentales douloureuses et se retrouve seule à quarante-deux ans. Quand sa jeune sœur Laura lui annonce qu'elle attend un enfant, Audrey s'épanouit de joie et physiquement, aussi : elle prend près de neuf kilos en quatre mois. Elle ressent même tous les symptômes de la grossesse (nausées, vomissements). Elle est présente à toutes les échographies de sa sœur, prend huit jours de vacances au moment de l'accouchement, mais n'y assiste pas, comprenant que c'est la place de son beau-frère. Elle a toujours joué un rôle de mère vis-à-vis de Laura. Rien d'étonnant à ce qu'elle soit si bouleversée par cette naissance.

Nombreuses sont les explications concernant les rapprochements des femmes lors de la grossesse (identification, homosexualité inconsciente...). La grossesse est une histoire de femmes. Dans de nombreuses cultures, le groupe féminin (mères, tantes, sœurs) entoure la parturiente, l'écoute, l'aide, assiste à la naissance de l'enfant et s'en occupe dans les premiers mois. La grossesse d'une belle-sœur n'est pas vécue de façon aussi symbiotique, car le lien du sang n'est pas direct et, tout naturellement, elle se rapprochera de sa famille d'origine.

La stérilité, transitoire en général, déclenche elle aussi des réactions fortes dans la fratrie.

Aujourd'hui, les nouvelles formes de procréation médicalement assistée proposent le don d'ovule dans certains cas de stérilité : une femme peut donner un ovule qui sera fécondé par le mari de celle qui est stérile ; l'embryon est replacé dans l'utérus de la future mère. En dehors de l'aspect technique plus lourd, cette intervention est le corollaire de l'insémination par le sperme d'un donneur anonyme (I.A.D.).

Dans le premier cas, l'enfant a pour mère biologique celle qui a fait le don d'ovule, pour mère réelle celle qui l'aura porté. Les pères biologique et réel ne font qu'un.

Dans le cas de l'I.A.D., c'est le père biologique qui est différent du père légal, alors que la mère donne son patrimoine génétique et porte l'enfant.

Actuellement, le don d'ovule et de sperme est anonyme. Toutefois, la demande est plus importante que l'offre, aussi conseille-t-on aux futurs parents de proposer un couple « donneur anonyme » pour diminuer sa propre attente.

C'est ce qui s'est passé pour Claire et Julien. Julien est stérile. Les médecins proposent une alternative : l'I.A.D., ou l'adoption. Le couple réfléchit et choisit l'I.A.D., solution plus proche de la nature. Ce sera leur enfant, et même si le père ne transmet pas ses gènes, il sera là à la conception, durant la grossesse et à la naissance.

L'attente est longue pour obtenir les paillettes congelées. Le centre (CECOS) leur conseille de trouver un couple donneur — ce qui leur permettra de gagner quelques mois d'attente.

Comment évoquer ce sujet devant des amis ? Comment expliquer cette situation ? Claire et Julien décident d'en parler au frère de Claire, Frédéric, et à la femme de ce dernier, Clarisse, dont ils sont très proches, Frédéric et Clarisse ont deux enfants : ils remplissent parfaitement les conditions exigées par le CECOS. Un dîner est organisé pour aborder ce problème délicat. Claire et Julien sont confiants ; pas un seul instant, ils ne doutent de l'acquiescement de Frédéric et de Clarisse.

Pourtant, dès qu'ils ont parlé, un silence gêné s'installe. Frédéric se racle la gorge et dit : « Nous devons y réfléchir, mais a priori ce ne sera pas possible. »

Le lendemain, il téléphone à sa sœur et lui donne sa réponse : c'est non. Frédéric est d'ailleurs incapable d'expliciter son refus. Ce n'est pas qu'il ne veut pas, c'est qu'il ne peut pas.

Claire est profondément blessée ; elle ne comprend pas... Elle réagit violemment en se fâchant avec ce frère bien-aimé : de longs mois d'attente pour obtenir des paillettes se profilent devant elle. Elle a déjà trente-sept ans ; le compte à rebours est entamé depuis longtemps. Elle doit se dépêcher si elle veut être mère.

L'explication d'une amie lui permettra plus tard de comprendre qu'elle avait en fait demandé à son frère une réalisation incestueuse fantasmatique qu'il ne pouvait pas gérer. Si dans la réalité le sperme de Frédéric n'aurait, bien entendu, pas abouti dans l'utérus de Claire mais dans celui de Mme X, il y aurait eu quand même collusion des événements. Il est nécessaire que Frédéric donne son sperme pour que sa sœur soit enceinte.

Claire a accepté cette interprétation, d'un point de vue intellectuel, mais n'a pas ressenti ce raisonnement comme suffisant et ne s'est pas réconciliée avec son frère.

Autre façon de résoudre la stérilité : le don d'enfant. Asdine et Gina n'ont pas pu avoir d'enfant. Comme c'est la tradition dans leur pays, le frère aîné d'Asdine conçoit avec son épouse un enfant qu'Asdine et Gina reçoivent à la naissance et qu'ils vont élever.

Le petit garçon est parfaitement au courant de sa généalogie. Il vit avec son oncle et sa tante qu'il appelle papa et maman, mais nomme aussi ses géniteurs papa et maman, tout en ne les voyant qu'une fois l'an, car le trajet est long et coûteux.

Cette solution appartient à ce que les anthropologues appellent la « circulation des enfants » : les enfants ne sont pas tous élevés par leurs géniteurs, ils peuvent vivre dans la famille élargie. Ce fait est relativement fréquent chez les Esquimaux, en Polynésie, et en Malaisie.

Le cas des mères porteuses a fait naître bien des débats. Mais cette alternative est réprouvée par la loi et le Comité d'éthique. Les médias informent de ces situations exceptionnelles où la grand-mère va porter son petit-fils, où une femme met au monde l'enfant de sa sœur. D'un côté, des mères porteuses louent leur utérus, de l'autre côté, des mères et des sœurs offrent le leur... Si ces solutions règlent techniquement le problème de la stérilité, elles font émerger une problématique de l'identité très complexe ; le rapport à la généalogie et à l'inceste n'est pas mentionné alors qu'il apparaît au premier plan.

Certes, la grand-mère porte l'enfant de sa fille, mais elle est d'abord fécondée par son gendre. La sœur porte son neveu ou sa nièce, mais elle est fécondée par son beau-frère...

L'arrivée des enfants est toujours un événement majeur pour les frères et sœurs. Elle constitue un moment de rapprochement familial. Puis, les différences de principes d'éducation se font jour et reflètent l'opposition au modèle familial.

Le couple trouve un compromis entre les modèles choisis : le père et la mère élaborent leur projet en fonction de leur histoire, et il n'est guère facile de se mettre d'accord sur les principes parentaux et fraternels qui s'opposent.

« Tu devrais être plus autoritaire », dit le frère à sa sœur. « Tu tyrannises tes enfants », lui répond-elle.

Le regard de l'adulte n'est pas toujours bienveillant et les mécanismes projectifs sont souvent massifs. La critique adressée à l'autre reflète sa propre insuffisance. La parentalité est avant tout une leçon d'humilité. Les parents tentent de faire le moins mal possible, et à l'exception de quelques cas pathologiques, ils aiment leurs enfants. Le jugement du frère ou de la sœur souligne les manques et les échecs.

D'autres situations, comme les divorces et remariages, sont à l'origine de rapprochements familiaux ou de ruptures.

Plus encore, les veuvages font se rejoindre les frères et les sœurs : « Quand mon beau-frère est mort d'un accident de la route, tout a basculé dans ma vie, raconte Fanny. Ma sœur aînée avait trente-deux ans et ne travaillait pas ; elle s'occupait de ses enfants de trois et cinq ans. Je suis allée habiter avec elle, car elle était très déprimée. Comme elle n'avait pas beaucoup d'argent et que nos parents ne pouvaient guère l'aider, j'ai changé mes projets professionnels.

Au lieu de continuer mes études, je suis entrée dans la vie active. J'ai trouvé du travail pratiquement tout de suite. Nous avons vécu cinq ans ensemble, jusqu'au moment où elle a refait sa vie. Je me suis alors autorisée à sortir, puisque c'est à cette époque que j'ai rencontré mon mari. »

D'autres événements encore modifient les relations adultes. Les différences de niveau de vie, les difficultés financières accroissent les rivalités et les haines. La diversité des choix professionnels est un facteur d'éloignement. La réussite de l'un accentue l'échec de l'autre. Entre un ministre et un manutentionnaire, un président-directeur général et un coiffeur, même si les premiers sont restés « très simples », une distance s'instaure. Les fréquentations, les habitudes ne sont plus les mêmes.

Le mariage s'ajoute à ces éléments et accroît les différences. L'un se marie avec une jeune femme fortunée, l'autre convolera avec un préposé aux Postes issu d'un milieu modeste. On tente de s'adapter, mais ce n'est pas toujours facile.

Les moments ritualisés de la vie de famille (naissances, mariages, anniversaires) procurent aux membres de la famille l'occasion de se retrouver et peuvent augmenter les tensions.

Janine n'a pas supporté que son frère « oublie » son anniversaire. Le soir de Noël, il ne lui a rien offert. Un jour, elle lui téléphone parce qu'elle se sent seule. Il lui répond à peine, il est avec son amie et refuse de passer la voir. Elle le rappelle une heure après pour lui dire qu'elle a avalé tous les médicaments de sa pharmacie...

Gilles, lui, n'a pas accepté que son frère, Alexandre, couvre ses enfants de jouets somptueux que ses propres revenus ne lui permettent pas de leur offrir. Pour Noël, par crainte d'injustices, la famille a fixé un coût maximum par objet, et le menu reste simple. Pas question de loger à l'hôtel. Alexandre se plie aux règles familiales et campe dans le salon, alors qu'il rêve d'une salle de bains pour lui seul. Il voit sa mère âgée éplucher les légumes frais, car « il se nourrit mal », assure-t-elle (tant pis pour la belle-fille, cela a été dit...). Le repas au restaurant serait un outrage. Ces quatre jours par an deviennent une corvée ritualisée et acceptée selon le principe : « C'est bon de se retrouver dans la maison d'antan ! »

La situation économique a d'incontestables répercussions sur les possibilités de retrouvailles. Mais derrière l'aspect financier, transparaît toujours l'aspect relationnel.

Élisabeth habite depuis plusieurs années Bruxelles, où son mari est fonctionnaire international, mais sa famille est restée à Paris. Un frère, Bruno, réside à Orléans. Lorsque Élisabeth apprend que sa sœur cadette est atteinte d'un cancer, elle s'organise pour venir une fois par semaine à Paris. Bruno vit plus près, mais il ne passe qu'exceptionnellement. Il préfère téléphoner. Élisabeth est tiraillée entre son mari et ses enfants, d'une part, sa sœur, son beau-frère et ses neveux, d'autre part. Elle tente de remédier à la distance par des aller et retour fréquents.

Philippe vit à Genève, où il a trouvé un travail passionnant avec un salaire presque deux fois supérieur à celui qu'il aurait eu en France. Mais cela, c'est le prétexte officiel. En réalité, l'ambiance familiale était trop lourde pour lui. Il était quotidiennement sollicité par ses parents et sa sœur schizophrène. Les réunions familiales de fin de semaine étaient insupportables et il avait besoin du weekend pour souffler. Sa femme, le voyant si mal, le conjurait de renoncer au repas dominical. La solution fut le départ pour la Suisse.

Pour Jean Ormezzano, « le sentiment fraternel échappe à la distance et à la fréquence des rencontres : lettres, téléphone, cadeaux y suppléent. Pour les émigrés, la fratrie, point d'ancrage, se trouve idéalisée. L'échange des photos est en particulier un rituel pour cimenter les fratries disper- sées. La photo façonne, révèle, reflète, orchestre le fan- tasme d'unité fraternelle. On réunit de force frères et sœurs et même cousins pour se conforter de leur entente imposée et s'assurer leur possession. Témoignage narcissi- que... Complaisance devant la force du groupe. Souvenir de rencontres aussi[1]. »

L'influence des parents reste prépondérante, même à l'âge adulte. Si la plupart des témoignages relatent une ten- dance à la réunion effectuée par les parents, certaines per- sonnes perçoivent l'ambivalence qui transparaît derrière les bonnes paroles et la division entre frères et sœurs qui en résulte.

« Maman sème toujours la zizanie, raconte Annie. Notre frère aîné, Gérard, a invité toute la famille pour la commu- nion de sa fille. Maman a fait en sorte que Nadine, notre sœur cadette, n'y aille pas. Elle lui a raconté qu'elle allait s'ennuyer à mourir, que la belle-famille de Gérard était désagréable, qu'il n'y aurait que des couples mariés alors qu'elle est célibataire... Résultat : Nadine n'est pas venue. Gérard s'est fâché contre elle. Notre mère réussit à la mar- ginaliser de la famille, pour qu'elle reste avec elle comme bâton de vieillesse. »

L'argent ou les biens distribués du vivant des parents accroissent les rivalités, plus particulièrement lorsque ces dons sont faits à l'insu d'un frère ou d'une sœur.

Florence ne peut que détester son aînée, Guislaine, car « tout est pour elle. Mes parents lui ont donné tous leurs meubles anciens lorsqu'ils ont refait leur maison sous pré- texte que le mobilier Louis XV s'intégrait parfaitement

---

1. Jean Ormezzano : « Le vieillissement du groupe fraternel, partage ou division », in *Frères et sœurs, op. cit.*

dans son appartement ancien, alors que moi j'habite un modeste immeuble moderne. Même ses enfants ont un régime différent des miens qui sont trop turbulents pour qu'ils les gardent, alors que ceux de ma sœur passent toutes leurs vacances avec eux ». Trop d'inégalités ne peuvent qu'amplifier les dissensions ou les rivalités.

Mais les relations fraternelles peuvent aussi évoluer positivement : la maturité, les expériences de la vie gomment les tensions et renforcent les liens au fil du temps. Ainsi, Maurice, Solange et Germaine se retrouvent pratiquement tous les jours et partent en vacances ensemble, comme lorsqu'ils étaient petits, mais ils ont... plus de soixante-dix ans. Solange a divorcé très tôt : son mari était un coureur de jupons. Sa sœur et son frère, Germaine et Maurice, l'avaient prévenue, mais Solange était têtue. La séparation a été dramatique ; les deux enfants ont pris le parti de leur mère et n'ont jamais revu leur père.

Germaine, elle, ne s'entendait que moyennement avec son époux, mais il mourut d'une crise cardiaque, la laissant seule avec son fils encore adolescent. Solange se rapprocha alors d'elle. Maurice, lui, était bien trop occupé avec ses quatre enfants qui faisaient les quatre cents coups : il avait perdu sa femme à la naissance de son fils cadet et s'était remarié. Toutefois la nouvelle épouse n'était guère aimée, ni des enfants ni de Germaine et Solange.

La famille eut gain de cause et Maurice divorça quelques années après. Ainsi, Solange, Maurice et Germaine se retrouvèrent-ils à nouveau libres, mais marqués par des expériences conjugales peu satisfaisantes qui leur firent préférer la compagnie fraternelle à de nouveaux essais. Ils devinrent vite inséparables.

Leurs enfants s'entendaient à merveille et transmirent ces mêmes valeurs à leurs propres enfants. Entre-temps, le trio avait acquis le statut de grands-parents. De plus, comme les enfants habitaient dans des pays différents, Solange, Maurice et Germaine prenaient l'avion pour s'occuper des petits-enfants et voyageaient plus qu'ils ne l'avaient jamais fait.

14

HISTOIRES D'HÉRITAGE

La mort des parents

Qu'elle arrive précocement ou tardivement, la mort des parents réunit pour un temps les frères et sœurs qui partagent cette douloureuse étape.

De nos jours, la mort apparaît comme un épisode de la vie parmi d'autres. Le rituel du deuil est réduit à une cérémonie rapide le jour des obsèques. Quelques proches se réunissent au cimetière, la famille suit le convoi. On ne s'attarde pas.

Quand la personne décédée était croyante, ou simplement respectueuse des traditions, une cérémonie religieuse précédait la mise en terre du cercueil. Les intimes se retrouvaient dans les jours, voire le mois qui suivaient le décès, pour participer à des prières. La religion maintient un certain rituel. Mais, en général, on ne porte plus le deuil comme autrefois. Les vêtements noirs (ou le gros grain autour du bras) ont disparu. Même les voitures des pompes funèbres sont plus discrètes : le gris remplace progressivement la couleur noire.

Le retentissement psychologique reste cependant aussi important, mais ne doit pas se manifester. L'expression des sentiments n'est plus admise. Le deuil appartient à la famille : il ne se partage pas, si ce n'est avec les plus proches amis, mais on évite de peser sur son entourage.

La mort accidentelle n'est pas vécue de la même façon que la fin naturelle d'une personne âgée. La cause et les circonstances du décès, l'âge auquel il se produit sont des paramètres dont il faut tenir compte. Perdre sa mère dans un accident de la route quand on a trois ans ou son père par suicide à quinze ans, ne ressemble en rien au fait d'accompagner un parent souffrant de démence sénile lorsqu'on est adulte.

Si la mort survient au terme d'une existence évidemment inachevée, elle est vécue comme injuste et insupportable. Des maladies graves peuvent frapper brutalement des personnes en bonne santé et les emporter en quelques semaines.

Joëlle a vu partir son mari d'un cancer métastasé en trois mois. Ses deux filles, Marine et Lisa, n'avaient pas dix ans. Elles vécurent difficilement les années qui suivirent. Ce décès cimenta leurs liens, mais à l'adolescence, Lisa manifesta une grande tristesse et un repli qui la conduisirent à consulter : sa souffrance faisait écho à celle de sa mère et de sa sœur. Aucune des trois n'avait fait le deuil de cette mort, mais seule Lisa l'avait exprimé. Quelques entretiens psychologiques leur permirent de mieux assurer leur histoire, car elles s'étaient implicitement interdit d'évoquer leur tristesse, pour se protéger mutuellement.

Si le décès est inattendu, il peut plonger les proches dans le plus grand désarroi.

Inversement, si l'agonie est longue, les membres de la famille peuvent être usés par l'accompagnement du mourant, voire culpabilisés par leur abandon lorsque les circonstances de la mort se sont révélées trop pénibles.

L'histoire suivante relate le retentissement de ce type de situation.

Jason avait vingt-deux ans lorsqu'il essaya de décrocher de la drogue pour la première fois. Il vivait aux côtés de sa sœur Olga et de ses parents. Son père, bien plus âgé que sa mère, souffrait depuis longtemps d'une grave maladie de Parkinson qui l'avait progressivement immobilisé. Il n'était plus sorti de chez lui depuis des années, et Jason disait : « J'en ai marre... Il n'en finit pas de mourir... » Jason ressentait à la fois de la haine et de la pitié pour cet homme qu'il n'arrivait pas à considérer comme un père. Sa mère s'occupait de son mari nuit et jour et s'était repliée sur elle-même. Pas question d'inviter quelqu'un à la maison. Olga souffrait tout autant, mais son métier de vendeuse lui permettait de rencontrer du monde. Elle seule, dans cette famille, travaillait ; le père était en invalidité, la mère ne pouvait le laisser, et Jason « faisait des bêtises ». La mère ne parlait plus avec son mari depuis longtemps et avait reporté son affection sur ses enfants, plus particulièrement sur son fils. Et ce rôle ne convenait pas à Jason, qui le payait cher.

Les passages à l'acte de Jason avaient commencé à l'adolescence et on avait le sentiment qu'il affrontait son père en mettant sa vie en danger : tout se passait comme s'il voulait mourir avant son père. Une compétition mortifère se jouait entre eux.

La répétition et la fréquence des deuils ont un impact non négligeable sur la réaction des individus. L'effet de sidération peut avoir lieu lorsque l'on perd deux êtres chers à peu de temps d'intervalle.

À trente-sept ans, Mélanie a perdu en deux mois son

père, d'un cancer, et son frère Antonin, d'une crise cardiaque.

Mélanie et son frère avaient appris quelques semaines auparavant que leur père était atteint d'un cancer. L'absence de réponse aux traitement chimiothérapiques laissait peu d'espoir.

Mélanie commençait à peine à imaginer la perte de son père, quand son frère mourut, comme on dit, « dans la force de l'âge, en bonne santé ». Les circonstances de la mort d'Antonin ont été particulièrement tragiques, car il s'est effondré en pleine nuit, devant sa femme enceinte de leur troisième enfant. Il a fallu de longs mois à Mélanie pour émerger de l'état de choc qu'elle ressentait, mais elle devait aider sa mère et sa belle-sœur...

La mort des parents pendant l'enfance

Le processus de deuil chez l'enfant varie selon son âge. Dès que l'idée de la mort devient concrète, vers huit ou neuf ans, elle influe sur l'élaboration du deuil, qui tend alors à se rapprocher de celui de l'adulte.

La mort d'un des parents dans la petite enfance peut entraîner des difficultés identificatoires ou, comme l'explique Michel Hanus [1] : « Différentes complications se rencontrent au décours du deuil des enfants, essentiellement liées à deux grands types de circonstances :

— des difficultés notables dans la relation antérieure à la personne perdue,

— des changements dans le cadre de vie de l'enfant endeuillé, associés à la difficulté de trouver une nouvelle figure d'attachement préférentiel. »

---

1. Michel Hanus : *Les Deuils dans la vie*, Éditions Maloine, 1994.

Toutefois, aucune mention n'est faite du retentissement sur la fratrie.

Notre expérience nous a montré qu'il existe une modification du lien, un renforcement de la relation quel que soit l'écart d'âge. Encore que parfois ce soit l'inverse qui se produise. Naturellement, de nombreux facteurs modifient les réactions des enfants, comme l'information donnée sur les circonstances du décès. Lorsqu'ils ne possèdent pas d'explication, le secret se forge et devient lourd à porter.

Un mécanisme de parentification se met souvent en place : ce processus consiste en un renversement, provisoire ou durable, des rôles parents-enfants. Un enfant peut ainsi devenir symboliquement le père ou la mère de ses propres parents.

Les enfants parentifiés sont investis d'une responsabilité considérable, car ils se sentent les garants de la famille et passent sans transition du stade d'enfant à celui d'adulte.

Lorsqu'un parent meurt, c'est en principe l'aîné des enfants qui assure naturellement les tâches matérielles de la maison.

L'organisation de vie se modifie selon le parent décédé. Les rôles sont repris par les aînés : une sœur devient effectivement la « seconde » maman de ses frères et sœurs. Le frère aîné, à la mort du père, a tendance à prendre un rôle autoritaire et à se situer en position œdipienne vis-à-vis de sa mère.

La mort des parents pendant l'adolescence

Les processus évoqués précédemment, telle la parentification des enfants ou la reprise des rôles parentaux, se retrouvent de la même façon, mais accentués par l'âge.

Albert était l'aîné d'une fratrie de cinq. Son père était décédé peu avant la guerre. Les lois antijuives de son pays l'amenèrent à vivre avec sa famille dans le ghetto qui venait d'être créé. Les premiers trains de la mort commençaient à être organisés. Albert, âgé alors de dix-neuf ans, fut informé de ce qui allait se passer et trouva un plan pour s'enfuir, mais seul. Il prévint sa mère qui lui dit : « Tu ne peux pas laisser tes frères. C'est toi le père, maintenant. Ton devoir est de rester avec nous. » Albert fut déporté avec sa famille à Auschwitz. Sa mère périt durant le transport, ses frères et sœurs furent gazés. Il survécut grâce à son instinct vital et à beaucoup de chance. Encore aujourd'hui, il pleure en racontant son histoire.

L'accompagnement du parent malade renforce les liens, mais déclenche des réactions différentes selon la personnalité des adolescents, des parents et en fonction du contexte.

Le problème du décès d'un parent se complique dans le cas des familles divorcées, en raison des décisions que les adolescents sont amenés à prendre.

Luce et Arry se sont séparés lorsque leurs deux enfants, Xavier et Romane, avaient huit et dix ans. Arry est rentré un jour chez lui, sa femme et ses enfants étaient partis, les meubles avaient été enlevés ; il n'a trouvé que ces quelques mots : « Nous en avons assez de toi. » Le divorce a été dramatique. Arry ne revit ses enfants que deux ans plus tard. Il est vrai que Xavier et Romane avaient assisté à de violentes disputes et qu'ils sentaient leur mère menacée. Ils avaient pris fait et cause pour elle, alors que la réalité était évidemment plus complexe. Les conflits intervenaient dans un climat passionnel : d'une certaine façon, Luce les déclenchait en allant se promener, habillée de façon provocante, alors qu'Arry était d'un tempérament jaloux. Luce avait eu des aventures et Arry le savait.

Quelques années plus tard, Luce sentit une grosse boule sur son sein droit. Malgré l'opération, la chimiothérapie et la radiothérapie, sa rémission fut courte et elle mourut. Romane avait seize ans et Xavier dix-huit. Pas question pour eux de vivre avec leur père, qui le proposa par principe, mais sans insister. Il avait refait sa vie, sa nouvelle compagne avait la charge des deux enfants de son précédent mariage et de leur jeune bébé. La famille élargie ne se manifesta guère : oncles, tantes, grands-parents estimaient que c'était au père de prendre en charge les enfants.

Les deux adolescents habitèrent donc seuls. Xavier surveillait les devoirs de sa sœur et Romane s'occupait de l'intendance. Mais les disputes se faisaient de plus en plus fréquentes, car Xavier était autoritaire et Romane ne se laissait pas faire... En fait, ils reproduisaient les interactions parentales, mais ne se sentaient pas le droit de se séparer par loyauté à l'égard de leur mère. Cette situation dura deux ans, puis Romane rencontra un garçon plus âgé qu'elle et partit vivre chez lui.

Nadine, elle, perdit son père à l'âge de dix-neuf ans. Elle vivait déjà seule, car elle ne s'entendait guère avec le nouvel ami de sa mère. Elle hérita d'une somme d'argent importante, qu'elle investit dans un appartement. Son frère aîné, Éric, reçut autant, mais il flamba tout en un an avec ses copains. Nadine se sentit seule : sa mère vivait au loin, Éric était plus un souci qu'un soutien, et l'argent la faisait vivre sur un autre plan que les autres jeunes de son âge. Les deux adolescents exprimèrent de façon différente leur malaise : Nadine fit une tentative de suicide et Éric sombra dans l'alcoolisme.

Trop d'événements à gérer, la mort du père, l'abandon de la mère, personne à qui parler, une absence de projet et tout bascule.

La fragilité des adolescents, les remaniements physiques et psychologiques qu'ils ressentent, la labilité émotionnelle de cette période, une carence parentale — il n'en faut pas plus pour que des jeunes se retrouvent sur le fil du rasoir.

À cet âge où l'opposition parentale est structurante pour la construction de la personnalité, la perte d'un père ou d'une mère, voire des deux, peut être catastrophique. Cette situation marginalise face aux autres adolescents. Le plus souvent, on n'informe pas ses copains du drame qu'on vit. La mort est encore plus effrayante, plus difficile à assumer pour l'entourage qui vous plaint, mais oublie souvent de vous écouter.

La mort des parents à l'âge adulte

Lorsque la maladie est incurable, que l'état de santé du parent se dégrade, les frères et sœurs se rencontrent, se relaient, s'entraident. On a besoin de chaleur humaine, de compréhension, de complicité.

Ce peut être l'occasion de retrouvailles : des frères et sœurs éloignés géographiquement se revoient. Les différences et les contentieux s'estompent le temps du deuil, pour resurgir avec davantage d'acuité un peu plus tard.

André Téchiné, dans son film *Ma saison préférée*, évoque avec finesse cette période de retrouvailles entre un frère et une sœur, provoquée par l'imminence de la mort de leur mère. « À l'occasion d'un malaise de leur mère Berthe, Émilie, notaire de province, retrouve son frère Antoine, un neurologue, qu'elle n'avait pas vu depuis trois ans. Ils ont maintenant la quarantaine et c'est pour eux l'occasion de renouer les liens de leur enfance, de retrouver une certaine connivence, mais aussi de mesurer les fêlures de leur existence. La mort de Berthe les laisse désespérés, mais leur permet aussi d'aborder la vie sans faux-fuyants [1]. »

Mais la mort éloigne également. Ceux qui se téléphonaient quotidiennement pour avoir des nouvelles des parents s'appellent moins, une fois le deuil passé.

Dans les fratries comprenant plusieurs enfants, un frère (ou une sœur) exerce parfois le rôle de patriarche vis-à-vis des autres. Il (ou elle) sert de confident, transmet les informations, réunit les autres pour les fêtes, maintient la tradition.

L'héritage

Hervé Bazin est considéré, depuis longtemps, comme « le romancier de la famille ». À travers son œuvre, c'est sa propre histoire qu'il a maintes fois racontée. Le nom de « Folcoche » reste ancré dans toutes les mémoires, et cette méchante mère, Mme Rezeau, est le personnage principal de plusieurs de ses ouvrages. Le décès de son père, le mari de Folcoche, donne dans le livre *La Mort*

---

1. Jean Tulard : *Guide des films*, Robert Laffont, 1995.

du petit cheval[1], écrit après *Vipère au poing*, un aperçu des problèmes liés à l'héritage.

Voyons, à travers l'histoire des enfants — Jean, le narrateur (Hervé Bazin) et l'aîné, Fred le deuxième, Marcel le dernier et le préféré —, comment M. et Mme Rezeau déshéritent les deux enfants aînés, Jean et Fred, par une astuce juridique.

Peu de temps avant sa mort, M. Rezeau rend visite à Jean qui a rompu avec la famille :

« — Pauvre famille ! Quel panier de crabes vous allez faire quand je ne serai plus là. Et pauvre Belle Angerie [la grande propriété de famille] ! Qui pourra la reprendre ? Ta mère propose un arrangement, mais je suis sûr que vous vous croirez lésés. Si le domaine doit rester aux Rezeau, il faut pourtant que l'un de vous soit avantagé, comme je l'ai été moi-même.

— L'un de nous ? Vous voulez dire : Marcel. »

Bien entendu, Jean refuse l'arrangement proposé par son père. Après le décès de M. Rezeau, le notaire convoque Mme Rezeau et les trois garçons pour le partage des biens. Aucune mention n'est faite de la « Belle Angerie ». Jean questionne :

« — En ce qui concerne la Belle Angerie, que personne n'est capable de racheter, je pense que nous pourrons demeurer indivis. [...]

— Voyons, voyons, balbutie Maître Saint-Germain, vous savez bien que votre père, démissionnaire et ne disposant plus de ressources suffisantes, a vendu son domaine en viager, au mois d'octobre. L'acheteur lui en a donné un demi-million, celui dont je vous parlais tout à l'heure ; il lui assurait aussi une forte rente. Le malheur a voulu que votre père disparaisse... »

Jean réagit violemment :

« — Résumons-nous. Madame Rezeau, nantie d'une

---

1. Hervé Bazin : *La Mort d'un petit cheval*, Bernard Grasset, 1950.

procuration générale et agissant au nom de notre père, très malade, a vendu en dernière minute la propriété et ses meubles, c'est-à-dire l'essentiel de la succession, pour une somme dérisoire.

— Un viager ! rétorque Maître Saint-Germain, tandis que Madame Rezeau se contracte, fait de violents efforts pour rester dans son rôle.

— Un viager de tout repos : mon père était déjà condamné. Et qui achète la propriété ? Monsieur Guyare de Kervadec, le futur beau-père de Marcel. Parions qu'avant un an elle sera revenue dans la famille, au bénéfice d'un seul, avec un bon petit usufruit pour Madame Rezeau. »

Pour comprendre les tractations entre Mme Rezeau et la future belle-famille de Marcel, Jean et Fred fouillent les papiers de Folcoche, et découvrent que Marcel n'est pas le fils de M. Rezeau, mais celui d'un attaché au consulat général de Shanghai. La révélation de ce secret de famille permet à Jean et Fred de comprendre pourquoi Marcel a toujours été le préféré de Folcoche...

Un jour, on devient orphelin, d'abord d'un parent puis des deux... Parfois — c'est l'exception —, les parents disparaissent ensemble. Les frères et sœurs se retrouvent pour la cérémonie funéraire.

Lorsque l'ordre des générations est respecté, les parents décèdent à « un âge avancé ». Les frères et sœurs ne cohabitent plus depuis longtemps et se réunissent pour partager le deuil, la douleur, puis il faut partager les biens. Selon la suite logique de la vie, les enfants héritent de leurs parents.

La perte d'un père ou d'une mère est un des traumatismes les plus importants de l'existence. Ce passage douloureux représente une période charnière de notre histoire. Même si la mort est programmée par une maladie incurable, même si le travail de deuil a commencé avant la mort réelle, lorsque le décès se produit, c'est toujours un choc.

Le moment de la dernière réunion familiale obligatoire est arrivé. Parfois, il n'y en aura plus d'autre. Cette réunion, de plus, doit avoir lieu devant un tiers, le notaire, dont le rôle est d'énoncer les vœux du défunt, de les mettre en pratique et, s'il n'existe pas de testament, de procéder au partage des biens.

C'est souvent le premier contact de la famille avec un homme de loi et nombreux sont ceux qui ignorent les règles de succession, qu'ils découvrent alors.

Derrière la notion d'héritage se profile celle d'attachement et d'amour. Les biens en sont un témoignage. L'égalité ou l'inégalité du partage, la façon dont est rédigé le testament confortent les enfants dans leurs relations avec leurs parents.

L'héritage, au sens premier du terme, désigne « le patrimoine laissé par une personne décédée et transmis pour succession ». Il est régi par des règles strictes.

Rappelons quelques points historiques et juridiques :

La révolution de 1789 instaure l'égalité des descendants et supprime les droits d'aînesse et de masculinité. Ainsi, tous les enfants pourront recevoir une part de la succession alors qu'auparavant la transmission des biens et des titres ne concernait que le fils aîné. Les cadets étaient destinés à l'Église et à l'armée ; quant aux filles, elles étaient promises au mariage ou au couvent, la cadette restant souvent à la maison pour aider les vieux parents. Cette coutume permettait de maintenir la cohésion du patrimoine, constitué en majeure partie de terres.

Citons Anne Gotman[1] : « L'esprit de justice sociale dans lequel la Convention, puis, après elle, les législateurs du Code civil conçurent le droit égal des enfants à l'héri-

---

1. Anne Gotman : *Hériter*, P.U.F., 1988.

tage, est devenu aujourd'hui une norme. Mais le contexte a changé. Il s'agissait alors de supprimer des privilèges à une époque où l'essentiel de la population était occupé à l'agriculture, au petit commerce et à l'artisanat, et où l'enjeu économique des transferts patrimoniaux était de taille. De la portion héritée dépendait le sort de l'individu. »

Elle ajoute un peu plus loin : « L'importance économique des transferts intergénérationnels a considérablement diminué au profit du capital affectif et relationnel. L'héritage connaît une seconde révolution. Comme le mariage, il n'est plus obligé ni arrangé, mais librement consenti. Le patrimoine vient en surplus des rapports affectifs, et la valeur des biens transmis est plus que jamais censée signifier le désir et l'amour des parents ou, au contraire, leur retrait. Dès lors, l'objet des conflits se déplace. Autrefois économique, il est aujourd'hui fortement affectivisé. »

Le Code civil, c'est-à-dire le code Napoléon, rédigé en 1804, est encore en usage aujourd'hui.

Voici les principes qui régissent les successions. Viennent par ordre pour la transmission des biens :

1) tout d'abord les descendants (les enfants),

2) puis les ascendants privilégiés (les parents) et les collatéraux (les frères et sœurs, ou les neveux et nièces en place directe des frères et sœurs décédés),

3) les ascendants ordinaires,

4) le conjoint survivant,

5) les collatéraux ordinaires.

Deux réflexions s'imposent :

— les liens de sang sont plus importants que les liens contractés par le mariage. Le mari ou la femme arrivent en quatrième position. La seule possibilité pour le conjoint d'être protégé durant sa vie, en cas de décès du partenaire est la « donation au dernier vivant ». Cet acte, ratifié par le notaire, permet à celui qui survit dans le couple de recevoir l'ensemble des biens qui n'iront aux enfants qu'après son propre décès. Par exemple, des parents possèdent un appartement. Le père meurt sans faire de testament. En l'absence de donation au dernier vivant, les enfants peuvent demander la vente de l'appartement pour exiger leur part d'héritage. S'il y a donation, la mère peut garder la jouissance de l'appartement jusqu'à la fin de ses jours ;

— les enfants héritent équitablement de leurs parents quel que soit leur sexe et leur rang d'âge. Mais, comme l'a montré Hervé Bazin, des stratagèmes restent possibles.

Les enfants sont directement concernés par l'héritage, qui se décompose en deux parties :

— la réserve héréditaire, c'est-à-dire la partie obligatoirement reversée aux enfants (ou aux autres personnes s'il n'y a pas d'enfants, selon l'ordre successoral énoncé précédemment) ;

— la quotité disponible, c'est-à-dire les biens dont dispose librement le légataire.

Le calcul des parts se fait en fonction du nombre d'enfants.

La quotité disponible est utilisée librement. En l'absence de testament, tous les enfants reçoivent la même part, mais un testament peut avantager un enfant. Si cette partie est versée à un seul enfant, il sera privilégié par rapport aux autres. L'égalité de l'héritage est donc relative.

Élodie apprit, au décès de sa mère, que celle-ci avait contracté une assurance-vie dont elle était l'unique bénéficiaire, alors qu'elle avait quatre frère et sœurs.

Cette somme lui fut versée à l'insu de sa fratrie et la culpabilisa. Elle n'arrivait pas à décrypter le message : était-elle la plus aimée ou la plus fragile ?

Cette question et le poids de cet argent furent lourds

à porter et engendrèrent des tensions. Élodie rompit progressivement avec sa famille.

Paradoxalement, l'égalité est parfois tout aussi difficile à gérer. Un enfant peut être en plus grande difficulté qu'un autre, comme le montre le film *Rain Man*. Les frères et sœurs peuvent alors s'entendre pour « réparer l'injustice de l'égalité ».

Julien a perdu ses parents à l'âge de seize ans. Il est le dernier de douze frères et sœurs ; la plupart sont mariés et ont des enfants. Julien reçoit de ses frères et sœurs une somme représentant la « quotité disponible » pour lui permettre de financer ses études, ainsi que la jouissance de la maison familiale. Chaque membre de la fratrie vient tout à tour s'installer dans cette propriété pour qu'il ne reste pas seul, du moins jusqu'à sa majorité.

Dans d'autres cas, un des enfants attend de la succession un signe montrant qu'il était le préféré.

Dans un livre récent, *Mère et filles* [1], Madeleine Chapsal raconte l'évolution des relations de deux sœurs, l'aînée Éliane, célibataire, mère d'Olivier, et la cadette Delphine, mariée, mère de Félix et Édouard.

« Au plus fort de leurs luttes intestines, toutes deux ont beau se porter des coups, parfois très bas, elles n'en restent pas moins complices. Comme un vieux couple. »

Le dialogue a lieu entre Delphine et son mari, Michel :

« — Éliane et moi n'avons jamais spéculé sur la disparition de Maman, tu le sais bien, et nous ne le ferons jamais. Nous ignorons si elle a fait ou non un testament, et je ne le lui demanderais pour rien au monde ! Seulement, il y a toutes chances que cette maison me revienne,

---

1. Madeleine Chapsal : *Mère et filles*, Fayard, 1992.

au moins pour moitié, et je tiens à m'en occuper dès à présent. Et puis je l'aime !

— Si tu l'aimes à ce point-là, tu devrais te méfier ! Qu'est-ce qui te dit que ta mère n'en a pas déjà fait donation à Éliane ?

— Tu rêves, tu es fou, je le saurais !

— Cela peut très bien se passer entre elles deux, tu l'apprendras au décès de ta mère, de la bouche du notaire !

— Mais une mère n'a pas le droit de déshériter ses enfants !

— Ta part sera réservée. En argent. Ou bien elle t'aura légué en compensation la baraque qu'avait conservée ton père dans le Limousin... »

Si le notaire règle les problèmes majeurs, bien souvent de nombreux points restent à négocier par les frères et sœurs. La succession s'effectue sur un temps plus ou moins long, en fonction des héritiers, à leur rythme.

Les descendants se retrouvent dans des moments qu'ils n'ont pas choisis. Il faut trouver des dates communes, prévenir à temps ceux qui vivent au loin. Ces réunions sont d'inévitables sources de tensions, qui réactivent le deuil et favorisent l'émergence de conflits.

En fonction des règles de la famille d'origine, les conjoints sont invités ou exclus. Parfois, ils viennent à la place des héritiers, lorsque la situation entre germains est trop tendue. En général, les femmes se font représenter par leurs maris, c'est rarement l'inverse.

Toutes ces démarches sont douloureuses. Elles interviennent dans cette période de deuil qui fragilise tous les individus. Il faut se réunir, vider l'appartement, donner ou jeter des affaires, se partager des biens.

D'après Anne Gotman[1], les objets sont répartis sans trop de problèmes. Les bijoux sont attribués de préférence aux femmes, tandis que les hommes choisissent d'autres souvenirs (médailles, armes...).

Cependant de multiples exemples témoignent de la difficulté du partage.

Une famille possédait une splendide tapisserie d'Aubusson qui ornait un des murs de la salle à manger et qui attirait l'œil de tous les visiteurs. À la mort des parents, il fallut trouver une solution pour ne léser aucun des quatre enfants.

Après de longs mois de négociations, les frères et sœurs optèrent pour le vrai partage de la toile... en quatre morceaux, alléguant que leurs salles à manger étaient plus petites que celle des parents.

Autre histoire similaire, racontée par des héritiers. Soucieux d'une juste répartition des biens reçus lors de l'héritage parental, un frère et une sœur s'affrontèrent pour obtenir commodes, armoires, chaises et autres meubles. Le beau-frère — c'est-à-dire l'époux de l'héritière — qui était menuisier eut l'idée de scier tout le mobilier en deux afin de régler définitivement le problème... mais, comme on l'imagine, pas les conflits !

Deux frères se brouillèrent jusqu'à la fin de leurs jours pour des colliers et des bracelets. L'aîné, veuf depuis longtemps, élevait courageusement sa fille et ses deux fils. Très amoureux de son épouse, il n'avait jamais réussi à en faire le deuil. Son frère était marié à une femme rigide, dont il avait eu deux filles. À la mort de leur mère, les deux frères ne purent se mettre d'accord sur le par-

---

1. Anne Gotman : *op. cit.*

tage de ces parures. L'aîné les souhaitait pour sa fille, le cadet pour sa femme. Cette querelle les sépara définitivement. Habitant dans deux pays différents, ils maintinrent des relations épistolaires qui allèrent s'estompant. Ils moururent à quelques mois d'intervalle, sans avoir rétabli un lien quelconque, vingt-cinq ans après leur dispute.

La valeur vénale est différente de la valeur affective, et les objets à partager sont souvent uniques. Plus les biens sont importants, plus la répartition devient complexe.

François a soixante-huit ans lorsque son père meurt. Il s'effondre quand il apprend que son frère cadet, Grégoire, reçoit la montre paternelle. Peu lui importe le partage de l'argent et des autres biens, qui l'avantage. Cette montre signe pour lui une préférence pour Grégoire.

Georges, lui, est l'aîné de deux enfants. Sa sœur cadette, Sophie, a quatre ans de moins que lui. Lorsqu'il a dix-huit ans, leur père est tué dans un accident. L'état de santé de leur mère s'aggrave et elle est hospitalisée à plusieurs reprises.

Georges fait face à l'organisation de la vie familiale et s'occupe de sa sœur cadette. Il réussit à faire des études et se marie dès que Sophie rencontre son fiancé. Il se sent alors « libéré » de sa charge éducative.

Leur mère, toujours malade, est finalement placée dans une maison de long séjour ; or, elle possède l'usufruit de la propriété du père des enfants. Ce petit château, situé dans le sud de la France, représente une résidence secondaire fort attrayante. Georges y séjourne régulièrement avec sa femme et ses cinq enfants. Il s'occupe des travaux d'entretien de la maison et du parc, qu'il finance grâce au compte bancaire de sa mère. Les disputes éclatent entre Georges et son beau-frère, entraînant une rupture entre Georges et Sophie, tandis qu'on manipule la mère pour exiger d'elle de payer tels ou tels frais concernant les réparations de la maison.

La querelle s'envenime entre Georges et sa sœur au point de faire appel à des avocats. Des plaintes sont déposées pour des abus signalés, des menaces sont proférées, les procès se multiplient.

Néanmoins, le mythe familial persiste : cette propriété est parfaitement organisée pour vivre à deux familles, il n'y a donc pas de problèmes.

Un des derniers actes du défunt a été de rédiger son testament, dernier témoignage d'affection ou de violence à l'égard d'un enfant.

Préparer la suite, organiser la succession est courant, mais souvent les gens énoncent verbalement leurs souhaits : aucun papier officiel n'est là pour faire connaître les dernières volontés.

L'absence de testament peut être interprétée de deux façons opposées ; d'une part, elle peut être ressentie comme un abandon à l'égard des enfants ; la loi se substitue à l'individu pour détailler ou personnaliser le partage, mais cela comporte un avantage : celui de donner tout aux enfants, les règles d'héritage étant simples et égalitaires.

Autre point de vue : il est indécent de penser à la mort de quelqu'un de son vivant, même si le pronostic est catastrophique et écrire un testament pourrait, aux yeux de personnes superstitieuses, accélérer l'issue fatale.

La rédaction du testament laisse une trace indélébile dans la mémoire des enfants. Un terme abrupt, un mot ambigu peuvent faire basculer un individu.

France a toujours eu une relation difficile avec sa mère, restée seule avec trois enfants quand le père les a quittés. France est l'aînée, mais sa mère ne s'est jamais intéressée à elle et a marqué très tôt sa préférence pour ses deux garçons.

Lorsque France a eu son fils, elle a pensé qu'elle se rapprocherait de sa mère. Bien au contraire, sa mère a été encore plus « mauvaise » grand-mère que mère. France a pourtant maintenu des liens réguliers avec sa mère par « devoir », l'emmenant régulièrement en week-end, l'invitant à toutes les fêtes familiales ou religieuses. Ses frères se sont éloignés progressivement et ne lui téléphonaient qu'une fois par an.

Lorsque sa mère est tombée malade, France s'est arrêtée de travailler pour être auprès d'elle. Pendant plusieurs mois, elle est restée à son chevet, la coiffant, lui lisant des histoires... Elle cherchait désespérément le lien d'amour qui lui avait manqué. Mais en vain. Sa mère mourut.

Ses frères n'arrivèrent que pour les obsèques. Peu de temps après, ils se retrouvèrent tous les trois, pour la première fois depuis des années, chez le notaire.

La mère avait laissé un testament, assez équitable dans la répartition des quelques objets qu'elle possédait, mais son contenu était d'une violence considérable : « Méfiez-vous de France, elle a toujours été intéressée. Elle a passé son temps à vouloir récupérer mes affaires... »

Par ces mots, la mère agressait sa fille, marquait définitivement sa haine pour elle et tentait de la séparer de ses frères en instaurant un climat d'hostilité et de méfiance.

Les règles de succession
concernant les enfants naturels ou adoptés

Avec la révolution de 1789, l'enfant naturel obtient les mêmes droits que l'enfant légitime. C'est un changement radical. En 1804, le Code Napoléon lui retire ces droits. Une nouvelle loi, édictée le 25 mars 1896, accorde à l'enfant naturel la moitié de ce qu'il aurait reçu s'il avait été légitime, puis la loi du 3 janvier 1972 rend à l'enfant naturel les mêmes droits qu'à l'enfant légitime.

L'enfant adultérin — c'est-à-dire issu d'un couple dont l'un des conjoints est encore engagé dans les liens du mariage au moment de la conception — obtient, depuis la loi du 3 janvier 1972, les mêmes droits successoraux que s'il était légitime, sauf s'il se trouve en présence d'enfants légitimes. Dans ce cas, il ne reçoit que la moitié de la part à laquelle il aurait eu droit s'il avait été légitime.

L'enfant adoptif, s'il bénéficie d'une adoption plénière, est assimilé à un enfant légitime. En cas d'adoption simple, c'est la même chose, mais ses grands-parents peuvent le déshériter.

Si les règles d'héritage sont clairement établies dans ces situations, elles ne rendent pas compte de la complexité des relations et des dissensions qui peuvent apparaître à la suite du décès d'un parent.

Nous avons évoqué un autre cas de conflits, celui de la succession de Jacques Lacan. Élisabeth Roudinesco [1] écrit à ce sujet : « Du côté familial, les enfants et les petits-enfants de Marie-Louise Blondin (Malou), seuls détenteurs du patronyme, s'estimaient lésés par le testament de Lacan qui accordait à la famille Miller la plus grande part

---

1. Élisabeth Roudinesco : *Jacques Lacan, op. cit.*

de la fortune du maître et un pouvoir de décision absolu sur la publication des œuvres passées et posthumes. Pendant dix ans, les deux branches de la famille s'opposèrent, en outre par voie judiciaire, sur le destin de certaines œuvres d'art et de certaines sommes d'argent. »

Ainsi, la mort des parents, puis le partage des biens marquent la fin d'une période qui peut correspondre soit à l'extinction du lien fraternel, soit à son réaménagement. De toute façon, rien n'est plus pareil. Avec la disparition des parents, les maisons familiales sont vendues : trop grandes ou trop petites, trop chères à entretenir ou trop vétustes, toujours mal adaptées aux générations suivantes. Les frères et sœurs se tournent vers leurs propres enfants : ce nouveau lien de sang devient le vecteur d'une nouvelle famille. À l'aube du troisième millénaire, l'espérance de vie permet à certains de connaître leurs arrière-petits-enfants. C'est dire à quel point l'organisation de la vie s'est modifiée. L'héritage saute souvent une génération et les petits-enfants reçoivent à la place des parents une partie ou toute la succession.

La possibilité de donner des biens « de son vivant » par fractions permet une souplesse de fonctionnement.

Mais l'évolution des relations fraternelles reste le reflet du projet parental conscient ou inconscient. Les crises déclenchées par les successions, en général prévisibles, sont donc en partie évitables.

La transmission de l'entreprise

La transmission de l'entreprise obéit à des règles plus complexes que celles concernant les biens propres, et des mesures nouvelles sont à l'étude pour assouplir les principes de succession.

Par le jeu de parts ou d'actions, les possibilités sont plus vastes que lors du partage du patrimoine privé. Ce qui nous intéresse, c'est l'aspect psychologique de ces situations qui mêlent rapports professionnels et affectifs.

Transmettre un outil de travail met en jeu d'autres intérêts que ceux de la famille, en particulier le devenir des salariés qui collaborent, à différents niveaux, au bon fonctionnement de cette entreprise.

De nombreuses histoires témoignent de la complexité de ces situations : reprendre l'affaire des parents avec une génération d'écart, un savoir-faire différent et, de plus, entre frères, sœurs et, souvent, beau-frère et belle-sœur, permet, certes, de développer la créativité et les investissements ; mais ces situations peuvent au contraire devenir catastrophiques et renforcer les processus de haine et de rivalité.

Estelle se retrouva un jour à la tête de l'entreprise familiale, créée par son père et son oncle. Son intelligence et sa solide formation de gestionnaire la destinaient de toute évidence à ce poste, d'autant que son frère, Ralph, et son cousin germain, Rodolphe, étaient bien plus jeunes qu'elle.

Ils la rejoignirent quelques années plus tard et tout semblait bien fonctionner. Le décès successif des deux fondateurs dévoila un secret de famille lourd de conséquences. Ralph n'était pas le frère d'Estelle, mais son demi-frère et le frère de Rodolphe : la mère d'Estelle avait eu une liaison avec son beau-frère... dont était né Ralph.

L'entreprise revenait donc à Ralph et Rodolphe, car leur père avait racheté les parts de longue date.

Rodolphe et Ralph modifièrent aussitôt le statut d'Estelle. On lui offrit un poste subalterne dans le service comptabilité, qu'elle accepta car elle voulait continuer à travailler dans l'entreprise par respect pour son père. Elle ne parla plus ni à sa mère, ni à son demi-frère, ni à son cousin durant près de dix ans, mais se dévoua pour son travail.

Ses enfants se chargèrent de renouer les liens avec leur grand-mère, puis avec le reste de la famille, mais les relations, on s'en doute, restèrent distantes.

Dans la famille Lorenzo, les trois frères et les deux sœurs travaillaient ensemble. Le père avait cessé toute activité à la suite d'un grave accident de la route qui l'avait rendu invalide.

La répartition des tâches s'effectua remarquablement bien, le seul problème venant de Paolo, le fils cadet, trop dilettante. Un cercle vicieux s'installa : plus la famille sermonnait Paolo, plus il s'absentait... L'agressivité de ses frères et sœurs s'intensifia, car malgré son rendement médiocre, Paolo touchait le même salaire que les autres.

Il aurait souhaité quitter l'entreprise, mais ne s'en sentait pas le droit. Cela lui aurait paru déloyal à l'égard de son père. Puis, un jour, Paolo commit une grave faute professionnelle mettant en jeu l'équilibre de la société. Il fut licencié et prit de la distance par rapport à sa famille.

Les premiers mois furent douloureux, mais il découvrit qu'il était capable de se débrouiller seul. Il remonta la pente et réussit, après quelques années, à créer une nouvelle entreprise en liaison avec l'affaire familiale. De nouveaux contacts s'établirent ainsi. Paolo travaillait « pour lui » et avait trouvé la bonne distance émotionnelle avec ses frères et sœurs.

15

RÉUSSIR EN FAMILLE

« Ne seriez-vous pas, par hasard, le frère de François Mitterrand ? À la question souvent posée, je réponds par l'affirmative, sans manquer d'ajouter que je suis son aîné au risque d'avoir l'air de regretter le bon vieux temps du droit d'aînesse.

« Ne seriez-vous pas, par hasard, le père de Frédéric Mitterrand ? La question est fréquente aussi, mais beaucoup moins ancienne et la réponse affirmative s'accompagne d'un commentaire mi-satisfait, mi-provocant : "Frédéric est mon fils, et je suis fier de lui comme je le suis de Jean-Gabriel et d'Olivier, de Catherine et de Maxime, mais ceux-ci font des choses qu'on ne voit pas à la télévision" », relate Robert Mitterrand, le frère de François Mitterrand[1], dans un ouvrage intitulé *Frère de quelqu'un*, publié en 1988. Dans cette citation, il ajoute implicitement : « et père de quelqu'un ». Étranges sentiments, sans doute, que ceux de cet homme, l'aîné de huit frères et sœurs, qui fut à l'adolescence plus brillant que François et intégra l'École polytechnique, et qui, cinquante ans après, écrit ce livre, témoignant de son attachement à son illustre frère deux fois élu président de la République.

---

1. Robert Mitterrand : *Frère de quelqu'un*, Robert Laffont, 1988.

Des personnages célèbres soulignent l'importance du lien fraternel dans les domaines les plus variés, mais il est rare que plusieurs enfants d'une même famille aient connu la notoriété. Cela arrive, cependant, et nous nous sommes demandé si ces fratries présentaient des points communs.

On peut parfaitement bien s'entendre, et se montrer inventif voire génial en famille. Plusieurs sagas familiales relatent des histoires extraordinaires où la créativité existe à travers des générations, mais également chez plusieurs frères et sœurs.

La dynastie des Bach exerça durant deux siècles et demi des fonctions d'organiste et de chantre. Pas moins de quarante musiciens de cette lignée témoignèrent d'un grand talent, la passion pour la musique se transmettant de père en fils. Mais un seul Bach dépasse tous les autres : Johann Sébastien. Quatre de ses fils s'imposeront comme compositeurs (Johann Christoph Friedrich, Wilhelm Friedmann, Carl Philipp Emanuel, Johann Christian), sans atteindre le génie de leur père.

L'histoire des Kennedy a fasciné notre époque. La gloire et le drame y alternent. La saga de cette famille est complexe, car l'histoire individuelle est transcendée par le destin d'une des plus grandes nations du monde. En simplifiant, on y découvre l'organisation d'un clan soudé par des valeurs familiales et politiques.

À l'origine, Joseph Kennedy, petit-fils d'émigrés irlandais, connaît une ascension sociale fabuleuse. La politique le séduit et il espère devenir le premier président catholique des États-Unis, mais sa position ambiguë, lors de la Seconde Guerre mondiale, arrête net sa carrière. Il reporte tous ses espoirs sur son fils aîné, Joseph, qui meurt à bord d'un avion chargé d'explosifs en 1944, lors d'une mission périlleuse, puis se retourne vers son deuxième fils, John, de santé fragile. En effet, John Kennedy, né avec une jambe légèrement plus courte que l'autre, souffrait de violentes douleurs lombaires. De plus, il était atteint d'une maladie d'Addison, affection des glandes surrénales, mortelle à cette époque. La découverte des corticoïdes, quelques années plus tard, modifia le pronostic létal.

John Kennedy relève le défi et se lance dans la politique avec le soutien et les moyens financiers de son père. Apparaissent à ses côtés son frère Robert et, les années passant, le petit dernier de la famille, Ted Kennedy, de quinze ans plus jeune. Rappelons que Rose et Joseph eurent neuf enfants, quatre garçons et cinq filles.

Les drames vont se succéder et les filles ne sont pas épargnées : l'une d'elles, Rosemary, subit une lobotomie en raison de problèmes psychiatriques et Kathleen, la plus proche de John et de Robert, meurt elle aussi dans un accident d'avion en 1948.

John Kennedy est élu président, mais sera assassiné à Dallas en 1963. Quelques mois plus tard, Ted survivra miraculeusement à un accident d'avion.

Robert prend la relève et se porte candidat à la présidence ; il sera à son tour abattu en 1968. Le dernier fils Kennedy, Ted, hésite puis décide de briguer l'investiture. En 1969, alors qu'il raccompagne une amie, sa voiture tombe dans une rivière ; il réussit à s'en sortir, mais ne prévient la police que dix heures après l'accident ; son amie est retrouvée noyée. Sa carrière politique en sera marquée à tout jamais. Plus tard, Ted vivra un autre drame puisque son fils sera amputé d'une jambe en raison d'un cancer.

Le destin s'est donc acharné sur cette famille, mais des zones obscures demeurent, concernant en particulier ses liens avec la mafia. À l'origine de cette extraordinaire histoire se retrouvent la volonté et l'acharnement d'un père qui transmet son ambition à ses enfants et qui en verra mourir quatre.

La mère, Rose, était présente lors des meetings et ses fils faisaient souvent appel à elle pour célébrer les valeurs familiales. Le fonctionnement autarcique du groupe d'enfants renforce la puissance parentale.

En dehors de ces sagas familiales, on retrouve, dans le passé, de nombreuses fratries, à l'origine d'inventions de tous ordres.

Joseph et Étienne de Montgolfier ont donné leur nom à la célèbre montgolfière qui décolla en 1783 et ils ont mis au point, en 1796, un principe hydraulique à l'origine de l'invention de l'automobile.

Les frères Renault étaient trois : Fernand et Marcel moururent précocement, mais Louis fit de la petite usine de Boulogne une des plus grandes entreprises françaises. Armand et Eugène Peugeot travaillèrent ensemble et créèrent un établissement industriel d'où sortirent les automobiles qui portent leur nom.

Ces histoires se rapprochent des « affaires de familles qui marchent », comme aujourd'hui celles des frères Leclerc ou des frères Pariente (Vêtements Naf-Naf). Dans tous ces cas, la notion de famille est valorisée et la réussite liée à la complémentarité de la fratrie dans l'entreprise. Reprendre une affaire avec ses proches reste une tradition : les intérêts sont communs, on partage la même histoire, on est du même milieu, l'aspect financier paraît plus clair. Mais l'expérience montre que rien n'est simple et que ces situations sont souvent à l'origine de brouilles, voire de ruptures définitives.

Dans un autre domaine, l'histoire des frères Lumière est exemplaire. La famille Lumière, originaire de Haute-

Saône, s'installe à Lyon après la guerre de 1870. Le père, Antoine, est photographe, et il signe les portraits de personnalités célèbres. Trois enfants vont naître, une fille puis deux fils, qui immortaliseront le nom de Lumière. Auguste naît le 19 octobre 1862 et Louis le 5 octobre 1864.

Auguste et Louis furent des élèves brillants : Auguste obtint un diplôme de chimie, Louis un diplôme de physique. Dès l'âge de seize ans, Louis tente de perfectionner les procédés de développement photographique du laboratoire de son père.

Conscient des dons de son fils, le père vend son fonds de commerce et achète en banlieue une chapelle qui devient l'atelier des frères. Auguste reste encore deux ans à Lyon pour mettre au courant leur successeur.

À dix-huit ans, Louis se lance dans la fabrication industrielle des plaques de gélatino-bromure. Le succès sera foudroyant. Tous les brevets reviennent aux deux frères, même si Auguste ne participe pas aux débuts des recherches.

Dix ans plus tard, leur commerce est devenu international et leur seul concurrent est l'usine Kodak. Louis s'attaque à l'image en mouvement. « Un matin, raconte Auguste, je me rendis dans la chambre de mon frère qui, un peu souffrant, avait dû rester alité. Il m'apprit que, ne dormant pas, il avait dans le calme de la nuit précisé les conditions à remplir pour atteindre le but cherché et imaginé un mécanisme. Il consistait à imprimer à un cadre porte-griffe un mouvement produit par un mécanisme analogue à celui du pied de biche de la machine à coudre. Ce fut une révélation et je compris aussitôt que je n'avais qu'à abandonner la solution précaire à laquelle j'avais songé [1]. » Le brevet est déposé le 13 février 1895. Le cinématographe est né, mais Auguste considère toujours son

1. *In* Roger Boussinot : *Dictionnaire du cinéma*, Bordas.

frère comme seul inventeur. La première projection publique a lieu à Paris le 28 décembre 1895.

La suite de l'histoire est un bel exemple de loyauté fraternelle : Louis affirme que l'invention revient à son frère et Auguste met toutes les découvertes à leurs deux noms.

De nombreuses fratries se sont illustrées dans la littérature : Jakob (1785-1863) et Wilhelm Grimm (1786-1859) sont mondialement connus pour leurs contes. Nés à Hanau, ils appartenaient à une fratrie de six, mais seuls Ludwig, Jakob et Wilhelm survécurent à l'âge adulte.

Jakob et Wilhelm s'intéressaient à la littérature médiévale allemande et furent tous deux professeurs à l'université de Göttingen. Jakob était, en outre, bibliothécaire du roi de Westphalie alors que Wilhelm était sous-bibliothécaire.

À partir de 1806, ils collectèrent oralement auprès de leur nourrice française et de leur entourage des contes populaires et réécrivirent ces textes pour les sauver.

L'édition du premier recueil de contes, en 1812, leur valut aussitôt la gloire. Ces *Contes d'enfants et du foyer* témoignaient d'un style neuf, simple, dénué d'emphase, étonnant de poésie ; une nouvelle langue était créée. Leurs auteurs n'y voyaient pourtant qu'une œuvre périphérique. L'essentiel de leurs travaux porta sur la philologie et l'ethnologie de la langue allemande. Jakob alla plus loin que son frère, mais ils firent ensemble de nombreuses découvertes concernant les langues germaniques.

Jacob et Wilhem, comme les frères Lumière, se complétaient et leur entente permit leur réussite, même si Jakob fut plus brillant que son frère. Le troisième frère, Ludwig, s'illustra, lui, dans la sculpture et la peinture.

André de Chénier est resté un des grands poètes français du XVIIIe siècle (1762-1794). Son frère, Marie-Joseph

(1764-1811), embrassa d'abord une carrière politique, puis se consacra à la littérature. Il connut une gloire immédiate. André s'indigna contre les excès de la Terreur et mourut guillotiné. Marie-Joseph, accusé d'avoir trahi son frère, écrivit une *Épître sur la calomnie*.

Au XIXᵉ siècle, la famille Brontë connut aussi une histoire tragique. Le père appartenait à une famille nombreuse, très pauvre, vivant en Irlande. Il partit chercher fortune en Angleterre et montra une réelle volonté de gravir les échelons de la société. Après avoir exercé plusieurs métiers (tisserand, maître d'école, précepteur), il fit des études de théologie à Cambridge et devint pasteur. Il eut en charge plusieurs paroisses avant d'obtenir celle d'Harsthed où il rencontra une « vieille fille » de trente ans, Marie Branwell, qui venait de Cornouailles. Cinq filles et un garçon naquirent en l'espace de sept ans.

Mme Brontë mourut à trente-huit ans, en 1821, alors que sa dernière fille avait à peine deux ans. Le père, resté veuf avec six enfants âgés de deux à dix ans, demanda à la sœur aînée de sa femme, Elizabeth Branwell, de venir l'aider, ce qu'elle fit en 1823. Mais, entre-temps, le révérend Brontë avait envoyé Marie et Elizabeth dans un pensionnat religieux pour filles de pasteur. Charlotte et Emily y furent placées à leur tour en septembre 1824 et cet établissement servit de modèle pour la description du terrifiant pensionnat faite par Charlotte Brontë dans *Jane Eyre*.

Une épidémie de typhus fut à l'origine des décès de Marie et d'Elizabeth, âgées respectivement de onze et dix ans, en l'espace de quelques semaines.

Les jeunes Brontë menèrent une existence austère, uniquement égayée par la lecture des nombreux livres de la bibliothèque familiale. Les quatre enfants — Charlotte, Emily, Anne, Branwell — lisaient et écrivaient toute la journée. Seuls les cahiers de Branwell et de Charlotte ont été retrouvés.

Charlotte partit une année dans un autre pensionnat dont elle garda un bon souvenir, et elle y enseigna alors qu'Emily y était élève. Sa santé fragile la ramena sous le toit familial. Anne aura la même expérience : départ, maladie, retour.

En 1842, Charlotte et Emily quittent le presbytère pour étudier à Bruxelles, d'où elles reviendront pour l'enterrement de leur tante. Emily décide alors de rester auprès de son père et de la vieille servante, tous deux atteints de cataracte.

Branwell continue de faire des siennes. Son alcoolisme s'aggrave et plusieurs crises de *delirium tremens* se déclenchent, mais il écrit avec Charlotte *Juvenilia*. Ses troubles du comportement et sa personnalité nuisent à son talent. Il meurt à trente ans, en 1848, un an après la publication de *Jane Eyre* par Charlotte.

Les trois sœurs sont atteintes de tuberculose. Trois mois après le décès de Branwell, Emily s'éteint, après avoir publié *Les Hauts de Hurlevent*, roman largement inspiré de sa vie. Anne suit Emily quelques mois plus tard, en laissant de nombreux contes et nouvelles.

Charlotte reste seule avec son père, aveugle, et dès lors elle ne cesse d'écrire. Elle se marie avec un pasteur, mais meurt à son tour au cours de sa grossesse. Elle n'avait pas quarante ans.

Dans la destinée tragique de cette famille, aucun enfant n'atteint quarante ans, ni ne laisse de descendance. Mais *Jane Eyre* et *Les Hauts de Hurlevent* sont des chefs-d'œuvre sans cesse réédités et publiés dans de nombreuses langues.

Selon Monica Mc Goldrick et Randy Gerson [1], le fonc-

---

1. Monica Mc Goldrick et Randy Gerson : *Génogrammes et entretiens familiaux*, Éditions E.S.F., 1990.

tionnement de cette famille tiendrait au maintien d'une forme d'autarcie. Dès qu'on s'éloigne de la famille, le danger guette, comme en témoignent les décès d'Elizabeth et de Marie. Chaque fois qu'un enfant tente de quitter la maison, cela se traduit par divers symptômes entraînant un retour au domicile familial. Anne et Elizabeth détériorent leur santé dès lors qu'elles voyagent. Seule Charlotte parvient à quitter sa famille, mais pour peu de temps, puisqu'elle meurt à son tour à l'âge auquel sa mère s'était éteinte.

Nous avons déjà parlé des frères Goncourt dont le fonctionnement est avant tout celui d'un couple, avec la synergie qu'il entraîne.

Les frères Tharaud ont rédigé ensemble près de quarante-cinq romans.

Ernest, dit Jérôme, né en 1874, mourut en 1953, tandis que son frère cadet Charles, appelé Jean, naquit trois ans plus tard et disparut un an avant (1877-1952).

Ils étudièrent ensemble à l'École normale supérieure et leurs chemins divergèrent quelque temps puisque Jérôme fut nommé lecteur à l'université de Budapest alors que Jean était secrétaire de Barrès. Ils commencèrent leur collaboration littéraire en 1898 par des nouvelles, puis se lancèrent dans le roman. Ils reçurent le prix Goncourt en 1906 pour *Dingley, l'illustre écrivain*, et publièrent de nombreux témoignages sur les mondes juif et arabe.

Les frères Canetti étaient trois. Ils furent séparés dans leur enfance et la biographie d'Elias ressemble à celle des enfants à risque. Belle leçon pour les psychologues, car Elias obtint le prix Nobel de littérature en 1981. Un de ses frères, Jacques, fut tout aussi célèbre comme producteur et lança de nombreux chanteurs.

On pourrait penser que l'entreprise familiale constitue un phénomène dépassé, mais plusieurs exemples montrent qu'on peut encore, de nos jours, travailler en famille, comme c'est le cas des frères Richard et Maurice Mac Donald, à l'origine des célèbres hamburgers.

Le cinéma est un lieu privilégié d'expression pour les fratries célèbres. La réussite des frères Marx traduit la solidarité du groupe familial, mais c'est leur mère qui eut l'idée de les produire ensemble. À l'opposé, pourrait-on dire, se trouvent Peter Fonda et Jane Fonda, les enfants d'Henry Fonda, qui souffrirent de troubles psychologiques graves (tentative de suicide pour Peter huit mois après le suicide de leur mère, puis drogue, détention pour trafic de stupéfiants ; troubles du comportement alimentaire pour Jane) faisant écho aux problèmes familiaux : Henry Fonda eut cinq épouses (dont deux se suicidèrent).

Vaslav Nijinski et Bronislava Nijinska sont deux des plus grands novateurs du ballet du XXe siècle. Vaslav est né à Kiev le 12 mars 1889. C'est le deuxième enfant de la famille, un petit Stanislas l'avait précédé. Bronislava, leur sœur cadette, naît à Minsk en 1891.

Les deux parents, danseurs eux aussi, s'installent à Saint-Pétersbourg pour faire soigner Stanislas, qui souffre de troubles mentaux. Dès l'enfance, Bronislava et Vaslav entrent à l'École impériale du ballet de Saint-Pétersbourg. Peu de temps après, le père abandonne sa famille et la mère est obligée d'interrompre sa carrière de danseuse pour faire des ménages afin d'assurer leur vie matérielle. Vaslav Nijinski montre dès le début des dons exceptionnels et il est engagé, à l'âge de dix-sept ans, au Théâtre Maryinski, où des rôles de soliste lui sont confiés. Il rencontre le prince Lvov, avec lequel il noue une relation homosexuelle. Serge de Diaghilev remarque Vaslav Nijinski et l'engage avec trois autres danseurs. Leur liaison durera cinq ans. Vaslav Nijinski est consacré à Paris dès sa première tournée. Sa carrière connaît alors un essor considérable, mais il est renvoyé du Théâtre Maryinski pour indécence, parce qu'il porte des collants qui ne sont pas conformes. Diaghilev lui signe alors un contrat de soliste. Vaslav quitte définitivement la Russie, commence une carrière internationale et réalise une première chorégraphie sur *L'Après-Midi d'un faune* de Claude Debussy en 1912, à Paris, qui fait scandale.

Lors d'un voyage en Amérique du Sud il rencontre une comtesse hongroise et l'épouse à Buenos Aires le 10 septembre 1913. Diaghilev, furieux d'apprendre ce mariage qui s'est effectué à son insu, le renvoie. Bronislava Nijinska, qui appartenait toujours à la troupe de Diaghilev, démissionne et rejoint son frère à Londres pour créer avec lui une compagnie de ballets. Bronislava, mariée en 1911 à un danseur, accouche d'une petite fille, Irina, en 1913. Vaslav et Bronislava travaillent ensemble sur des chorégraphies qui deviendront des classiques de l'histoire de la danse *(L'Après-midi d'un faune, Jeux, Le Sacre du Printemps)*. Mais leur projet de compagnie tourne mal : Vaslav tombe malade, à Londres, peu après la naissance de sa fille, Kyra, et repart dans sa belle-famille en Hongrie. Là, il travaille ses chorégraphies, influencé en partie par Richard Strauss, qu'il a rencontré quelques années auparavant à Vienne.

En 1916, les Nijinski quittent à nouveau l'Europe pour vivre aux États-Unis, où Vaslav reçoit un accueil triomphal. Il revient en France, puis s'installe avec sa femme et sa fille en Suisse, où il apprend que son frère Stanislas, interné dans un asile d'aliénés, a trouvé la mort au cours d'un incendie. À partir de là, les troubles psychiques deviennent manifestes et il décompense lors d'une soirée de bienfaisance. Vaslav fera désormais plusieurs séjours dans différentes cliniques psychiatriques. Le médecin qui le soigne a diagnostiqué une schizophrénie.

Lors de la Seconde Guerre mondiale, les Nijinski quittent la Suisse pour échapper aux nazis et partent en Hongrie avant de gagner Londres, où Vaslav meurt en 1950.

La carrière de sa sœur, en revanche, continue. Elle va écrire plus de quatre-vingts chorégraphies, produit de nombreux spectacles, consacre les dernières années de sa vie à l'enseignement et meurt en 1972.

Comment définir la réussite en famille ? Dans la plupart des cas, il y faut un lien d'amour puissant, avec une image maternelle ou paternelle forte : schématiquement, on réussit grâce à la famille plutôt qu'en opposition à celle-ci. Dans certains cas, le tandem ou le trio fabrique une synergie qui démultiplie les capacités individuelles. La fratrie fonctionne avec sa propre dynamique de groupe et développe une grande efficacité.

Les frères et sœurs qui réussissent dans des domaines différents reflètent la capacité qu'ont eue les parents de développer chez chaque enfant sa propre créativité. Mais chaque histoire est singulière et le talent, voire le génie, peut frapper deux fois ou plus dans la même maison.

CONCLUSION

De la simple jalousie à la paranoïa d'autopunition, évoquée par Jacques Lacan, de façon normale ou pathologique, les sentiments fraternels s'inscrivent durablement en nous. L'évidence de l'implication émotionnelle déclenchée par la simple question : « Avez-vous des frères ou des sœurs ? » témoigne, s'il en était besoin, du retentissement du roman fraternel à tout âge de la vie. Mais cette question appartient au domaine privé, que la bienséance élude dans les rapports sociaux. À quel moment est-il opportun d'évoquer les relations avec les germains ? Faut-il les réserver au cabinet feutré du psychanalyste ou du thérapeute de famille, habitué à entendre la souffrance individuelle et familiale ?

Si nous avons cité de nombreux exemples faisant intervenir des pathologies addictives (drogues ou alcool), c'est que cela correspond à notre expérience clinique au Centre de thérapie familiale Monceau que nous avons créé en 1980. Cette institution, subventionnée par l'État, privilégie les thérapies familiales systémiques pour aider les adolescents.

C'est en écoutant s'exprimer les familles que la place de la fratrie nous est clairement apparue. L'approche systémique a complété notre formation psychanalytique. Elle s'inspire de différents modèles conceptuels, considère la famille comme une unité fonctionnelle à part entière et prend en compte les interactions entre les individus.

La famille apparaît comme un système ouvert, avec son propre mécanisme, ses règles, ses croyances, ses habitudes. À l'intérieur, des échanges s'effectuent : les symptômes présentés par les parents ou les enfants seraient les résultantes de son dysfonctionnement.

L'articulation avec l'histoire des générations antérieures permet de pointer les schémas répétitifs et d'en contrer les mécanismes.

Les thérapies familiales mobilisent parents et enfants. Les frères et sœurs acceptent facilement de participer aux entretiens. Ils aident ainsi directement leur famille ou se libèrent de leur rancœur, de leur agressivité.

Au cours des séances, les rôles de chacun sont clarifiés et les difficultés, tant somatiques que psychologiques, sont toutes évoquées. Il est arrivé à maintes reprises que la famille consulte pour un enfant, alors qu'un autre présentait des difficultés identiques ou différentes.

L'histoire suivante, résumée brièvement, en est un bon exemple.

Une dizaine d'années avant que nous le rencontrions, Clément, étudiant aux Beaux-Arts, voulait éditer à compte d'auteur un livret rédigé dans le cadre d'un projet de son école et traitant des méfaits de la drogue. La question : « Pourquoi avez-vous choisi ce sujet ? » déclencha une réponse bouleversante : « Ma sœur est héroïnomane. Je ne crois pas qu'elle puisse s'en sortir, car elle refuse tout soin. J'ai donc voulu faire quelque chose pour les autres drogués. »

Ce premier contact déboucha sur la proposition d'une rencontre familiale. Clément se démena pour convaincre ses parents, son frère et ses deux sœurs de venir consulter. Ce rendez-vous fut suivi de dizaines d'autres, et Chloé, la sœur toxicomane, se sortit progressivement de la drogue. Son combat fut émaillé de rechutes, reflets partiels d'une dépendance familiale complexe.

Au moment de terminer ce livre, une carte m'arrive, Clément y mentionne la naissance de son fils et ajoute : « Si vous vous intéressez toujours aux relations fraternelles, sachez que mon fils est né le jour de l'anniversaire de Chloé, qui va très bien... »

Nous ne pouvions pas conclure ce livre sans évoquer un point clinique qui a probablement été à l'origine de cet essai : la notion de déplacement du symptôme.

Ce concept, largement utilisé en thérapie familiale, concerne le groupe familial dans son ensemble. L'amélioration de l'état d'une personne déclenche l'aggravation ou la décompensation de l'autre. Tout se passe comme si la famille ne pouvait pas fonctionner sans qu'un de ses membres soit en difficulté.

Ce type d'interaction est fréquent et se repère particulièrement dans la fratrie. Les pédopsychiatres l'observaient régulièrement lors de placements d'enfants : les familles arrivaient avec un enfant « caractériel », agressif et violent, qu'on plaçait en internat, puis l'année suivante, les parents venaient avec un autre enfant présentant exactement les mêmes symptômes, et ce jusqu'au moment où tous les frères et sœurs de la famille se retrouvaient dans la même institution.

La compréhension de ce type de fonctionnement a modifié le regard des cliniciens. Ce qui nous intéresse, c'est cette approche globale du système familial en souffrance et les liens de causalité repérables.

Travailler avec la fratrie permet d'anticiper les décompensations des uns ou des autres et d'éviter les cercles vicieux où, tour à tour, chacun est en difficulté.

La prise en compte de l'histoire familiale, tant diachronique que synchronique, donne à la famille la capacité d'évoluer et d'instaurer une bonne distance émotionnelle entre ses différents membres.

Le problème de la fratrie ouvre un large champ de réflexion, que nous avons tenté d'évoquer dans ses principaux aspects et qui reste un de nos axes de travail clinique et théorique, tant en pratique individuelle que familiale.

FILMOGRAPHIE[1]

Abysses (Les) – Film français de Nico Papatakis (1963).
Autre (L') – Film américain de Robert Mulligan (1972).
Beethoven – Film américain de Brian Levant (1992).
Crimes de cœur – Film américain de Bruce Beresford (1986).
Cris et chuchotements – Film suédois de Ingmar Bergman (1972).
Demoiselles de Rochefort (Les) – Film français de Jacques Demy (1967).
Deux Orphelines (Les) – Film américain de D. W. Griffith (1922).
Duel au soleil – Film américain de King Vidor (1947).
Et au milieu coule une rivière – Film américain de Robert Redford (1991).
Farinelli – Film belge de Gérard Corbiau (1994).
Faux-Semblants – Film canadien de David Cronenberg (1988).
Fils préféré (Le) – Film français de Nicole Garcia (1994).
Frère aîné et sa sœur cadette (Le) – Film japonais de Yasujiro Shimazu (1939).
Frère aîné, sœur cadette – Film japonais de Mikio Naruse (1953).
Frère le plus futé de Sherlock Holmes (Le) – Film américain de Gene Wilder (1975).

---

1. En collaboration avec le Dr Bernard Geberowicz.

Frères Barberousse (Les) – Film américain de Charles Lamont (1952).

Frères Bouquinquant (Les) – Film français de Louis Daquin (1947).

Frères et sœurs de Toda (Les) – Film japonais de Yasujiro Ozu (1941).

Frères héroïques – Film américain de Rowland V. Lee (1939).

Frères Karamazov (Les) – Film allemand de Fedor Ozep (1931).

Frères Karamazov (Les) – Film américain de Richard Brooks (1957).

Frères Karamazov (Les) – Film russe de Ivan Pyriev (1970).

Frères Krays (Les) – Film britannique de Peter Medak (1990).

Frères Rico (Les) – Film américain de Phil Karlson (1957).

Frères siciliens (Les) – Film américain de Martin Ritt (1968).

Hannah et ses sœurs – Film américain de Woody Allen (1986).

Incompris (L') – Film italien de Luigi Comencini (1967).

Intérieurs – Film américain de Woody Allen (1978).

Jumeau (Le) – Film français de Yves Robert (1984).

Jumeaux – Film américain de Ivan Reitman (1988).

Jumeaux de Brighton (Les) – Film français de Claude Heymann (1936).

Little Odessa – Film américain de James Gray (1994).

Ma saison préférée – Film français d'André Téchiné (1992).

Ma sœur, mon amour – Film suédois de Vilgot Sjoman (1966).

Mari de la coiffeuse (Le) – Film français de Patrice Leconte (1990).

Ordinary People – Film américain de Robert Redford (1980).

Outremer – Film français de Brigitte Roüan (1990).

Petits arrangements avec les morts – Film français de Pascale Ferran (1994).

Poisson lune – Film français de Bertrand Van Effenterre (1993).

Prince des marées (Le) – Film américain de Barbra Streisand (1991).

Quatre Filles du docteur March (Les) – Film américain de George Cukor (1933).

Quatre Filles du docteur March (Les) – Film américain de Mervyn LeRoy (1948).

Rain Man – Film américain de Barry Levinson (1988).

Reine Margot — Film français de Patrice Chéreau (1993).

Repulsion – Film anglais de Roman Polanski (1965).

Rocco et ses frères – Film italien de Luchino Visconti (1960).

Roseaux sauvages (Les) – Film français d'André Téchiné (1994).

Rue des Prairies — Film français de Denys de La Patellière (1959).

Sang chaud pour meurtre de sang froid – Film américain de Phil Joanou (1991).

Sœur de mon valet (La) – Film américain de Frank Borzage (1943).

Sœurs Brontë (Les) – Film français d'André Téchiné (1979).

Sœurs de Gion (Les) – Film japonais de Kenji Mizoguchi (1936).

Sœurs de Nishijin (Les) – Film japonais de Kozaburo Toshimura (1952).

Sœurs Munekata (Les) – Film japonais de Yasujiro Ozu (1950).

Trois frères (Les) — Film français de Didier Bourdon et Bernard Campan (1995).

Tumultes – Film franco-belge de Bertrand Van Effenterre (1990).

Winchester 73 – Film américain d'Anthony Mann (1950).

BIBLIOGRAPHIE

Adolescence : Visages de la fratrie, tome 11, n° 2, Éditions G.R.E.U.P.P. (1993).

Nicole et Jean-Marc ALBY : « L'intervention psychologique dans un centre de recherches et de traitement d'hématologie, travail portant sur les leucémies de l'enfant », in *La Psychiatrie de l'enfant*, fascicule 2, volume XIV (1971).

Jean-Marc ALBY : *Jumeau, jumelle : enfants multiples*, Casterman (1983).

Louise May ALCOOT : *Les Quatre Filles du docteur March* (1868).

Jean ALLOUCH : *Marguerite ou l'Aimée de Lacan*, Éditions Epel (1991).

Jacques ANDRÉ : *La Révolution fratricide : Essai de psychanalyse du lien social*, P.U.F. (1993).

Pierre et Sylvie ANGEL : *Familles et toxicomanies*, Éditions Universitaires (1987).

Didier ANZIEU : *Une peau pour des pensées*, Éditions Littoral (1989).

Louis ARAGON : *Pour expliquer ce que j'étais*, Gallimard (1989).

— *Œuvres poétiques*, Éditions Le Club (1981).

— *Le Roman inachevé*, Gallimard (1956).

— *La Mise à mort*, Gallimard (1965).

Philippe ARIÈS : *L'Enfant et la vie familiale sous l'Ancien Régime*, Le Seuil (1960).

H. AUBIN : *Le Cas Rimbaud*, Évolution psychiatrique (1955).

François-Marie BANIER : *Le Passé composé*, Grasset (1971).

S. BANK et M. D. KAHN : *Sisterhood, Brotherhood is Powerfull : Sibling System an Family Therapy*, Family Process (1975).

Joseph BARRY : *Ma sœur, ma douce sœur : Lord Byron et Augusta*, Albin Michel (1989).

Mary Catherine BATESON : *Regard sur mes parents*, Le Seuil (1989).

Charles BAUDOUIN : *L'Âme enfantine et la psychanalyse*, Delachaux et Niestlé (1954).

Hervé BAZIN : *La Mort du petit cheval*, Grasset (1950).

H. I. BELL : « Brother and Sister Marriage in Graeco-Roman Egypt », in *Revue internationale des droits de l'Antiquité* (1949).

Jean-Jacques BERCHET : « Le frère d'Amélie ou la part du diable », in *Eros Philadelphe : Frères et sœurs, passion secrète*, sous la direction de W. BANNOUR et P. BERTHER, Éditions du Félin (1992).

Bruno BETTELHEIM : *Les Enfants du rêve*, Robert Laffont (1971).

Jean BOTHOREL : *Louise ou la vie de Louise de Vilmorin*, Grasset (1993).

Roger BOUSSINOT : *Dictionnaire du cinéma*, Bordas (1980 et 1989).

Murray BOWEN : *La Différenciation du soi*, Éditions E.S.F. (1984).

Bernard BRUSSET : « Le lien fraternel et la psychanalyse », in *Psychanalyse à l'Université*, tome 12, n° 45 (janvier 1987).

J. BURSTIN : « Dispositions caractérielles et milieu familial dans l'évolution de l'enfant unique », in *Psychiatrie de l'enfant*, P.U.F., fascicule 2 (1966).

Paulette CAHN : *La Relation fraternelle chez l'enfant*, P.U.F. (1962).

César CHAMOULA : « Le noyau traumatique de l'activité paranoïaque critique de Salvador Dali », in *Psychanalyse à l'Université*, tome 8, n° 30 (1983).

Jean-Bernard CHAPELIN : « Groupes de frères et le syndrome des Dalton », in *Visages de la fratrie, Adolescence*, tome 11, n° 2 (1993).

Madeleine CHAPSAL : *Mère et filles*, Fayard (1992).

Yves CHARBIT : « Le passé démographique », in *La France et sa population aujourd'hui, Cahiers français*, n° 84, janvier-février (1978).

René CHATEAUBRIAND : *René* (1802).

— *Mémoires d'outre-tombe* (1850).

Jean-Claude CHESNAIS : *Histoire de la violence*, Hachette (1982).

Colette CHILAND : « L'interdit de l'inceste », in *Nouvelle Revue d'ethnopsychiatrie*, n° 3 (1985).

Jean COCTEAU : *Les Enfants terribles*, Grasset (1925).

Valérie COMORETTO : « Bruno, mon frère pas comme les autres », in *Revue de l'APAJH*, n° 46, juin 1995.

Ivy COMPTON-BURNETT : *Frères et sœurs*, L'Âge d'homme (1983).

Louis CORMAN : *Psychopathologie de la rivalité fraternelle*, Éditions Charles Dessart (1970).

Thomas J. COTTLE : *Enfants prisonniers d'un secret*, Robert Laffont (1995).

Salvador DALI : *La Vie secrète de Salvador Dali*, La Table Ronde (1952).

— *Journal d'un génie*, La Table Ronde (1964).

— *Comment on devient Dali*, Robert Laffont (1973).

J. DANA : *La Constellation familiale*, Robert Laffont (1968).

Sous la direction de Jean DELUMEAU et Daniel ROCHE : *Histoire des pères et de la paternité*, Larousse (1990).

Françoise DOLTO-MARETTE : *L'Enfant unique*, conférence de l'École des parents (1950).

Judy DUNN et Robert PLOMIN : *Frères et sœurs, si différents*, Nathan (1992).

Vincent EDELSON : « ... et la jalousie créa le frère », in *La Jalousie fraternelle — Lieux de l'enfance*, n° 16, Privat (1988).

Paul ÉLUARD et Benjamin PÉRET : *Surréalisme au service de la Révolution*, n° 5, 1989.

Adèle FABER et Elaine MAZLICH : *Jalousie et rivalité entre frères et sœurs*, Stock (1990).

Colette FELLOUS : *Frères et sœurs*, Julliard (1992).

Léonore FLEISCHER : *Rain Man*, Presse Pocket (1989).

Anne FORGEAU : *Histoire de la famille, la mémoire du nom et l'ordre pharaonique*, Armand Colin (1986).

Jean-Marc de FOVILLE : *Le Livre de nos prénoms*, Hachette (1988).

Sigmund FREUD : « De quelques mécanismes névrotiques dans la jalousie, la paranoïa et l'homosexualité », in *La Revue de psychanalyse*, nº 3 (1932).

M. GABEL, Serge LEBOVICI et Philippe MAZET : *Le Traumatisme de l'inceste*, P.U.F. (1950).

Daniel GAYET : *Les Relations fraternelles : approches psychologiques et anthropologiques des fratries*, Delachaux et Niestlé (1993).

André-Marie GIRARD : *Dictionnaire de la Bible*, Robert Laffont (1989).

René GIRARD : *La Violence et le Sacré*, Grasset (1972).

Monica Mc GOLDRICK et Randy GERSON : *Génogrammes et entretiens familiaux*, Éditions E.S.F. (1990).

Edmond et Jules de GONCOURT : *Le Journal* (1861).

Anne GOTMAN : *Hériter*, P.U.F. (1988).

Pierre GRIMAL : *Dictionnaire de la mythologie grecque et romaine*, P.U.F. (1990).

Philippe GUTTON : *Le Bébé du psychanalyste*, Éditions Paidos-Le Centurion (1983).

Jean GUYOTAT : *Analyse des mécanismes de la transmission intergénérationnelle*, Congrès du 20 avril 1989, AREFT (Lille).

— « Recherches psychopathologiques sur la coïncidence mort-naissance », in *Psychanalyse à l'Université*, tome 7, nº 27 (1982).

Michel HANUS : *Les Deuils dans la vie*, Éditions Maloine (1994).

Jean-Pierre HASSOUN : « Choix du prénom et acculturation », in *Générations*, nº 3 (1995).

Françoise HÉRITIER : *L'Exercice de la parenté*, Gallimard/Le Seuil (1981).

— *Les Deux Sœurs et leur mère*, Éditions Odile Jacob (1995).

— *Masculin, féminin*, Éditions Odile Jacob (1996).

Bibliographie

K. HOPKINS : *Brother-Sister Marriage in Roman Egypt*, Comparative Studies in Society and History.

Gabrielle HOUBRE : « Amours fraternelles, amours romantiques », in *Visages de la fratrie, Adolescence*, tome 11, n° 2 (1993).

P. JURY : *Jalousies d'enfants*, Éditions Psyché (1952).

Francine KLAGSBRUN : *Frères et sœurs pour le meilleur et pour le pire*, Éditions Bayard (1994).

Mélanie KLEIN et Joan RIVIÈRE : *L'Amour et la Haine*, Payot (1989).

Jacques LACAN : *De la psychose paranoïaque dans ses rapports avec la personnalité*, Éditions Le François (1932) ; réédition Le Seuil (1975).

— « Motifs du crime paranoïaque : le crime des sœurs Papin », *Minotaure*, n° 3 (1933).

Sibylle LACAN : *Un père*, Gallimard (1994).

Jean LACOUTURE : *André Malraux : une vie dans le siècle*, Seuil (1973).

Jean LAPLANCHE et J. B. PONTALIS : *Vocabulaire de la psychanalyse*, P.U.F. (1987).

Serge LEBOVICI et B. CRAMER : *Psychiatrie du bébé, nouvelles frontières*, Éditions Eshel (1988).

(Sous la direction de) Jean LEMAIRE et Marie-Noëlle MATHIS : *Moi mon frère, moi ma sœur*, A.F.C.C.C., revue Dialogue.

Frédéric LEPAGE : *Les Jumeaux, enquête*, Robert Laffont (1980).

Pierre LE ROUZIC : *Un prénom pour la vie*, Albin Michel (1978).

Claude LÉVI-STRAUSS : *Les Structures élémentaires de la parenté*, P.U.F. (1949).

Bronislaw MALINOWSKI : *La Vie sexuelle des sauvages du Nord-Ouest de la Mélanésie*, Payot (1930).

Alain MALRAUX : *Les Marronniers de Boulogne : Malraux, mon père*, Ramsay (1989).

Daniel MARCELLI : « Œdipe, fils unique », in *Visage de la fratrie, Adolescence*, tome 11, n° 2 (1993).

Groucho MARX : *Les Mémoires de Groucho Marx*, L'Atalante (1959).

Georges Mauco et Paule Rambaud : « Le rang de l'enfant dans la famille », in *Revue française de psychanalyse* (1951).

(Sous la direction de) Gilbert Maurey : *Études psychothérapiques : les frères et les sœurs*, Éditions Bayard (1992).

Jacques Miermont : « Ludwig van Beethoven et la fraternité », in *Frères et sœurs*, Éditions E.S.F. (1981).

(Sous la direction de) Jacques Miermont : *Dictionnaire des thérapies familiales*, Payot (1987).

Robert Mitterrand : *Frère de quelqu'un*, Robert Laffont (1988).

Morris et Goscinny : *Hors-la-loi*, Éditions Dupuis (1954).

— *Les Cousins Dalton*, Éditions Dupuis (1958).

— *Les Dalton se rachètent*, Éditions Dupuis (1965).

— *Ma Dalton*, Éditions Dargaud (1971).

— *La Guérison des Dalton*, Éditions Dargaud (1975).

— *Sur la piste des Dalton*, Éditions Dupuis (1987).

Yann Moulier-Boutang : *Louis Althusser*, Grasset (1992).

Robert Neuburger : *Le Mythe familial*, Éditions E.S.F. (1995).

Anaïs Nin : *La Maison de l'inceste*, Éditions des Femmes (1987).

— *La Cloche de verre*, Éditions des Femmes (1987).

Susan Normington : *Lord Byron and his Children*, Alan Sutton (1995).

Jean Ormezzano : « Le vieillissement du groupe fraternels partage ou division », in *Frères et sœurs*, Éditions E.S.F. (1981).

H. F. Peters : *Ma sœur, mon amour*, Gallimard (1967).

Jean-Claude Pons et René Frydman : *Les jumeaux*, Que sais-je ?, P.U.F. (1994).

Didier Porot : *Van Gogh ou le Hollandais volant*, Éditions Geigy (1989).

Maurice Porot et Jacques Miermont : *Beethoven et les malentendus*, Éditions Geigy (1986).

— « Ludwig, Vincent et Salvador ou le mort saisit le vif », in *Annales médicopsychologiques*, nº 3 (1985).

Maurice Porot : *L'Enfant et les Relations familiales*, P.U.F. (1966).

— *L'Enfant de remplacement*, Éditions Frison-Roche (1993).

Jean-François RABAIN : « L'enfant et la jalousie », in *La jalousie fraternelle — Lieux de l'enfance*, n⁰ 16, Privat (1988).

Jules RENARD : *Poil de carotte* (1894).

Frédéric RÉVÉREND : « L'ineffable », in *Nom, prénom, Autrement*, n⁰ 147 (1994).

Élisabeth ROUDINESCO : *Histoire de la psychanalyse en France*, Seuil (1986).

— *Jacques Lacan*, Fayard (1993).

Louis ROUSSEL : *La Famille incertaine*, Éditions Odile Jacob (1989).

M. ROUYER : « Inceste frère-sœur », in *Le Traumatisme de l'inceste*, P.U.F. (1995).

Bernard SALADIN D'ANGLURE : « Du fœtus au chamane : la construction d'un "troisième sexe" inuit », *Études/Inuit/-Studies* (1986).

— « Penser le "féminin" chamanique ou le "tiers-sexe" des chamanes inuit », *Recherches amérindiennes au Québec*, vol. XVIII, n⁰ˢ 2-3 (1988).

Martine SEGALEN et Georges RAVIS GIORDANI : *Les Cadets*, Éditions du CNRS (1994).

Thierry SMODEREN et Pierre STERCKX : *Hergé, biographie*, Casterman (1988).

(Sous la direction de) Michel SOULÉ : *Frères et sœurs*, Éditions E.S.F. (1981).

Christine SPENGLER : *Une femme dans la guerre*, Ramsay (1991).

Valérie STARASELSKI : *Aragon, la liaison délibérée*, Éditions L'Harmattan (1995).

Serge TISSERON : *Tintin et les secrets de famille*, Librairie Seguier (1990).

— *Tintin chez le psychanalyste*, Éditions Aubier (1995).

Walter TOMAN : *Constellations fraternelles et structures familiales : leurs effets sur la personnalité et le comportement*, Éditions E.S.F. (1987).

Michel TOURNIER : *Les Météores*, Gallimard (1975).

Des frères et des sœurs

Pierre TRIDON : *Lieux de l'enfance : la jalousie fraternelle*, Privat (1988).

Jean TULARD : *Guide des films*, Éditions Robert Laffont (1995).

Vincent VAN GOGH : *Lettres à Théo*, Gallimard (1956).

Bernard VERNIER : *La Genèse sociale des sentiments*, Éditions des hautes études en Sciences sociales (1991).

Jean-Marie VIDAL : « Explications biologiques et anthropologiques », in *Nouvelle revue d'ethnopsychiatrie*, n° 3 (1985).

Donald WINNICOTT : *L'Enfant et sa famille*, Payot (1957).

Georges ZAVITZIANOS : *Un cas d'obsession avec identification à une sœur morte*, Éditions P.U.F. (1950).

René ZAZZO : *Les Jumeaux, le Couple et la Personne*, P.U.F. (1960).

— *Le Paradoxe des jumeaux*, Stock/Laurence Pernoud (1992).

Françoise ZONABEND : « Regard ethnologique sur la parenté et la famille », in *Histoire de la famille*. Sous la direction de A. BURGUIÈRE, Armand Colin (1986).

— « Temps et contre-temps », in *Nom, prénom, Autrement*, n° 147 (1994).

TABLE DES MATIÈRES

COMPOSITION RÉALISÉE PAR S.C.C.M. —— PARIS XIIe
REPRODUIT ET ACHEVÉ D'IMPRIMER SUR ROTO-PAGE
PAR L'IMPRIMERIE FLOCH À MAYENNE
EN AVRIL 1996

N° d'édition : 36952-01. N° d'impression : 39376.
Dépôt légal : avril 1996.
Imprimé en France